新编21世纪高等职业教育精品

市场营销系列

消费心理学

主　编／刘清云

副主编／于彭涛　方　颖

中国人民大学出版社

·北京·

图书在版编目（CIP）数据

消费心理学 / 刘清云主编. --北京 ：中国人民大学出版社，2025. 1. --（新编 21 世纪高等职业教育精品教材）. -- ISBN 978-7-300-33562-9

Ⅰ. F713. 55

中国国家版本馆 CIP 数据核字第 202577J78Z 号

新编 21 世纪高等职业教育精品教材 · 市场营销系列

消费心理学

主　编　刘清云

副主编　于彭涛　方　颖

Xiaofei Xinlixue

出版发行	中国人民大学出版社		
社　　址	北京中关村大街 31 号	邮政编码	100080
电　　话	010－62511242（总编室）		010－62511770（质管部）
	010－82501766（邮购部）		010－62514148（门市部）
	010－62515195（发行公司）		010－62515275（盗版举报）
网　　址	http://www. crup. com. cn		
经　　销	新华书店		
印　　刷	北京昌联印刷有限公司		
开　　本	787 mm×1092 mm　1/16	版　　次	2025 年 1 月第 1 版
印　　张	16	印　　次	2025 年 1 月第 1 次印刷
字　　数	343 000	定　　价	42. 00 元

前言

党的二十大报告指出："深入实施人才强国战略。培养造就大批德才兼备的高素质人才，是国家和民族长远发展大计。"因此，职业教育要落实立德树人根本任务，坚持德技并修，结合职业教育的特殊性和职业教育培养目标，探索出符合规律的、学生喜闻乐见的教育工作体系和方法，培育深蕴技能匠心的技术专才。本教材旨在落实立德树人根本任务，结合高职高专课程建设成果，采用"模块—单元"模式，通过对相关工作岗位进行调研，结合高职高专学生特点，以培养学生适应岗位需要、增强综合素质及竞争能力为目标编写，教材内容突出实践性、岗位性、实用性、前沿性。

《国家职业教育改革实施方案》提出了"三教"（教师、教材、教法）改革的任务。"三教"改革中，教材是基础，教材能给教师授课提供便利，为学生学习提供素材。本教材以提升学生的综合职业能力为目标，紧跟行业发展动向及企业岗位用人需求变化，结合一线教师宝贵教学经验进行编写。

本教材特点如下：

1. 案例具有代表性。本教材选取的案例不仅反映了当前消费市场的热点与趋势，而且能够帮助学生更好地理解和把握消费者心理的变化规律。同时，本教材中所使用的数据具有准确性和时效性，可以为学生提供更为可靠的学习依据。

2. 考核评价具有针对性。课后实战演练依托小组教学法进行设计。本教材注重对学生实践能力的培养，通过小组协作的方式，让学生在模拟的消费场景中锻炼解决实际问题的能力。此外，本教材中还设置了考核评价环节，并给出了具体的评价指标，帮助学生更加客观地评估自己的学习成果，从而更有针对性地提升学习效果。

3. 课后习题丰富。在题型方面，本教材对各个模块的练习题进行了统一设计，确保了题型的一致性和规范性。无论是单选题、多选题、判断题还是简答题，都紧扣教材内容，旨在考查学生对知识点的掌握程度和理解深度。这样的设计不仅方便了学生进行有针对性的练习，也提高了教师评阅作业的效率。同时，本教材每个模块都配备了丰富的练习题，涵盖了各个知识点和难点。学生可以通过大量的练习来巩固所学知识，提高解题能力和应试技巧。

4. 配备数字资源。数字资源的引入使得教材使用更加便捷。教师可以根据教学需要和市场变化，随时更新数字资源，确保教材内容的时效性和准确性。而学生也可以随时扫描教材中的二维码获取学习资料，跟上教学进度，提升学习效果。

本教材由刘清云担任主编，于彭涛和方颖担任副主编，参与编写的作者均为高职高专院校具有丰富教学经验和较强科研能力的教师。具体编写分工如下：刘清云负责主体框架、教学大纲的制定和模块一、模块二、模块三的编写，并负责统稿、修改；于彭涛负责模块四、模块五、模块七的编写；方颖负责模块六、模块八、模块九的编写。

本教材配有电子教案、课件及习题库。在本教材的编写过程中，编者借鉴了国内外营销学者的大量研究成果，也得到了校企合作企业郑州巨木服饰有限公司及比亚迪海洋网郑州安格昌 4S 店的企业专家的指导，在此向有关作者、专家表示感谢！由于编者水平有限，书中难免有一些不足之处，恳请专家和读者批评指正！

编者

目录

模块一　消费心理学概述

随着市场经济的不断发展，人们深刻地认识到：消费者才是市场竞争的最终决定性力量。因为消费者既是市场的主人，又是给经济发展注入新的资本动力的源泉。这一点非常关键，因为谁主导了消费者，谁就主导了市场。无论是企业还是营销人员，都越来越意识到消费者的重要性，因此，需要投入更多的时间和精力来研究消费者的心理。

模块结构

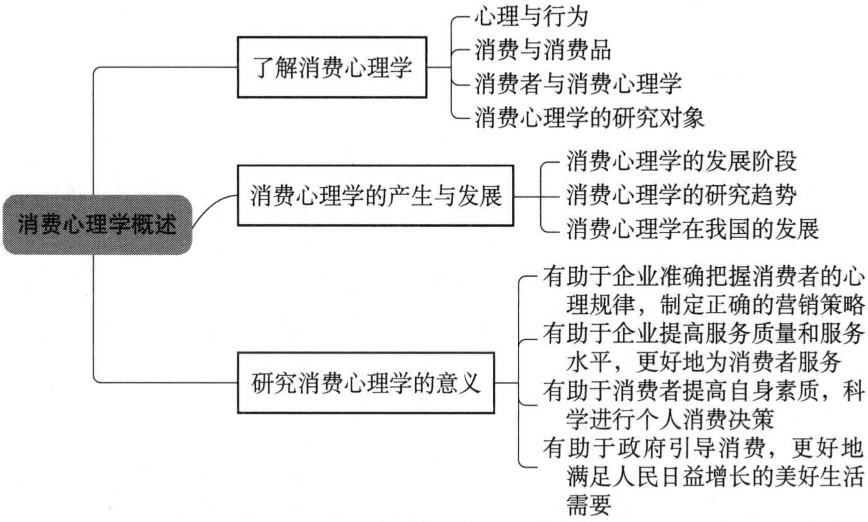

学习目标

知识目标： 了解消费心理学的相关概念，明确消费心理学在人们的生活与工作中的现实意义，了解消费心理学的产生与发展过程，理解消费者在购买活动中所扮演的角色和所发挥的作用。

能力目标： 能够运用消费心理学相关理论分析消费者的行为，能够在营销活动中运用消费心理学相关知识解释消费者的行为，具备分析问题、解决问题能力。

素质目标： 能够遵循行业规范或标准，分析企业和从业人员应具备的道德品质，从而强化职业道德素养。

案例导入

2023年冬季军大衣的突然爆火，彰显了消费新趋势

在抖音上，一位定位在沈阳农业大学的用户发布了一条名为“不是羽绒服买不起，而是军大衣更有性价比”的短视频。视频中，8位男大学生身穿绿色军大衣陆续走进教室。这波“土”与“时尚”的结合引发了全网讨论。该视频引发大量的点赞和播放（见表1-1），随后引发全网热议，随即引发年轻人的追捧。

表1-1　抖音上关于“军大衣”相关话题热度

排名	抖音话题	播放量
1	军大衣	30.1亿
2	军大衣大学生	6.8亿
3	军大衣成冬季新顶流	5.3亿
4	军大衣更有性价比	3.2亿
5	不是羽绒服买不起，而是军大衣更有性价比	1.7亿

注：2024年2月29日根据抖音平台数据整理。

为什么年轻人对军大衣如此青睐呢？首先，军大衣确实保暖，在寒冷的北方，裹上军大衣出门，基本不会被冻着。其次，相比各种名牌的羽绒服，军大衣的价格确实便宜，在网上，不到100元就能买到一件军大衣。而且，不少大学生也觉得，羽绒服的清洁费比较贵，而军大衣不显脏、很耐穿。作为一种流行现象，军大衣走红，颇具舆论场上的话题性，是值得探讨的舆论热点与网络话题。不少媒体也从多个角度，对这一流行现象进行分析。

《新民周刊》在《军大衣凭啥成了抗寒顶流?》一文中指出：“人们推崇极简主义、回归真我的消费理念，越来越注重实现内心的满足感，回到人与人之间的纽带上来，更加偏好地方传统特色。”这种描述，其实正是不少年轻人的心里话。军大衣看似“保守”，其实是很有传统特色的服装，而且很符合年轻人对于简易生活的理解。

还有媒体从消费市场的角度来看待军大衣走红的现象。《河南日报》就在评论文章《大学生用军大衣“整顿羽绒服市场”为哪般?》中讲道：“顺应消费者心态新变化，把握品质消费新趋势，不断丰富消费场景，让再小众的需求也能被满足，用新供给催生新需求，消费自然旺起来。”

对于这个话题，澎湃新闻发表评论文章《劳保军大衣火了，给高价羽绒服提个醒》，一针见血地指出：“年轻人的省省省，实则是拒绝为品牌不合理的溢价埋单，更在意商品的品质与实用。他们正在重构一种身份认同，减少冲动消费，购物前三省吾身，只买对的，不买贵的，倒也未必一定选择军大衣。”

“正观黄河评论”也在评论文章《军大衣爆火背后，不止是“买不起羽绒服”》中指

出："丰俭由人，各取所需，是适合我们多数人的消费观。不论衣着高端还是平价，只要足够防寒保暖、自我感觉舒适，就可以穿出自己的风采。如此，军大衣当然也可以有春天。"

问题：你如何看待军大衣的爆火？企业研究消费者心理的最终目的是什么？

提示：军大衣的爆火折射了年轻消费群体消费观念的转变，消费者越来越理性，更加追求性价比，也有求新求异的心理。企业研究消费者心理的最终的目的是满足消费者的需要，企业要更多关注"Z世代"的消费需求和特点，只有提供高性价比的产品、个性化的服务才有可能引领未来的消费。

单元一 了解消费心理学

消费行为是人类社会经济活动中的重要行为，大多数消费者一生中用于消费的时间要多于工作的时间。作为消费行为的主体，消费者有思想、有感情、有需求，也有动机。他们不仅消费日常生活用品，还消费旅游、娱乐产品等。消费者购买商品总是要受到一定的心理活动规律影响，经营者也需要研究消费者心理活动规律，在此基础上开展生产及经营活动，以提高企业经济效益和社会效益。因此，研究和了解消费者心理及其规律，对于企业来说尤为重要，可以为企业制定恰当有效的销售策略提供相应的理论基础。

一、心理与行为

（一）心理的本质

心理是人脑的机能，是客观现实在人脑中的主观反映。这是心理的本质，是心理学的基本规律。

1. 心理是人脑的机能

心理是人脑的机能，人脑是心理活动的器官。没有大脑的心理，或者说没有大脑的思维是不存在的。正常发育的大脑为心理的发展提供了物质基础。人的大脑是最为复杂的物质，是物质发展的最高产物。

心理现象是在动物适应环境的活动过程中随着神经系统的产生而出现的，又随着神经系统的不断发展和不断完善，才由初级不断发展到高级。无机物和植物没有心理，没有神经系统的动物也没有心理，只有有神经系统的动物才有心理。无脊椎动物的神经系统非常简单，如环节动物（蚯蚓）只有一条简单的神经链，它们只具有某种感觉器官，只能认识事物的个别属性，在它们身上只有感觉的心理现象；脊椎动物有了脊髓和大脑，它们有了各种感觉器官，能够认识到事物的整体而不只是事物的个别属性，即有了知觉的心理现象；灵长类动物，如猩猩、猴子，其大脑得到了高度发展，能够认识事物的外部联系，有了思维的萌芽，但是还不能认识到事物的本质和事物之间的内部联系。只有人类才有思维、有意识。人的心理是心理发展的最高阶段，因为人的大脑是最复杂的物质，是神经系统发展的最高产物，所以心理现象的产生和发展的过程也说明了心理是神经系统，特别是大脑活动的结果。神经系统，特别是大脑，是从事心理活动的器官。图 1－1 是对人的心理现象构成的归纳与总结。

- 心理现象
  - 心理过程
    - 认识过程（感觉、知觉、记忆、想象、思维）
    - 情感过程（需要是否得到满足的内心体验）
    - 意志过程（目的性与困难性紧密相连的过程）
  - 心理状态（心理活动在一定时段的特征）
  - 个性心理
    - 个性倾向性（需要、动机、理想、爱好等）
    - 个性心理特征
      - 能力
      - 性格
      - 气质

图 1－1　人的心理现象构成

脑是心理活动的器官，人们经历了几千年才获得这一正确的认识。现在，这一论断得到了临床事实、脑解剖、生理科学等研究所获得的大量资料的证明。因此，“心理是人脑的机能”这一论断在今天已成为一种常识。

2. 心理是客观现实在人脑中的主观反映

健全的大脑为心理现象的产生提供了物质基础。然而，大脑只是从事心理活动的器官，有反映外界事物、产生心理的机能，但心理并不是大脑本身所固有的。心理现象是客观事物作用于人的感觉器官，通过大脑活动而产生，所以客观现实是心理的源泉和内容，离开客观现实来考察人的心理，心理就变成了无源之水、无本之木。对人来说，客观现实既包括自然界，也包括人类社会及人类自己。

20 世纪 20 年代，印度发现了两个狼孩，即让狼叼走并养大的孩子。他们有健全的人的大脑，但是，他们脱离了人类社会，是在狼群里长大的，故只具有狼的本性，而不具备人的心理。所以，心理也是社会的产物，离开了人类社会，即使有人的大脑，也不能自发地产生人的心理。

心理的反映不是镜子式的反映，而是能动的反映。因为人类通过心理活动不仅能认识事物的外部现象，还能认识事物的本质和事物之间的内在联系，并用这种认识来指导实践活动，改造客观世界。

心理是大脑活动的结果，却不是大脑活动的产品。因为心理是一种主观印象，这种主观印象可以是事物的形象，也可以是概念，甚至可以是体验。它是主观的，而不是物质的。正如教师讲课，客观刺激对所有学生来讲是相同的，但每个学生所得到的却不一样。用S代表刺激，O代表个体心理，R代表反应，那就是：S—O—R。意思是说，即使刺激相同，但由于每个人的个体心理加工与制作的不同，最后的反应也不同。这一点很好地说明了心理是客观现实在人脑中的主观反映。

（二）行为的含义

行为的基本含义是举止行动，指受思想支配而表现出来的外表活动，如做出动作、发出声音、做出反应。行为是有机体在外界环境刺激下引起的反应，包括内在的生理和心理变化。

人类行为包括本能行为和社会行为：本能行为由人的生物性所决定，是人类最基本的行为；社会行为由人的社会性所决定，是通过社会化过程确立的。

行为的刺激常常通过心理的中介起作用。如果人没有对光线、声音、气味的感觉，就不会有对光线、声音、气味的反应。同一刺激可能引起不同的反应，不同刺激也可能引起相同的反应，其原因在于人有丰富的精神世界。人总是以自己的主观反应去处理各种刺激，然后做出恰当的行为反应，同时，心理也通过行为得以表现。如果一个人没有表现在外的活动或行为，我们就无从了解其心理。可以说，行为在很大程度上是内部心理活动的外部表现，心理活动则是用来支配和调节行为的精神活动。由于心理和行为有着极为密切的对应关系，人们不仅可以根据所给予的刺激来预测心理现象，也可以根据所表现出来的行为来推测心理活动。因此，心理学家在研究心理现象时，往往要客观地观察和测试人的行为，并通过探讨心理和行为之间的关系，来全面、准确地理解人的心理活动及其规律。

二、消费与消费品

（一）消费

消费是人类通过消费品满足自身欲望的一种经济行为。从广义上看，人类的消费行为可以划分为生产性消费和生活性消费两大类。生产性消费是指人们在生产过程中对劳动力及其他各种生产要素的使用、消耗，如企业的生产需要劳动力，需要厂房、土地和机器设备，需要原材料、水、电、气等。生活性消费是指满足个人生活的各种物质产品和精神产品的消耗，如人们生活中对衣、食、住、行等物质产品的消耗，对文化、教育、艺术等精神产品的消费等。狭义的消费就是指生活性消费。

（二）消费品

消费品是指那些由最终消费者购买并用于个人消费的产品。消费品是用来满足人们物质和文化生活需要的那部分社会产品，也可以称作“消费资料”或者“生活资料”。消费品按满足人们需要的层次分，有生存资料（如衣、食、住、行方面的基本消费品）、发展资料（如用于发展体力、智力的体育、文化用品等）、享受资料（如高级营养品、华丽服饰、艺术珍藏品等）；按使用时间的长短分，有一次或短期使用的普通消费品和可供长期使用的耐用消费品；按消费者的购买行为和购买习惯分，则有便利品、选购品、特殊品和非渴求品。

1. 便利品

便利品是指消费者要经常购买、反复购买、即时购买、就近购买、惯性购买，且购买时不用花时间比较和选择的商品，如饮料、零食、水等。消费者经常购买便利品，在购买前基本没有详细计划，大多根据品牌及经验购买。

2. 选购品

选购品是指消费者要对实用性、质量、价格和式样等基本方面进行认真权衡比较的商品，如家具、服装、汽车和大型器械等。选购品可以划分为同质品和异质品。消费者认为同质品的质量相似，价格却明显不同，所以有选购的必要。同质品的经营者必须与消费者“商谈价格”。但对消费者来说，在选购服装、家具和其他异质品时，商品特色通常比价格更重要。异质品的经营者必须备有大量的品种花色，以满足消费者不同的偏好，还必须有受过良好训练的推销人员，为消费者提供信息和咨询服务。

3. 特殊品

特殊品是指具有特定品牌或独具特色的商品，或对消费者具有特殊意义、特别价值的商品，如具有收藏价值的收藏品和结婚戒指等。

4. 非渴求品

非渴求品是指消费者不熟悉或虽然熟悉，但不感兴趣、不会主动寻求购买的商品，如环保产品、人寿保险产品以及专业性很强的书籍等。非渴求品有两种类型：新的非渴求品和常规非渴求品。新的非渴求品是指那些的确提供潜在客户所不知的新的理念的商品。信息含量大的促销活动能帮助说服顾客接受商品，并结束其非渴求状态。常规非渴求品是指那些仍然处于非渴求状态，但并非一直如此的商品（如墓地、人寿保险产品、百科全书）。需求可能存在，但并未激起潜在客户的购买欲，对于这些商品，人员推销十分重要。

三、消费者与消费心理学

（一）消费者

狭义的消费者是指以个人消费为目的而购买商品和服务的个人和家庭。广义的消费者泛指一切从事消费活动的人。本书主要从狭义的角度讨论消费者。

与生产者及销售者不同，消费者必须是商品和服务的最终使用者，而不是生产者、经营者。也就是说，消费者购买商品和服务主要是因个人或家庭需要，而不是经营或销售，这是消费者最本质的特点。作为消费者，其消费活动的内容不仅包括为个人和家庭生活需要而购买和使用商品，而且包括为个人和家庭生活需要而接受他人提供的服务。但无论是购买和使用商品还是接受服务，其目的只是满足个人和家庭需要，而不是生产和经营的需要。

消费者在消费过程中承担着不同的角色。消费者角色可以分为五种，即消费的倡议者、决策者、影响者、购买者和使用者。

(1) 倡议者，即首先提出或有意购买某一商品或服务的人。这是指本人有消费需要或消费意愿，或者认为他人有消费的必要，或者认为其他人进行了某种消费之后可以产生所希望的消费效果，他要倡导别人进行某种形式的消费。

(2) 决策者，即有权单独决策或在消费中与其他成员共同做出决策的人，在是否购买、为何买、哪里买等方面作出部分或全部决定的人。

(3) 影响者，即其看法或者建议对最终购买决策具有一定影响的人。这是指以各种形式影响消费过程的人，包括家庭成员、邻居与同事、购物场所的售货员、广告中的模特、消费者所崇拜的名人明星等，甚至素昧平生、萍水相逢的过路人等。

(4) 购买者，即实际购买商品或服务的人。

(5) 使用者，即最终使用、消费该商品并得到商品使用价值的人，有时称为“最终消费者”“终端消费者”“消费体验者”。

课堂互动：是不是只有购买者才是消费者呢?

互动要求：学生结合所学知识进行独立思考，陈述自己的观点；也可以跟同学沟通后回答。

(二) 消费心理学

人们参与不同层面的社会实践，继而形成不同的心理现象和心理规律。心理学家将心理学的理论及原理运用到不同的社会实践领域当中，并揭示其特殊规律，衍生出心理学的分支。其中，消费心理学就是心理学在消费者行为分析领域的一个分支。

消费心理包括本能性消费心理和社会性消费心理。本能性消费心理是指主要由人的生理因素所决定的自然状态下的心理反应。本能性消费心理的反映强度和表现方式又取决于不同消费者的个性因素，如消费者的气质、性格和能力。社会性消费心理即消费心理的社会性，是指由人们所处的社会环境因素决定的心理需要，它是随着社会经济的发展而不断发展、变化的，它使人类的消费活动由简单的满足生理需要，变为具有特定含义的社会行为，并且在内容和质量上不断提高。从对人们的消费行为的影响来看，本能性消费心理越来越被社会性消费心理所掩盖，社会性消费心理成为影响和支配人们的消费行为的主要因素。

消费心理学是研究消费者在消费活动中的心理现象及其规律的科学。消费心理通过消费行为表现出来。人们通过对消费心理的研究，既可以探讨其规律性，也可以使消费者自觉控制和调节自己的消费行为，使经营者制定正确的营销策略，为社会提供适销对路的商品，促进销售，增加效益，最终推动社会经济的发展。

相关链接

盘点《中华人民共和国消费者权益保护法》七大亮点

四、消费心理学的研究对象

（一）消费者在购买行为中以某种形式表现出来的心理现象

消费者是市场购买活动的主体，其购买行为影响着市场运行、变化的趋势。消费者购买行为中的心理现象，主要发生在每次商品和服务的购买和使用过程中，这一过程中所产生的心理感受，是下一次购买活动的心理起点。在消费行为中，消费者与营业员、服务员之间的相互联系有其自身的特殊性。在商业零售企业和服务经营企业的营销活动中，消费者是以购买者、需求者和货币持有者的身份出现的，营业员或服务员只是商品或服务的代理者，但在消费者心目中，他们代表着所有者。在实际的购买过程中，消费者要按照自己的意图、偏好购买所需要的商品或服务，而营业员或服务员要按照企业自身的利益行事，于是双方在提供与接受之间，在形式、内容和要求上会表现出一致、矛盾或冲突，消费者则会表现出兴奋、平淡、紧张、愤怒等各种心理活动，这正是消费心理学所要研究的基本内容之一。

（二）消费者在消费行为中所反映出的一般规律

消费者在消费行为中所反映出来的心理现象是某一个体消费者的心理现象。它必然要受消费者的个体心理左右，表现为消费者个体的个性。而消费者在其行为活动中所产生的感觉、知觉、记忆、想象、思维、情感、意志等心理过程，则表现为人的心理活动的一般规律。消费者作为个体，无论其每次具体的消费行为是怎样形成的，他总是把自己以独特形式保持的那些稳定的、本质的心理品质，即消费者的个性心理反映出来。这种个性在市场行为中表现为各类消费者在能力、性格、气质等方面的差异，并由此构成消费行为的基础。所以，在对消费者的心理过程的分析中，研究者可以发现并研究消费心理现象中的一致性；在对消费者个性心理的分析中，研究者可以发现并研究消费心理现象中的差异性；而在对消费心理现象的综合研究中，研究者可以找出消费过程中消费者的一般心理规律。

（三）消费者心理发展、变化的一般趋势

一般而言，对消费者购买行为心理现象的研究主要表现在消费品购买活动的前、中、

后阶段中。而消费者在这一过程中的多种心理活动，是从对某种商品或服务的认识开始，经评价、选择、购买决策、购后反应等阶段所表现出的不同行为和心态。这就是说，消费行为中的各种心理现象是以商品和服务的交换行为为基础表现出来的。作为一种社会经济现象，商品交换是一种古老的经济活动。但如今，市场购买行为日益复杂，消费者不仅会考虑眼前的消费，而且会更多地考虑未来的消费；不仅注重有形商品的消费，而且越来越关心无形商品的消费。这样，精神生活消费、闲暇消费、储蓄与投资行为的普及等，都成为影响消费者心理变化的重要因素。因此，消费者心理发展、变化的一般趋势，便成为消费心理学研究对象的重要组成部分。

单元二 消费心理学的产生与发展

消费心理学的研究具有悠久的历史。在我国古代，春秋末期的著名自由商人范蠡（陶朱公）已从分析消费需要入手，以“计然七策”经营商业。荀子提出生产要“养人之欲，给人之求”（《荀子・礼论》），讲的就是满足人的消费需要。在西方，古希腊哲学家亚里士多德曾提出“欲望是心理运动的资源，一切情感、需要、动作和意志均为欲望所引发”的论断，古希腊历史学家色诺芬最早提出“消费”这个术语，法国古典学派的终结者西斯蒙第提出了“社会生产目的是满足消费者需要”的观点。

一、消费心理学的发展阶段

（一）早期萌芽阶段

19 世纪末 20 世纪初，有关消费心理与行为的理论开始出现，并且得到了初步的发展。

这一阶段的主要背景是：19 世纪末 20 世纪初，各主要资本主义国家经过工业革命后生产力大大提高，生产能力超过市场需求的增长速度，市场上的商品供过于求，企业之间的竞争加剧。在这种情况下，为了争夺市场，为数不少的企业生产经营者开始注重商品推销和刺激需求的作用，推销术和广告术也开始应用于企业的经营活动中。

1895 年，美国明尼苏达大学的哈洛・盖尔（Harlow Gale）首先采用问卷调查的办法，就消费者对商品广告及其所介绍商品的态度与看法进行了研究。1901 年，美国心理学家沃尔特・迪尔・斯科特（Walter Dill Scott）在美国西北大学作报告，提出了“广告应发展成一门科学，而心理学可以在其中发挥重要作用”的见解，并且第一次提出了“消费心理学”的问题。1903 年，斯科特汇编了十几篇论文，出版了《广告心理学》一书，此书较为系统地谈及影响消费心理的各种因素，论述了在商品广告中如何应用心理学原理以引起消费者的注意和兴趣。这标志着消费心理学的雏形——广告心理学的诞生。

1912 年，德国心理学家雨果·闵斯特伯格（Hugo Munsterberg）出版了《心理学与经济生活》一书，阐述了在商品销售中广告和橱窗陈列对消费者心理的影响。同时，还有一些学者在市场学、管理学等著作中也研究了有关消费心理与行为的问题，他们中比较有影响的是行为主义心理学创始人约翰·华生（John Watson）的“刺激—反应”理论，即“S—R”理论。该理论揭示了消费者接受广告刺激物与其行为反应的关系，被广泛运用于消费者行为的研究之中。

由于此时对消费者心理与行为的研究才刚刚开始，研究的重点是企业如何促进商品销售，而不是如何满足消费者的需要，加上这种研究基本上局限于理论阐述，并没有具体应用到市场营销活动中，因此我们说此时期为消费心理学的早期萌芽阶段。

（二）中期应用阶段

20 世纪 30 年代到 60 年代，消费行为研究被广泛应用于市场营销活动中，并得到了迅速发展。

这一阶段的主要背景是：1929—1933 年，西方资本主义国家发生经济大危机，生产严重过剩，商品销售十分困难，传统的卖方市场一下子变成了买方市场。在这种形势下，企业的生产经营观点发生了重大转变，刺激消费作为一种反危机的手段被提了出来。市场学、广告学、推销学在市场营销活动中得到了广泛的运用，并取得了明显的效果。这极大地丰富和完善了消费心理学理论的研究，使它从其他学科中分离出来，成为一门独立的学科。

第二次世界大战以后，人们对消费者的心理现象及其活动规律产生了越来越大的兴趣。心理学在各个领域的应用都取得了重大成果，更引起了理论研究工作者和企业家的强烈反响和关注。更多的心理学家、经济学家、社会学家转入这一领域进行研究，并相继提出了许多理论。例如：1951 年，美国心理学家亚伯拉罕·马斯洛（Abraham H. Maslow）提出了需要层次理论；1953 年，美国心理学家罗杰·布朗（Roger Brown）开始研究消费者对商标的倾向性；1957 年，美国社会心理学家莫瑞·鲍恩（Murray Bowen）开始研究参照群体对消费者购买行为的影响。可以这样说，消费心理学从此进入发展和应用时期，它对市场营销活动的参与、影响和服务的作用也日益明显。

（三）后期变革阶段

20 世纪 70 年代至今，是消费心理学变革的阶段。这一时期的重点主要放在对新产品扩散过程中的消费者行为进行分析。1960 年，美国心理学会成立了消费心理分学会，有会员约 400 人。它宣告消费心理学作为一门真正独立的学科从此诞生了。此阶段相继问世的《广告研究》《市场研究》两种杂志，使消费心理学的研究成果得到了更广泛的传播。这一时期，有关消费者心理与行为的研究论文、报告、专著不仅在数量上剧增，而且在质量上越来越高，研究方法也越来越科学。许多新兴学科，如计算机、经济数学、行为科学等也被运用于消费行为的研究。

20世纪70年代，消费心理研究开始进入成熟阶段。在此阶段，研究人员愈加重视“费”和“利”的关系，下功夫提高消费心理研究的质量，以期望对市场实践与理论做出更大贡献。进入20世纪80年代后，消费心理学随着社会经济的发展而不断深化，门类越来越多，与市场营销的关系也日益密切。这门学科延伸到消费者潜在需求与售后服务领域，研究内容呈现多学科、跨文化和国际化的趋势，研究方法趋于定量化，研究资料趋于充足化，研究成果更加丰富，学科体系趋于成熟。目前，“消费心理学”已成为许多国家市场营销专业人员和大专院校经济管理专业的一门必修课。

课堂互动： 有人说：“随着社会的发展及进步，消费者心理的研究越来越重要。”你怎么看？

互动要求： 学生结合所学知识进行独立思考，陈述自己的观点；也可以跟同学沟通后回答。

二、消费心理学的研究趋势

20世纪70年代以来，有关消费者心理与行为的研究逐步趋于系统化，相关的研究机构和学术刊物也不断增多。除了大学和学术团体外，美国的一些大公司也纷纷附设专门的研究机构从事消费者心理研究。纵观近年来消费者心理与行为的研究现状，我们可以发现以下新的发展趋势：

（一）研究角度趋于多元化

长期以来，人们注重从商品生产者和经营者的角度研究消费者心理与行为，关注点集中于帮助工商企业通过满足消费者需要来扩大销售，提高利润。目前，这一单一局面已被打破，许多学者开始把消费者心理及行为同更广泛的社会问题联系在一起，从宏观经济、自然资源和环境保护、消费者利益、生活方式等多种角度进行研究。例如：研究作为买方的消费者的行为对市场变动的影响、各种宏观调控措施对消费者的心理效用，以及政府部门在制定经济规划时如何以消费者心理作为重要参考依据等。又如：顺应20世纪70年代以来消费者权益保护运动，许多学者注重从消费者利益角度研究消费者心理，以便帮助消费者提高消费能力，并学会保护自身权益不受侵害。再如：研究不同类型消费者生活方式的特点及其与消费意识、消费态度、购买行为的关系，从而帮助消费者提高生活质量。上述各方面的探讨为消费者心理与行为的研究提供了更广阔、更新颖的研究角度。

（二）研究参数趋于多样化

在最初的研究中，人们主要以社会学、经济学的有关概念作为参数变量，根据年龄、性别、职业、家庭、收入等来分析和解释各种消费者心理与行为的差异。随着研究的深入，与心理因素和社会心理因素有关的变量被大量引入，如需要、动机、个性、参照群体、社会态度、人际沟通等。今天，由于社会环境的急剧变化和消费者自身素质的提高，消费者心理与行为比以往任何时候都更为复杂，已有的变量已很难对此做出全面的解释。例如：为什么已成为世界富裕国家之一的日本，其国民却仍崇尚节俭，储蓄率居发达国家之首？为什么美国人喜欢“寅吃卯粮”，热衷于借债消费，最终引起了全球性的金融危机？研究者开始引入文化、历史、地域、民族、道德传统、价值观念、信息化程度等一系列新的变量。新变量的加入为消费者心理与行为研究的精细化提供了可能，同时使参数、变量在数量和内容上更加丰富多样，而这一现象正是消费者心理与行为研究的多学科、综合性趋势进一步加强的反映。

（三）研究方法趋于定量化

新变量的加入使各参数变量之间的相互关系更加复杂，单纯对某一消费现象进行事实性论述和定性分析显然是不够的。为此，学者们越来越倾向于采用定量分析的方法，运用统计分析技术、信息处理技术及运筹学、动态分析等现代科学方法和技术手段，揭示变量之间的内在联系，如因果关系、相关关系等。定量分析的结果使建立更加精确的消费行为模型成为可能。而各种精确模型的建立，又进一步推动了对消费现象的质的分析，从而把对消费者心理与行为的研究提高到一个新的水平。

三、消费心理学在我国的发展

在 20 世纪 20 年代消费心理学的初创阶段，我国学者孙科就曾以“广告心理学概论”为题撰文对该学科进行了介绍；吴应国将斯科特的《广告心理学》翻译成中文，这标志着消费心理学开始进入我国；潘菽在他著的《心理学概论》中专章介绍了“心理学与工商业”。从这里可以看出，自消费心理学传入我国到现在已有百年。

在 20 世纪 30 年代和 40 年代，战争导致的物质匮乏制约了消费心理学的研究。我国消费心理学研究出现了半个世纪的空白。

我国 20 世纪 80 年代初开始的经济体制改革促进了商品经济的发展。商品的日益丰富和买方市场的形成，使企业面临着日益激烈的竞争。这一系列的变化促使企业开始注重对消费者心理的研究。促销活动越来越频繁，并且在 20 世纪 90 年代以后日益受到工商企业的重视。我国开始系统地从国外引进有关消费者心理与行为研究的成果。学术界发表和出版了大量的相关文章、专著、译著。各种调研机构和企业纷纷开展消费者态度、居民家计、消费趋势等的调研与预测工作，及时地跟踪和分析消费者心理与行为的变化动态，并将有关理论、方法运用于市场营销实践活动。国内各个高校市场营销专业纷纷开设“消费心理学”课程，有关消费心理学方面的专著也越来越多。1984 年，中国消费者协会成立。之后，我国部分省、自治区、直辖市开始成立消费者协会。1993 年，《中华人民共和国消费者权益保护法》颁布。

相关链接

《2023 中国新消费趋势白皮书》解读四大人群

单元三 研究消费心理学的意义

从我国目前的消费状况来看，整个国家消费需求以较大幅度增长；城乡居民消费水平稳步提高，尤其城镇居民人均消费水平已经进入国际认可的中等水平；商品买方市场形成，消费支出分流日益明显；城乡居民最低生活保障制度的制定，基本保证了城乡居民的生活消费。企业研究消费心理学，有助于准确把握消费者的心理规律，制定正确的营销策略，有助于提高服务质量和服务水平，更好地为消费者服务；个人研究消费心理学，有助于自身素质的提高，科学进行个人消费决策；政府研究消费心理学，有助于引导消费，更好地满足人民日益增长的美好生活需要。

一、有助于企业准确把握消费者的心理规律，制定正确的营销策略

在市场经济下，消费者毫无疑问地成为市场的主体。通过消费者行为分析了解和满足消费者现实的生理需求和心理需求，按照消费者的愿望组织生产与销售，是企业生存与发展的基础，即所谓“订单生产”。同时，企业要对消费者的需求进行准确的预测，从而改进产品设计，提高产品质量，促进产品的更新换代，不断提高产品和企业的竞争力。消费心理学的研究成果和方法，无疑能帮助企业更好地了解消费者需求变化、消费决策与消费行为变化的主要影响因素，掌握消费者心理的一般规律，准确预测消费者需求的发展趋势，以制定正确的营销策略。

同步案例

速溶咖啡为什么卖不动?

20 世纪 40 年代初期，速溶咖啡首先出现在美国市场。它方便、省时，不会发生配料

错误而且价格低于现磨咖啡。于是，厂家踌躇满志，以为该产品一定大受欢迎，广告制作者也觉得只要宣传其价廉与方便，就一定能拨动消费者的心弦而马到成功。结果，销售状况大大出乎他们的意料，速溶咖啡不受欢迎。厂家请来消费心理学家调查其中奥秘。初期的调查结果是，速溶咖啡的味道比现磨咖啡要差，但消费者又说不出速溶咖啡和现磨咖啡在味道上到底有何区别。在开展了进一步的调查研究之后，消费者拒绝购买速溶咖啡的深层原因被揭示了出来。原来，当时美国消费者的社会心态是，购买速溶咖啡的人被认为是懒惰的，是生活无计划的、邋遢的、不会过日子的人；而购买现磨咖啡的人则被认为是有经验的、勤俭的、讲究生活的、有家庭观念和喜欢烹调的人。有谁愿意被贴上“懒惰”的标签呢？有哪个家庭主妇愿意被他人看成是不能很好地照顾丈夫和孩子的妻子呢？广告制作者刻意宣扬的“方便”特征并没有与消费者的需求相契合，而是正好与消费者的精神需求相抵触。不难想象，这样的宣传越是卖力，就越会引起消费者的反感与厌恶。在认识到这一点后，广告制作者便改变策略，不再强调速溶咖啡方便的特点，而是着力宣传现磨咖啡所具有的美味、芳香和质地醇厚等特点，速溶咖啡也同样具备。广告制作者在杂志的整版广告上画了这样一幅图画：一杯美味的咖啡，它后面高高地堆着很大的褐色咖啡豆，并在速溶咖啡罐上加上“100%的真正咖啡”的标签。很快，速溶咖啡就成为咖啡中最受欢迎的产品之一。

问题：速溶咖啡为什么能由无人光顾变成畅销产品？

提示：当未能了解消费者的需求倾向，企业仅凭主观想象盲目行事之时，公关宣传就是失败的。一旦掌握了消费者的需求倾向，尤其是消费者购买商品的动机，并采取相应的、有效的策略予以满足时，同样的商品便能大受欢迎。由此可见，了解消费者的关心点及购买动机非常重要。

二、有助于企业提高服务质量和服务水平，更好地为消费者服务

消费者在选择商品时，基本上会受到两方面因素的影响：一是商品本身；二是服务。当有关商品的“硬件”基本一致时，消费者的选择往往会受到服务质量的影响。所以说，市场经济下的企业竞争，不单纯是企业的生产技术、经营管理的竞争，也是商品销售与服务的竞争。看似简单的销售购买过程，反映的绝不仅仅是一买一卖的简单所有权交换关系。销售人员要细心观察消费者言行举止所流露的心理愿望，并采取适当的服务接待方式，使整个销售过程成为一种和谐、愉悦的社会交往过程，在轻松的氛围中实现商品价值，为企业带来声誉，赢得顾客。显然，要达到这一效果，销售人员仅仅依靠为人民服务的思想或敬业精神是远远不够的，还要善于分析消费者的购买行为，揣摩消费者心理，有主动性、有针对性、有预见性地进行服务接待。这就需要销售人员具备一定的消费心理学知识，掌握服务对象的心理行为规律及影响消费者心理变化的各种因素，变被动服务为主动服务。

课堂互动：有人说，“数字营销蓬勃发展，给企业带来机遇的同时，也带来了很多挑战”。那么，企业面临的新挑战有哪些？

互动要求：学生结合所学知识进行独立思考，陈述自己的观点；也可以跟同学沟通后回答。

三、有助于消费者提高自身素质，科学进行个人消费决策

加强消费者心理与行为的理论知识的传播和普及，可以帮助消费者正确认识自身的心理特点和行为规律，全面了解现代消费者应具备的知识、能力等，掌握科学决策的程序和方法，从而提高生活质量。例如：一些不法保健品商家针对老年人开展“免费旅游”“免费体验”“免费送礼品”等活动，利用老年人贪图小利、盲目决策的弱点引诱他们消费，以达到高价推销劣质商品、陈货的目的；还有一些商家雇用“托儿”，营造一种从众的气氛使消费者上当受骗。如果消费者具有从众心理现象的基本知识，不贪图小便宜，便会理智地提醒自己，降低上当受骗的可能性。

相关链接

几种常见的心理学效应

四、有助于政府引导消费，更好地满足人民日益增长的美好生活需要

消费是最终需求，既是生产的最终目的和动力，也是人民对美好生活需要的直接体现。研究消费心理学，有助于加快完善促进消费体制机制，增强消费对经济发展的基础性作用；有利于顺应居民消费升级趋势，努力增加高品质产品和服务供给，切实满足基本消费，持续提升传统消费，大力培育新兴消费，不断激发潜在消费；有利于增强消费者主体意识，尊重消费者自由选择权，加大消费者合法权益保护力度，实现消费者自由选择、自主消费，提升消费者获得感、幸福感、安全感；有利于保障和改善民生，实现经济社会发展互促共进，更好地满足人民日益增长的美好生活需要。

课堂互动：对于市场上出现“免费旅游”“免费体验”“免费送礼品”等活动，如何辨别其真实性，避免上当受骗？

互动要求：学生结合所学知识进行独立思考，陈述自己的观点；也可以跟同学沟通后回答。

模块小结

消费心理学是心理学的一个分支，也是市场营销学中的一门应用型学科，主要研究消

费者在消费活动中的心理及其规律。

本模块主要介绍了心理与行为、消费与消费品、消费者与消费心理学等相关核心概念，介绍了消费心理学的发展阶段、研究趋势及在我国的发展情况，明确了研究消费心理学不仅对于企业制定正确的战略有重要意义，对于个人规范消费行为也有很重要的意义。

思考与练习

一、单选题

1. 牙膏、毛巾属于下述消费品中的哪一种？（　　）

A. 便利品　B. 选购品　C. 特殊品　D. 非渴求品

2. 有权单独决策或在消费中与其他成员共同做出决策的人，在消费中扮演（　　）的角色。

A. 倡议者　B. 购买者　C. 决策者　D. 使用者

3. 服装属于下述消费品中的哪一种？（　　）

A. 便利品　B. 选购品　C. 特殊品　D. 非渴求品

4. 游戏皮肤属于下述消费品中的哪一种？（　　）

A. 便利品　B. 选购品　C. 特殊品　D. 非渴求品

5. 1903 年，斯科特出版了（　　）一书，标志着消费心理学的雏形——广告心理学的诞生。

A.《心理学与经济生活》　B.《广告理论》

C.《消费心理学》　D.《广告心理学》

二、多选题

1. 按照消费者的购买行为和购买习惯分，消费品有（　　）这几种类型。

A. 便利品　B. 选购品　C. 特殊品　D. 非渴求品

2. 本能性消费心理有哪些？（　　）

A. 气质　B. 性格　C. 能力　D. 从众

3. 研究消费心理学对（　　）有利。

A. 企业　B. 个人　C. 政府　D. 市场

4. 消费心理学研究对象有（　　）。

A. 消费者的心理现象　B. 消费行为一般规律

C. 生产消费　D. 消费心理变化趋势

5. 除了使用者外，（　　）角色都可以称为消费者。

A. 倡议者　B. 影响者　C. 决策者　D. 购买者

三、判断题

1. 只有购买者才能定义为消费者。（　）

2. 因为要经常买衣服，所以衣服是便利品。（　）

3. 研究消费者心理只对企业有利。（　）

4. 消费者心理虽然复杂多变，但通过精心设计的调查，消费者心理是可以被理解和把握的。（　）

5. 心理活动的器官是心脏。（　）

四、简答题

1. 消费心理学的研究对象是什么？

2. 怎么理解消费者的概念？

3. 研究消费心理学的意义有哪些？

能力培养与训练

一、营销思维训练

"尔滨"效应刺激多地卷"文旅"

从"哈尔滨"到"尔滨"，从"冰雪大世界"到"南方小土豆"，从索菲亚大教堂的人造月亮到省政府写给游客的感谢信……

2023 年这个冬季，黑龙江哈尔滨成了旅游热榜上的最大"显眼包"。各大视频和社交平台上，有关哈尔滨推陈出新、拿出家底招待南方游客的话题，不断霸榜热搜，让这座老牌的东北重工业城市再次凝聚起年轻人的目光，相关旅游数据也不断创下历史新高。

仅 2024 年元旦 3 天假期，哈尔滨机场共运送旅客 20.5 万人次，比 2019 年同期增长 27%，创历史新高；同程旅行平台哈尔滨旅游热度环比上涨 240%，在全国目的地旅游热度榜单中排名第四；3 天假期累计接待游客人数超过 304 万人，旅游总收入达 59.14 亿元，游客接待量和旅游总收入均达到历史峰值。

随着哈尔滨的出圈爆火，文旅行业的热度陡然增高。不少地方都借着这波热度，迅速开展了形象行销，通过各种方式延揽游客，突然就"卷"了起来。

比如有网友留言"想在洛阳看飞鱼服帅哥"，于是洛阳文旅迅速组织了一支专业的表演团队，在火车站和地铁站内进行表演，和行人互动；还有同在东北的齐齐哈尔，请了知名演员发布视频，"邀请各地王子公主到齐齐哈尔"；河北文旅也和知名演员在网上互动，该知名演员直呼"我为河北文旅扛大旗"，吸引了众多关注；沈阳文旅局局长还注册了社交平台账号，并迅速解决网友反映的旅游痛点……

哈尔滨确实让很多地方都心动了，并且试图复制这种热度。从各地的做法看，它们似乎也摸到了某种有共性的门路——用网民最喜闻乐见的方式，制造网络热点，并和网民直接交换意见，有针对性地改善旅游环境。网络上还有了一个新说法："听劝式文旅"——网友说什么，文旅局就做什么。

［问题思考］

1. 哈尔滨的旅游为何能火出圈？

2. 如果你是某地文旅局相关负责人，你认为要想推动当地文旅发展，如何做才能长久赢得消费者的心？

二、实战演练

［演练内容］

随着5G时代的到来，手机已成为大学生必备的工具之一。以小组为单位开展一次大学生手机消费的调研，根据调研数据填写表1-2，并进行课堂展示汇报。

表1-2 大学生使用手机情况调查

<table>
<tr><td>主要手机品牌</td><td colspan="4"></td><td colspan="4"></td><td colspan="4"></td></tr>
<tr><td>价格区间</td><td colspan="4"></td><td colspan="4"></td><td colspan="4"></td></tr>
<tr><td>最常见的三个品牌的优势</td><td colspan="4"></td><td colspan="4"></td><td colspan="4"></td></tr>
<tr><td rowspan="2">大学生购买手机的途径占比
（网络和实体店铺）</td><td colspan="12">网络购买：</td></tr>
<tr><td colspan="12">实体店铺购买：</td></tr>
<tr><td>大学生在购买手机时所担任的角色
（除使用者外）所占百分比</td><td colspan="3">倡议者
（ ）</td><td colspan="3">决策者
（ ）</td><td colspan="3">影响者
（ ）</td><td colspan="3">购买者
（ ）</td></tr>
<tr><td>调查数据对你的启示</td><td colspan="12"></td></tr>
</table>

［考核评价］

详见表1-3。

表1-3 考核评价

项目	评价标准	分数
内容完成	能按要求完成调查表，调查表语言规范、无错别字，观点正确	20
语言表达	口齿清晰、用词得当、意思表达准确、内容富有条理和逻辑性	20
现场感染	有较强的现场感染力，引起评委的共鸣	20
解决问题能力	具备分析问题、解决问题能力	20
启示有价值	启示有一定的借鉴价值	20
合计		100

模块二　消费者的心理活动过程

消费者在购买及使用商品的过程中，伴随着心理活动的产生和发展，也同样受到心理活动变化的影响。消费者的心理活动过程具有不同形态和作用，心理活动过程包括认知过程、情感过程和意志过程三个阶段。对于经营者来说，研究消费者在购买行为中的心理活动过程，可对其了解消费者心理变化，总结变化规律，继而采取相应的策略提供依据。

模块结构

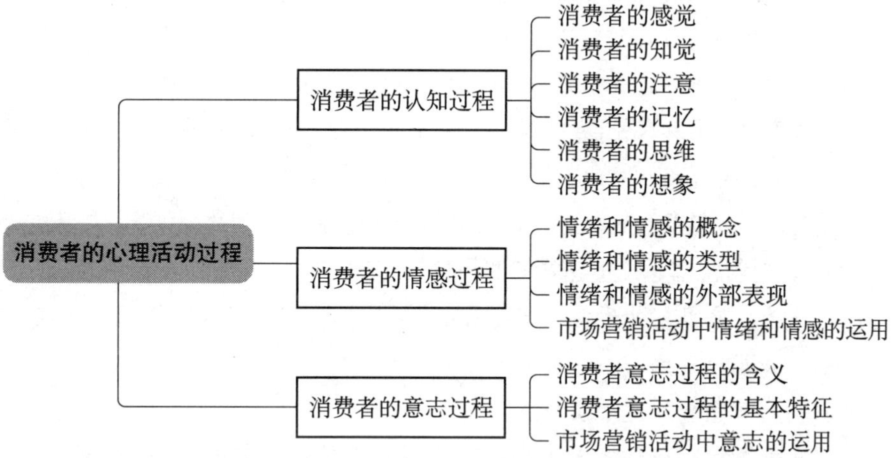

学习目标

知识目标： 理解感觉、知觉、注意、记忆、思维、想象、情绪、情感、意志的含义与特征；掌握消费者的认知过程、情感过程及意志过程对其购买行为的影响。

能力目标： 能够准确把握消费者的认识过程、情感过程及意志过程的特点，继而开展营销活动。

素质目标： 能够理解消费者对商品产生认知片面甚至认知偏见的原因，能够处理好自己的情感与消费者的情感的关系，理解别人的情绪、情感与态度表现，增强自己的意志力。

案例导入

阿芙赠品惊喜不断，用户喜欢“拆拆拆”

阿芙精油创办于2005年，是国内精油美妆类的领先品牌。据贝哲斯咨询发布的香精油市场调研报告，全球香精油的市场规模在2022年达到977.07亿元人民币，报告预计到2028年全球香精油市场规模将达到1 459.28亿元人民币，香精油市场潜力很大。

2009年，“阿芙，就是精油”被业内熟知，在全国一、二线城市设有四百余家形象专柜，线上渠道覆盖各大主流平台，在精油及精油美妆品类的占有率始终遥遥领先。它是怎么做到的?

1. 不只简单卖精油，传递阿芙正能量

阿芙有个惯例，每天14时，一个惊喜团队会为员工送上惊喜节目，时不时的小惊喜让办公室充满欢乐。阿芙认为，只有员工开心了，才会把这种正能量传递给客户。

在阿芙，所有的员工都要轮流当客服，只有与顾客亲密接触了，才能更了解顾客需求，更有发言权。

据了解，阿芙的客服是24小时在线咨询，与顾客不以销售为目的进行聊天。他们会去感受顾客的需求，这种需求除了产品本身外，还包括心理需求。这种聊天方式不仅能给顾客带去舒心与快乐，也能给客服的工作带来轻松与享受。当顾客有购买需求时，客服就可以利用视频设备远程看到顾客的皮肤状态，从而给出销售建议，彻底打破网购的距离感。

阿芙的销量好，靠的不仅是产品，其所坚持的特色服务也是重要因素。阿芙将卖的东西形象化，不是简单地卖精油，而是让顾客享受到最愉快的购物体验，使现有顾客带动新顾客。

2. 创新营销，缔造艺术与时尚营销奇迹

作为一家以精油为主导产品的化妆品公司，经过几年的发展，阿芙已迅速覆盖全国一、二线城市的商场，并设有上百家形象专柜，形成了一套独有的“线下成立、线上扩张、全网营销”的发展模式。

从最早的赠送包邮卡开始，创新一路伴随着阿芙成长。通过创新与跨界小众营销，阿芙成功推广了精油文化，成为我国市场上精油及精油护肤品启蒙者和开创者。2012年4月，阿芙与绘本画家几米合作，举办了阿芙×几米“最美治愈系”大型活动。几米精选了三幅插画作品，与阿芙携手推出限量版精油护肤品。同年9月，阿芙继续秉承对极简而本真的艺术追求，与著名艺术家刘野合作，共同推出阿芙×刘野系列限定版精油护肤品。2017年12月，阿芙还推出了阿芙×Molly“奇妙雪夜”圣诞礼盒，在国产化妆品极少涉猎的节日礼盒领域做出尝试。这款圣诞礼盒的造型是一座梦幻甜美风的立体城堡，配合粉嫩可爱的Molly图案，外观上就很容易在小女生中圈粉。

从2018年起，阿芙就开始通过公众号、微信社群和有赞微商城做私域运营，在线上沉淀了大量的忠实粉丝，实现了微信生态月销售额从0到600万元的增长，甚至让线下的获客成本降低了70%。阿芙通过线上多平台投放引流，如内容种草引流、微信公众号引流、朋友圈广告投放、微信视频号引流企微、微信视频号引流阿芙小程序、线下门店引流、电话促活以及电商策略引流等方式，进行IP人设打造，并用直播的方式与消费者互动，然后以各种各样的活动——优惠券、焕肤打卡、产品功效分享、定时答疑、秒杀等形式，刺激用户复购，增强黏性。

3. 不确定的惊喜，让用户“拆拆拆”

(1) 阿芙的快递包裹用了许多气泡垫包装，哪怕是一些并不易碎的东西，也都包装得很严实，给顾客一种用心之感。

(2) 许多“泡芙”（阿芙的粉丝）都说拆阿芙包裹的过程是一种充满惊喜的享受过程，买一样东西却能收获许多试用装和赠品，如“不吃会死”鼠标垫、面部小按摩锤、明信片等。这些小赠品起到了二次营销的作用，吸引“泡芙”二次购买。

(3) 包裹内附赠一张全年包邮卡，在心理上促使一些“强迫症”消费者趁着这一年包邮而抓紧机会多次购买。另外，阿芙还推出了14.9元终身包邮卡和59.9元U盘造型的至尊卡。当会员主动买下这类卡时，他们就会有一种“不多买几次就浪费了”的心理，于是，又会多次购买。

问题：为什么阿芙能够笼络人心？

提示：任何能够传递正能量的企业或品牌，都一定能够获得消费者的青睐，因为他们在认可企业或品牌的同时，也收获了开心和快乐。人们在做出购买决策时，主要有两种模式：一种是理性认知模式，另一种是感性认知模式。如果消费者处于感性认知模式，他们在购物时就更多依靠强烈的主观感觉；如果消费者处于理性认知模式，他们在购物时就较少受到情感因素影响，而更多关注价格和功能等信息。阿芙正是熟知了消费者的这种心理，在赠品上下了很大功夫，给消费者带来了不确定的惊喜感。消费者感觉购买阿芙就好像不是在买产品，而是在不断地收礼物，而且每一次都有一种惊喜感。也就是说，当人们处于感性认知模式时，面对不确定的情境因素，反倒会加强购买意愿。阿芙正是牢牢地抓住了这一点。

单元一 消费者的认知过程

一、消费者的感觉

（一）感觉的含义

感觉是人脑对直接作用于感觉器官的客观事物的个别属性的反映。感觉是人脑的机能，是客观现实的反映，是客观事物个别属性（如颜色、声音、味道、大小、凉热）的反映。感觉的产生离不开“直接作用”。

在消费活动中，当与商品等消费对象发生接触时，消费者会借助眼、耳、鼻、舌、皮肤等感觉器官感受商品的物理属性（如颜色、形状、大小、软硬等）和化学属性（如气味、味道等），并通过神经系统传递至大脑，从而引起对商品的各种感觉，包括视觉、听觉、嗅觉、味觉、触觉等。例如：一种新型护肤品，消费者用眼睛看到奶白色膏体，用鼻子嗅到清新的香气，用手触摸到细腻柔滑的膏体，擦在皮肤上有滋润感，由此产生对该护肤品颜色、状态、香型、质地等方面的感觉。

感觉包括视觉、听觉、嗅觉、味觉、触觉，这五种感觉是通过人们的眼睛、耳朵、鼻子、舌头、皮肤等感觉器官进行感知的。消费者在购买商品或消费商品时，五种感觉会分别在不同程度上影响消费者的决策。视觉是人类和其他动物最为复杂、高度发展和重要的感觉。营销人员常常利用视觉刺激来沟通和传达营销信息，以此来吸引消费者。视觉上的刺激包括颜色、大小、形状等。颜色具有重要的感官内涵，它直接影响人们的情绪感受，如蓝、绿、紫是冷色调，会让人产生寒冷、稀薄、退却等感觉；红、黄、橙是暖色调，会让人产生温暖、密度强、逼近等感觉。研究发现，快餐店的橘色装潢容易使人产生饥饿感，医院的蓝色和粉红色则可以使病人减轻焦虑。

相关链接

7 秒定律

营销人员也常常借助于音乐和声音来影响消费者的感知、情绪和行为。熟悉的声音可以让人们瞬间置身于某个地方或回到某个时间点，让人们产生新的体验，从而调动人们的情绪。商店播放适合的背景音乐会提高服务人员的服务质量，也会影响客流量。英国的一项研究显示，当播放慢速音乐时，消费者就餐时间要比播放快速音乐时间长，同时会增加饮食消费支出。慢节奏音乐能增加销售，因为它让顾客心情平静，不知不觉中走路的速度随着音乐而放慢。

嗅觉的刺激物必须是气体物质。气味宜人的环境可以鼓励消费者注意相关刺激，延长逗留时间，从而对购买行为产生正面影响。某著名的连锁品牌曾经为新推出的主营产品咖啡“量身定制”了一个宣传活动：在若干个线路固定的公交车上播放制作精良的这一品牌专属广告歌曲，并同时在车上安装相应的具有声音识别技术的雾化器。一旦播放该公司歌曲，雾化器就会释放出咖啡香气，让乘客被咖啡的香气萦绕。这个宣传方式为当年这一品牌所属公司增加了16%的消费者以及接近1/3的销售额。比起食物的味道，食物的气味给人们带来了更多享受。人类鼻腔里的气味感受器可以识别出几千种气味，这便大大丰富了嗅觉的层次。

味觉的感受器官是味蕾，人们通过味蕾感受到酸、甜、苦、辣、咸。消费者的味觉往往与其他感觉相互影响。在商场促销中，尽管现场陈列（视觉）是购物者最先注意的营销手段，但免费品尝和试用才是最能影响消费者购买的营销手段。

触觉是皮肤表面承受某物体压力或触及某物体时所产生的一种感觉。皮肤是人体中面积最大的器官，对外界温度变化能产生即时反应。触觉是连接产品物理属性和人们心理感受的工具。触觉不易受外界环境的影响。当其他的感觉都失效时，只要触觉刺激存在，人们仍然会产生触觉感受。触觉往往在很大程度上体现了产品的质量，因此，消费者喜欢通过触摸来测试产品质量，如在购买沙发时摸一摸，在购买汽车时触摸方向盘来测试手感等。人们与产品距离越近，就越渴望得到产品。触觉帮助消费者以接触的方式获得更多产品信息，继而使其确认对产品的感受，刺激他们产生更多购买行为。制造消费者和产品直接接触的机会有助于增加产品销售量。研究表明，碰触到产品的消费者更有可能对商店和销售形成正面的印象，更有可能接受销售人员的请求。

（二）感觉的基本特性

相关链接

感觉剥夺实验

1. 感觉的感受性

感受性是指感觉器官对于外界刺激强度及其变化的感受力。它说明引起感觉不仅要有适宜刺激，还要有一定的强度。心理学用感觉阈限来衡量感受性。感觉阈限就是对恰好引起感觉或刚好不能引起感觉的刺激量的定义。感觉阈限分为绝对感觉阈限和差别感觉阈限。绝对感觉阈限是指刚刚能够引起感觉的刺激量；差别感觉阈限是指刚刚能够引起差别感觉的刺激的最小变化量。一般而言，感觉阈限值越低，感受性越强；感觉阈限值越高，感受性越弱。

2. 感觉的适应性

随着刺激物持续作用时间的延长，消费者因接触过度而造成感受性逐渐下降，这种现象叫感觉适应。所谓“入芝兰之室，久而不闻其香；入鲍鱼之肆，久而不闻其臭”就是这个道理。

3. 感觉的对比性

同一感觉器官在接受不同刺激时会产生感觉的对比现象。例如：白色对象在黑色背景中要比在白色背景中更容易辨别，红色对象在绿色背景中会显得更红。因此，在营销活动中，有效使用对比手法有助于吸引消费者的注意力（见图 2-1）。

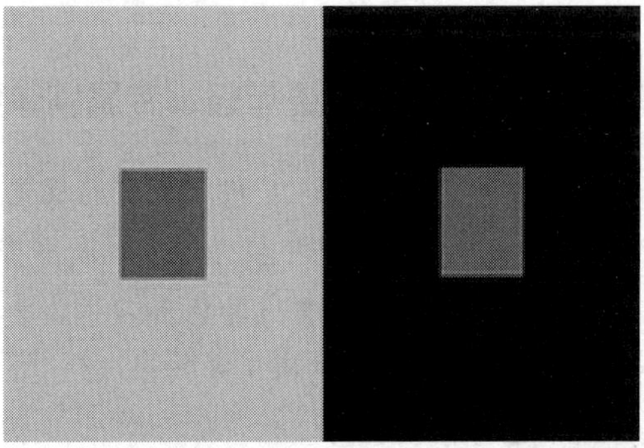

图 2-1 同样的小方块在黑色背景上比在灰色背景上显得更白

4. 感觉的联觉性

人的感觉并不是彼此孤立的，而是相互联系、相互制约的。这就使得各种感觉的感受性在一定条件下出现此消彼长的现象。例如：在黑暗中，人的听觉会得到加强；在音乐声中，人的疲劳感会降低。

课堂互动： 不一样的颜色给人的感觉也不同，在设计商品包装时应如何借助人们对于颜色的感知？对于轻重不同的产品，建议分别采用什么颜色？

互动要求： 学生结合所学知识进行独立思考，陈述自己的观点；也可以跟同学沟通后回答。

（三）市场营销活动中感觉的运用

1. 引起消费者良好的第一感觉

感觉是消费者认识商品的起点。消费者只有在感觉的基础上才能获得对商品的全面认识。在购买商品时，消费者首先相信的是自己的感觉。因此，对于生产者和经营者而言，要在商品的色彩搭配、大小及形状设计、质地以及定价等方面进行精心设计，使消费者产生良好的第一感觉。

2. 借助适宜的信号刺激使消费者产生舒适感

对消费者发出的刺激信号要适应人的感觉阈限。不同的人，感觉阈限是不同的。有的人感觉器官灵敏，感受性强；有的人感觉器官迟钝，感受性弱。商业企业在调整价格和进行广告宣传时，向消费者发出的刺激信号强度就应当适应他们的感觉阈限。

3. 营造环境激发消费者愉快的情绪

感觉是消费者对客观事物产生某种情感的依据。营业环境布置的优劣、商品陈列布局和颜色搭配、营业员的仪表仪容等，都会让消费者产生不同的感觉，从而引起不同的心境，进而影响购买的可能性。因此，环境的营造要以激发消费者的愉快情绪为目标。

同步案例

麦当劳新形象：黄多红少更年轻，专属字体更规范

2019 年，麦当劳推出了新的视觉识别系统。相比之前的视觉识别系统，新的视觉识别系统主要做了一些简化、动态化、规范化、年轻化处理。麦当劳在全球 120 多个国家和地区拥有超过 35 000 家门店，但是为了迎合当地特色和习惯，麦当劳金拱门的颜色和字体大小等不尽相同。麦当劳时任品牌副总裁科林·米切尔（Colin Mitchell）表示："混乱的视觉识别会扼杀品牌。"所以麦当劳在颜色搭配、标准字体、Logo 使用三个方面做出了调整。

麦当劳将原来的以红色为主、黄色为辅的色彩搭配方案，改为以黄色为主、红色为辅。黄色代表阳光和放松，麦当劳希望人们能从新的视觉识别系统中获得食物带来的快乐，能够享受食物和惬意的时光。色彩的变化不仅体现在门店，也体现在官网以及周边文创的配色上。

麦当劳指定了唯一的官方视觉识别系统使用字体：Speedee。该字体有三种字重，能够满足不同场景下的应用。

另外，麦当劳的 Logo 不再是规则和完整地印刷在某个产品上，而主要是通过视觉识别系统的颜色搭配方案或 Logo 的一部分来展现品牌。

问题：如何借助感觉的知识来分析麦当劳的视觉识别系统？

提示：麦当劳的成功，很大程度上归于科学地导入并有效地利用了视觉识别系统，以此来建立和发展自己的品牌。在麦当劳的视觉识别系统中，简洁、醒目的色彩功不可没，它是麦当劳成功的得力助手。色彩要具有极高的辨识度，可以使消费者在最短的时间内识别企业品牌，认识并接受企业。当人们看到黄色的“M”时，第一反应就是麦当劳。麦当劳标准的黄色不但可以吸引人们的注意力，而且可以给人们以温暖、愉快的感觉，并在人们心中留下难以忘怀的印象，为麦当劳创造不可忽视的附加值。麦当劳鲜明的代表颜色是黄色和红色，在麦当劳的汉堡、薯条、炸鸡中，利用色彩的味觉感可刺激消费者的食欲，并传达产品的美味感。暖色调的红和黄组合有两个功能：一是增进食欲；二是消费者长时间在此氛围中会心跳加速、急躁，想快速吃完离开，增加其换座率。正是因为掌握了色彩的内在规律，通过色彩传递有效的信息，让消费者认识并接受，麦当劳才能在激烈的市场竞争中脱颖而出。麦当劳视觉识别系统中的色彩，已经成为麦当劳的品牌识别符号。麦当劳标准字体的色彩设计简明易读，其视觉效果独具特色，能强化人们的识别记忆。

二、消费者的知觉

（一）知觉的概念

知觉是人脑对直接作用于感觉器官的客观事物的整体属性的反映，即知觉是人脑的机能，是客观现实的反映。知觉是“整体属性”的反映，这也正是它与感觉的差别。知觉也离不开“直接作用”的感觉器官。根据所反映的事物特征，知觉可分为空间知觉、时间知觉、运动知觉等；根据某个感觉器官所起的优势作用，知觉可分为视知觉、听知觉、触知觉等。

（二）知觉的基本特性

1. 知觉的选择性

知觉的选择性是指人们根据当前的需要，将外来刺激物有选择地作为知觉对象进行组织加工的过程。也就是说，人们在感知客观事物时，常常有选择性地对某些刺激物有清晰的反应。

由于人的知觉选择性对同时作用于感觉器官的所有刺激并不都进行反应，而只是对其中某些刺激加以反应，因此人会把注意力集中到某些重要的刺激或刺激的重要方面，排除次要刺激的干扰，从而更有效地感知外界事物，适应外界环境。

人从纷繁的刺激物中主观地选择某些刺激物并对其进一步加工，被选择的刺激物就是知觉的对象，而同时作用于感官的其他刺激物就成了知觉对象的背景。知觉对象与知觉背景的区别在于：知觉对象有鲜明的、完整的形象，从背景中凸显出来；知觉对象是有意义的、容易被记忆的。知觉对象和知觉背景的这种结构，是知觉的选择性中最基本的特点。例如：图 2-2 的双关图，如果以黑色为背景，感知白色部分，看到的是杯子；如果以白色为背景，感知黑色部分，看到的是两张人脸。

图 2-2 知觉的选择性（双关图）

知觉的选择性是人把知觉对象从背景中分离、辨别、确认，从而记忆的心理任务活动规律。作为对客观现实的反映，知觉并不是消极的、被动的，而是积极的、能动的。这种能动性主要表现在它的选择性上。在消费市场上，在同一时刻，有大量的事物（包括商品及与之有关的人和物）作用于消费者的感觉器官，消费者不能同时反映所有这些事物，只能对其中的某些事物有清晰的反映（知觉）。这就是知觉的选择性。

因此，在营销中，始于人们认知之前的产品展示被称为产品的“信息展露”。人们是否愿意进一步加工这些展露的信息，很多情况下取决于他们的主动选择。很多广告商会努力提高展露水平，减少广告逃避现象（逃避看、听广告内容），让广告中的品牌成为知觉的对象，把广告本身作为知觉的背景呈现给消费者。

2. 知觉的整体性

人们在感知客观事物时，总是尽可能地把大量的外界刺激整合成有意义的结构或形式。知觉的整体性是知觉的积极性和主动性的一个重要方面，可提高人们知觉事物的能力。

知觉的整体性不仅与客观事物本身的特性密切相关，而且与知觉者的主观状态有关，特别是一个人原有的知识经验，可以为当前的知觉活动提供补充信息。客观事物具有多种属性，当客观事物作为刺激物对人发生作用时，是它的属性或部分结构分别作用或先后作用于人的感觉器官，有时甚至只有其中的一部分对人发生作用。尽管它们在客观上是不完备的，但在人的主观上却能够被全面地知觉，即客观上的缺失，能在人的主观上获得弥补（见图 2-3）。

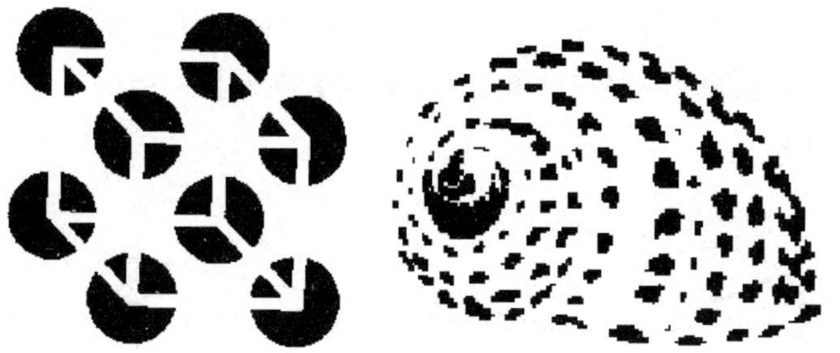

（1）　　　　（2）

图 2-3　知觉的整体性

消费者在购买商品时，绝不会只注意到产品的材料、颜色或款式，而是会把现场的装饰设计、营销人员的言谈举止、售后服务等多种因素结合到一起，构成对产品的整体感知印象。

3. 知觉的理解性

知觉的理解性是指人们在感知客观事物时，常常根据自己已有的知识和经验对知觉对象进行解释。知觉的理解性主要受个人的知识经验、言语指导、实践活动以及兴趣爱好等多种因素的影响。

对知觉对象的理解以人们已有的知识经验为前提。具有不同知识经验的人在知觉同一个对象时，对它的理解不同，知觉的结果也不同。例如：一张新产品设计图纸，专业人员既能知觉到图纸上的每一个细节，又能理解整张图纸的内容和意义；而没有这方面专业知识的人只能说出图纸中的构成成分，不会理解图纸的内容和意义。很显然，不同的知识经验影响了对同一知觉对象的理解。言语指导也是影响知觉的理解性的重要因素之一。由于言语能够指示知觉的内容，因此当外界的对象标志不明显时，言语指导可以唤起人们的过去经验，补充知觉的内容，有助于人们对知觉对象的理解。

人们在知觉客观事物时，总是倾向于运用过去所获得的有关知识和经验来理解，力图赋予知觉对象一定的意义。这种理解的局限性会造成消费者或多或少地对产品的广告宣传产生误解，因此营销人员要尽力去降低和减少消费者自身的理解性误差。例如：一家食品超市将鱿鱼处理后用塑料袋装起来，发现销量不好。商家进行调查之后发现，很多消费者认为这些鱿鱼是因为存放太久，不新鲜了才用保鲜袋装起来。此后，商家将新鲜鱿鱼直接放在碎冰块上，结果销量比原来增加了一倍。

4. 知觉的恒常性

当知觉的客观条件在一定范围内发生改变时，人们的知觉印象在相当程度上仍保持着它的稳定性，这就是知觉的恒常性，如形状恒常性、大小恒常性、明度恒常性、颜色恒常性、对比恒常性等。这是由于人们在实际生活中建立了大小、距离、形状与角度的联系。当观察条件变化时，人们利用已建立的这些联系，就能保持对客观世界较稳定的知觉。例如，在知觉物体的大小时，环境中一些因素提供了物体距离的线索，当视网膜成像变小时，人们又从其他视觉线索中得知距离变远了，两者在变化中得到了补偿，保持了知觉的恒常性，如图 2-4 所示。

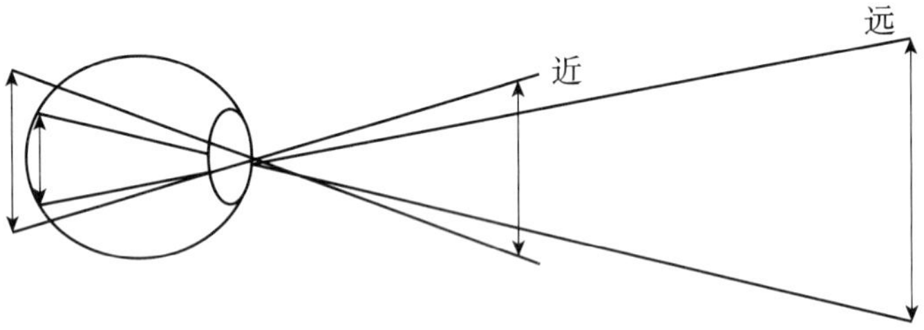

图 2-4　知觉的恒常性

（三）错觉

人们在知觉某些事物时，可能受背景干扰或某些心理原因影响，会产生失真现象，这种对客观事物错误的知觉称为错觉。生活中常见的错觉有长短错觉、大小错觉、图形错觉、颜色错觉、运动错觉、时间错觉等。

错觉是对客观事物的一种不正确的、歪曲的知觉。错觉可以发生在视觉方面，也可以发生在其他知觉方面。例如：当掂量一千克棉花和一千克铁块时，你会感到铁块更重，这是形重错觉；当你坐在行驶的火车上，看车窗外的树木时，会以为树木在移动，这是运动错觉。图形错觉如图 2-5 所示。

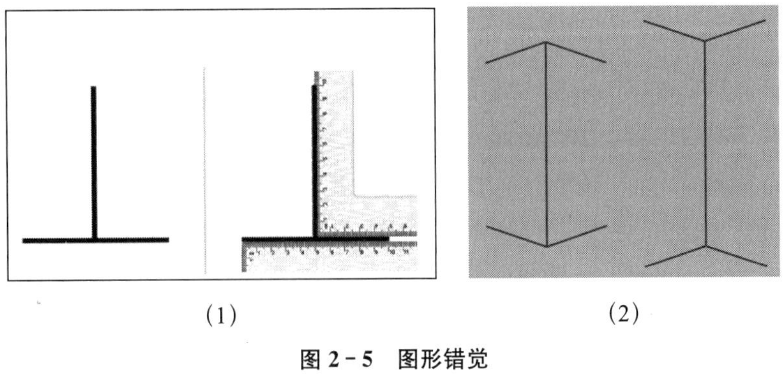

(1)　　(2)

图 2-5　图形错觉

在日常生活中，错觉（尤其是视错觉）导致消费者对商品印象发生偏差的例子是极多的。例如，两个彩球，摆在近处的往往看起来大些，摆在远处的则看起来小些，可实际上两个球一样大；两个等重量的物体（一块黄金和一块铝），因为黄金的体积小而铝的体积大，人们用手掂量它们的时候便会觉得金块沉而铝块轻。再比如，矮胖者若穿上竖线条的服装，便会增加高度感，使他显得瘦些；而瘦长体型的人若穿上竖线条的服装，那就简直成了灾难，因为在旁观者眼里，他看起来就像电线杆了。消费者因颜色视错觉而对外界事物的认识产生偏差的例子也有很多。此外，透明度高的色彩（如红色、黄色）有扩张感，可使体型瘦小者得到一些校正；而透明度低的色彩（如灰色、蓝色和绿色）则有收缩感，可使体型肥胖者得到一些校正。还有，按照人体正常的比例雕成的雕像，若从正面看，总给人有点“塌鼻子”的感觉。因此，内行的雕塑家总是把雕像的鼻子弄得高一些，以便给人以五官端正的感觉。

1. 营销人员借助错觉运用，可吸引消费者的注意，促进购买

了解了错觉对消费者感知外界事物的影响，掌握了有关的知识，营销人员便可以在商品的广告宣传、包装、橱窗布置及货架的排列方式等方面加以应用，以便吸引消费者的注意，促进购买。

同步案例

错觉运用案例

有一年夏天，某地一家大百货公司新进了一批高级玻璃酒具。尽管造型优美，质量很好，但上柜以后，却很少有人问津，一天只能卖掉 2～3 套。这是为什么？是顾客不需要这种酒具吗？后来，有一位销售人员想了个办法，他把酒杯摆开，在每个杯子里都斟满了红色的液体，宛如斟满了名贵的葡萄酒。这么一来，在艳红的“葡萄酒”衬托下，玻璃酒具就显得晶莹剔透、高雅动人，使人见了格外喜欢，购买欲望油然而生，销售量一下子升到每天几十套。这位销售人员用的究竟是什么高招？原来只是三滴普普通通的红墨水。他利用的就是消费者的颜色错觉原理。

有人曾做过如下实验——他请 30 多位被试喝咖啡，每人都喝 4 杯，各杯浓度一样，只是 4 个杯子本身的颜色不同，分别为咖啡色、青色、黄色和红色。喝罢咖啡，他要求 30 多位被试对 4 杯咖啡的浓淡做出各自的评判，结果有 2/3 的被试都说红色、咖啡色杯子中的咖啡太浓，青色杯子中的咖啡太淡，只有黄色杯子中的咖啡浓度适中。据此，销售商便把咖啡店里的全部杯子都改为红色，以便更好地发挥颜色错觉的作用，结果使大多数顾客都感到满意。

问题：商家可借助哪些错觉开展营销活动？

提示：商家可借助空间错觉、时间错觉、数量错觉、长短错觉等开展营销活动。

2. 营销人员可借助错觉原理开展工作，达到事半功倍的效果

例如，服装店可借助视错觉，利用镜子延伸视觉、放大空间。因为镜子有增加深度的

视觉效果，所以在进门迎面的地方放上镜子，或者在左边或右边放上镜子，都能延长顾客的视线，轻松解决空间狭小的问题。当然，在镜子的摆放上，也有很多讲究。其一，镜子要摆放在明亮处。光线明亮的地方，顾客照出来的气色、效果更好，整体购物体验也更舒心，这能促进销售。其二，如果空间允许，店内一定要选择有独立镜框的镜子，长度在两米及以上，宽度在 50 厘米到 70 厘米，摆放的时候要倾斜摆放，这样能够起到拉长身形的视觉效果，也能让镜子里的人看起来更好看。如果店内空间较为狭窄，那就选择贴在墙上的镜子，这种镜子也需要有镜框，才能保证不变形。其三，镜子要放在灯光充足处。镜子照出来效果好不好，和灯光也有很大的关系，即使是已经足够明亮的地方，恰到好处的灯光照射，也能让人照出来身材更苗条、皮肤更好。

（四）市场营销活动中知觉的运用

1. 借助知觉的选择性，引导消费者做出选择

商家可以在柜台展示的设计上，利用背景音乐、灯光照射、颜色搭配、促销信息等方式，突出想要展示的商品，引导消费者做出选择。在销售中，营销人员要在尽可能短的时间里尽可能准确地弄清消费者的需要与兴趣，只有这样，那个被选择的对象才能从背景中分离出来。

2. 借助知觉的整体性，引导消费者形成整体印象

消费者在感知一件商品时，总是把它作为一个整体去认知，因此商家无论是在商品的材料、包装、颜色、品牌、形象识别符号上，还是营业人员的言谈举止、售后服务上，都要能够给消费者一致的认知，只有这样消费者才会在感知到某个因素时联想到品牌或企业，而只有让消费者联想到品牌或企业，才可能进一步影响其行为。消费者的知觉直接影响消费者行为，如果被知觉的商品符合消费者的需要，则能引起消费者兴趣，消费者就会做出购买决定。

3. 借助知觉的理解性，带动消费者做出理性决策

消费者会根据自己的经验概括其对商品的印象及评价。不同的消费者会形成不同的评价及判断。因此，营销人员要充分展示商品的信息，让消费者对商品和品牌有更加全面的了解，有了更加全面及深入的了解，只有这样消费者才会做出更加理性的判断，而不仅仅只是凭片面的信息做出错误的理解及判断。

4. 借助知觉的恒常性，使消费者形成对商品的特殊喜爱

知觉的恒常性可使消费者对质量优良的商品、名牌商品形成良好的印象。正因如此，所以生产者和销售者要保证产品的质量优良、信誉良好，形成名牌商品。消费者如果形成了对商品的特殊喜爱，便会成为忠诚顾客，不仅自己喜爱和购买这种商品，还会为该商品进行义务宣传；反之，消费者如果对企业和商品产生了不好的印象，也会积极地将其传递给自己的亲朋好友。

三、消费者的注意

（一）注意的概念

在理解“注意”这个概念时，应明确以下四点：第一，注意是心理活动对一定事物的指向与集中；第二，注意是人脑的反应；第三，注意是对特定事物的反应；第四，注意伴随着所有的心理过程。

指向性和集中性是注意的两个基本特性。指向性是指心理活动在某一时刻总是有选择地朝向一定对象。因为人不可能在某一时刻同时注意到所有的事物，所以只能选择一定的对象。就像满天星斗，我们要想看清楚，就只能朝向个别方位或某个星座。指向性可以保证我们的心理活动清晰而准确地把握某些事物。集中性是指心理活动停留在一定对象上的深入加工过程。当注意力集中时，心理活动只关注所指向的事物，抑制了与当前注意对象无关的活动。例如：当我们集中注意力去读一本书的时候，对旁边的人声、鸟语或音乐声就无暇顾及，或者有意不去关注它们。注意的集中性保证了我们对注意对象有更深入、更完整的认识。

（二）注意的分类

1. 无意注意

无意注意，是没有预定的目的，也不需要做意志努力的注意。例如：在上课时，老师在讲台上展示一台新仪器，学生自然会注意到这台仪器；在安静的阅览室内，突然传来一声巨响，大家都会不由自主地去注意那个声音。这些都属于无意注意。无意注意是人和动物都具有的初级注意。无意注意的产生，既与刺激物的强度、新颖性等特点有关，也取决于主体的需要、兴趣、情绪等内部状态。

例如：在消费活动中，消费者走进商场或超市，随意浏览琳琅满目的商品，无意间看到了某种商品的促销活动，于是停下来细看，这就是无意注意。又如：随手点开京东App，“6·18”活动的促销界面立马弹跳出来，消费者看到有些商品活动力度很大，于是点开页面详细了解，这也是无意注意。

2. 有意注意

有意注意，是服从于预定目的、需要做意志努力的注意。这种注意是人向自己提出一定的任务，且自觉地把某些刺激物区分出来作为注意的对象。当决定要做某件事（如写作、做作业）之后，我们在做这件事的过程中有意地把注意力集中在我们认为要做的事情上。这时，刺激物的特点无论是否强烈、新颖、有趣，我们都必须集中注意，同时排除各种无关刺激的干扰。因此，有意注意必须付出意志努力。有意注意是人类独有的高级的注意形式，是在人的实践活动中发展起来的，其中，言语（外部言语和内部言语）调控起着重要作用。消费者在嘈杂的商店里专心购买商品，学生在校园里吵闹的环境中看书等都是有意注意。

相关链接

注意力“资源有限”——大脑会屏蔽“多余”的信息

（三）市场营销活动中注意的运用

1. 借助营销手段，实现无意注意向有意注意转换

营销人员可借助营销手段引起消费者的注意，使无意注意转化为有意注意，刺激消费者的购买欲望，达到有意义的销售目的。例如：有对夫妇在村口开药店，门口贴着“免费提供白开水”，10 年后，白开水送了 5 000 杯，店里卖了 1 000 多种商品。“免费提供白开水”其实就是借助免费的活动刺激引起人们的无意注意向有意注意转换，扩大了消费者的需求。又如：“双 11”的秒杀活动、免费试用等活动，都是营销者通过营销手段，实现无意注意向有意注意转换。

2. 采用多元化的经营手段调节消费者在购物中的注意力转换

消费者逛街容易产生疲劳感，主要原因是逛街的时候走路多，还要不断上下楼，有一定的体力消耗；另外，长时间处于有意注意状态，容易心理疲劳。现在的大型零售商业体集购物、休闲、娱乐、餐饮为一体，甚至还有儿童托管中心，其目的就是不断地调节消费者的注意力，时而无意注意，时而有意注意，时而忙于采购，时而休闲娱乐。这种多元化经营符合“开放经营”策略，有利于延长消费者逗留时间，以便创造更多的销售机会。

3. 设计创意广告引起消费者的注意

有创意的广告内容及画面才有可能吸引消费者的注意，吸引消费者注意的主要策略有增大刺激强度、加大刺激的对比度、利用刺激物的运动变化、力求刺激新异和提高广告感染力等。在设计广告时，要考虑刺激必须达到一定的强度才能引起人们的反应，而且在一定的范围内，刺激的强度与反应成正比，如强烈的声音、鲜艳的颜色、醒目的符号等，都可以引起人们的注意；在一定的限度内，广告中刺激物的组成部分对比度越大，人们对刺激物形成的条件反射越明显，如黑白对比、浓淡相衬、轻重悬殊等，都可以提高人们的注意力；运动着的物体、变化中的刺激更容易引起人们的注意，如七彩变化的霓虹灯，使人在黑夜里一眼就能捕捉到；力求刺激新异则指常见的、雷同的事物给人的刺激力度较弱，罕见的、奇异的、一反常态的事物却能给人较强的刺激力度，正如俗话说的“熟视无睹，见多不怪”。

四、消费者的记忆

（一）记忆的含义

记忆是人脑对过去经历过的事物的反映，如过去感知过的事物、思考过的问题、体验

过的情绪与情感、做过的动作等，都可能保存于头脑中。它包括识记、保持、回忆和再认四个过程。理解这一含义需要注意以下三个方面：

第一，记忆符合心理学两大基本规律，即记忆是人脑的机能，记忆是客观现实的反映。

第二，记忆的内容包括感知过的事物、思考过的问题、体验过的情绪与情感、做过的动作。

第三，记忆的过程包括识记、保持、回忆与再认。

20 世纪 60 年代以来，随着信息加工理论对记忆研究的深入，一些心理学家提出把记忆分为三种机能系统，或称三种信息加工模式，即瞬时记忆（感觉记忆）、短时记忆和长时记忆。记忆的信息加工模型如图 2－6 所示。

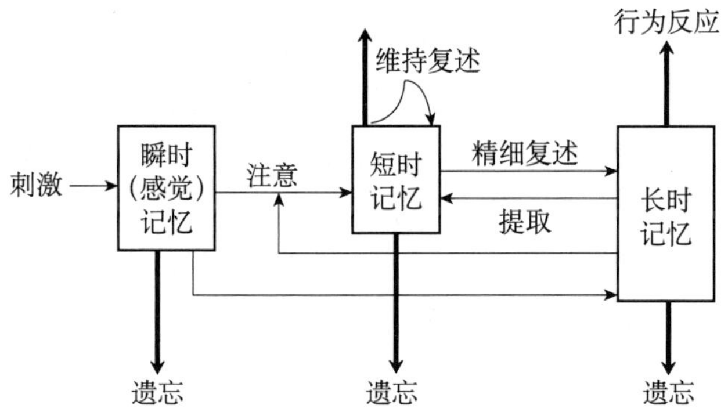

图 2－6　记忆的信息加工模型

（二）记忆的基本特性

1. 记忆的敏捷性

记忆的敏捷性是指一个人在识记事物时的速度方面的特征。能够在较短的时间内记住较多的东西，就是记忆敏捷性良好的表现。记忆的这一特性与人的暂时神经联系形成的速度有关：暂时神经联系形成得快，记忆就敏捷；暂时神经联系形成得慢，记忆就迟钝。在敏捷性方面，有的人可以过目不忘，有的人则久难成诵。每个人的记忆特点也不同，有的人记得快，忘得也快；而有的人记得慢，忘得也慢。记忆的敏捷性是记忆的品质之一，但它不是衡量一个人记忆好坏的唯一标准。在评价记忆的敏捷性时，应与其他品质结合起来，这样才有意义。

2. 记忆的持久性

记忆的持久性是指记忆内容在记忆系统中保持时间长短方面的特征。能够把知识经验长时间地保留在头脑中，甚至终生不忘，就是记忆持久性良好的表现。记忆的这一特性与人的暂时神经联系的牢固性有关：暂时神经联系形成得越牢固，则记忆越长久；暂时神经联系形成得越不牢固，则记忆越短暂。在持久性方面，有的人能把识记的东西长久地保持在头脑中，而有的人则会很快地把识记的东西遗忘。一般而言，记忆的敏捷性与记忆的持久性之间成正相关，记得快的人，保持的时间较长。但也不可一概而论，有的人记得快，但保持的时间短。

3. 记忆的准确性

记忆的准确性是指对记忆内容的识记、保持和提取是否精确的特征。它是指记忆提取的内容与事物的本来面目相一致的程度。记忆的这一特性与人的暂时神经联系的正确性有关：暂时神经联系越正确，记忆的准确性就越好；暂时神经联系越不正确，记忆的准确性就越差。准确性是记忆的重要品质，如果离开了准确性，则敏捷性、持久性就失去了意义。

4. 记忆的准备性

记忆的准备性是指对保持内容在提取应用时所反映出来的特征。记忆的目的在于：在实际需要时，能迅速、灵活地提取回忆所需的内容加以应用。记忆的这一特性，与大脑皮层神经传导灵活度有关：由兴奋转入抑制或由抑制转入兴奋都比较容易、比较灵活，记忆的准备性水平就高；反之，记忆的准备性水平就低。在准备性方面，有的人能得心应手，随时提取知识加以应用；有的人则不然。记忆的这一特性是上述三种特性的综合体现，而上述三种特性，只有与记忆的准备性结合起来才有价值。

（三）记忆的过程

记忆过程包括识记、保持、回忆和再认。整个记忆通常是从识记开始的，识记是保持的必要前提，保持是记忆的中心环节，再认是识记的体现，而识记的水平又体现于回忆和再认之中。总之，记忆的整个过程是一个不可分割的统一整体。

1. 识记

识记是反复感知事物并在大脑中留下印象的过程，是记忆过程的开始和前提。人们识记事物具有选择性。根据人在识记时有无明确目的性，识记可分为无意识记和有意识记。

无意识记是事先没有目的，也没有经过特殊的意志努力的识记。在日常生活中，当我们进行某种活动，如参加一个集会、看电影或戏剧时，虽然我们没有给自己提出明确的识记目的和任务，也没有付出特殊的努力或采取什么特殊的措施，但是这些活动和内容情节却可能自然而然地被识记下来，这就是无意识记。人的相当大的一部分知识经验是通过无意识记获得的。人在生活中遇到的许多事件、从事过的活动、看过的书报、听过的故事等，常常被无意地识记下来，甚至有的终生不忘。

有意识记是事先有一定识记意图和任务，并经过一定努力，运用一定的方法和策略所进行的识记。有意识记的目的明确、任务具体、方法灵活，又伴随着积极的思维和意志努力，因此是一种主动且自觉的识记活动。通过有意识记，人们可以有效地获得系统而又完整的科学知识，所以它在学习和工作中占主导地位。

2. 保持

保持是过去经历过的事物在脑中得到巩固的过程，是一种内部潜在的动态过程。随着时间的推移及后来经验的影响，保持的内容会在质量和数量上发生明显的变化。其质量的变化大致有两种倾向：一种是原来识记内容中的细节趋于消失，主要的、显著的特征得以保持，记忆的内容变得简略、概括与合理；另一种是增添了原来没有的细节，内容更加详细、具体，或者突出夸大某些特点，使其更具特色。其数量的变化也显示出两种倾向：一种是记忆回溯现象，即在短时间内延迟回忆的数量超过直接回忆的数量，也有人称之为记忆恢复现象；另一种是识记的保持量随时间的推移而日趋减少，有部分内容不能回忆或发生错误，这种现象叫遗忘。赫尔曼·艾宾浩斯（Hermann Ebbinghaus）的研究发现了遗忘的发展变化规律，即在时间进程中，遗忘是一个先快后慢的过程：（1）遗忘的数量随时间的推移而增加；（2）变化的速度是先快后慢，在识记后的第一个小时内遗忘得最快，遗忘的数量最多，随后逐渐减慢，遗忘的数量也随之减少；（3）以后虽然时间间隔很长，但所剩的记忆内容基本上不再有明显的减少而趋于平稳。

3. 回忆和再认

相关链接

艾宾浩斯遗忘曲线

回忆和再认也叫再现，它们都是对长时记忆所储存的信息提取的过程。回忆是指人们过去经历过的事物的形象或概念在人们头脑中重新出现的过程。再认是指人们过去经历过的事物重新出现时能够识别出来的心理过程。通常而言，能够回忆的内容都可以再认，而可以再认的内容不一定都能够回忆。回忆和再认的正确程度一般取决于两方面因素：一方面是对原识记材料的巩固程度，越巩固越容易回忆和再认；另一方面是积极的思维活动，在回忆和再认时的思维活动越积极，回忆和再认的效果越好。

（四）市场营销活动中记忆的运用

1. 恰当提示，促使消费者有意识记

事实证明，有意识记的效果要比无意识记效果好，因此营销人员要借助营销手段适时提醒消费者。例如：适时播放广告宣传，以便提醒消费者品牌和商品与消费者同在；广告与商品包装相呼应，以便消费者在看到商品时会想到广告；销售时赠送礼品，以便消费者看到礼品时就会想到产品。

2. 适当重复，加深消费者记忆

因为广告重复播放，消费者会反复接触商品和广告宣传，自觉利用记忆材料，对商品进行评价，继而全面、准确地认识商品，并做出正确的购买决策。例如：脑白金“今年过节不收礼，收礼只收脑白金”的广告词，可以说是家喻户晓。当消费者说到脑白金，脑海中都会闪现这句广告词；当消费者有购买保健品的需要时，第一时间就会想到脑白金。这就是脑白金的广告重复播放的效果。

3. 使用易记信息，更容易保持在消费者脑海之中

使产品信息变得具体化和形象化，给原来比较抽象的产品概念增加一些必要的细节上的信息，让抽象的事物变得直观，便于理解和记忆；采用简洁、新颖的广告词、图片、标示、产品名称等信息，让消费者更容易记住。因此，生产商和销售商要在产品的造型、色彩、商标、命名、陈列等方面加强设计，让消费者易于接受和理解，继而增强记忆和信息传递效果。

4. 借助怀旧营销，引发消费者自我参照

在18世纪，卢梭和康德就把"怀旧"定义为"对一段过去时光的怀念"。菲利普·科特勒（Philip Kotler）认为，怀旧营销是品牌为了激发消费者的情怀而加入怀旧元素的营销活动。一旦品牌与消费者形成情感的共鸣，就容易诱发消费者的购买欲，进而达到营销的目的。怀旧能够让人得到心灵慰藉，帮助人们修复不良情绪，给人带来更多美好的回忆。许多营销人员意识到，使产品与记忆之间习得联系是一种重要的商机，也是培养和保持消费者品牌忠诚的有效途径。

怀旧能给人带来安全感、共鸣感及高级感，怀旧营销具有庞大的消费群体，可以增强用户黏度，挖掘更多的潜在客户。需要注意的是，寻找的记忆点应是某类人群的共同记忆点，同时做好背景调研，谨防"翻车"。

五、消费者的思维

（一）思维的含义

思维是人脑对客观事物本质特征的间接的和概括的反应。感知觉是人脑对客观事物的直接反应，而思维是人脑对客观事物的间接反应。思维主要有两个特征：间接性和概括性。间接性是通过媒介来认识客观事物，概括性是借助已有的知识和经验来理解和把握客观事物。例如：消费者对商品性能及质量不了解，就可以通过商品的外观、颜色、手感、轻重等，借助已有的知识经验，间接地去判断它的质量和性能。又如：消费者在购买及使用过程中多次感知到商品质量和名牌商品之间的关系，就会得出"名牌的商品质量就是好，值得信赖"这样的结论。

（二）思维的过程

消费者对商品的认识是从表面特征开始的，是通过分析、比较、评价等过程完成的。

1. 分析过程

这是指消费者在掌握了消费对象一定量的信息基础上将消费对象进行分析的过程。例如：购买笔记本时，可供选择的型号较多，但消费者要通过分析确定是购买进口的还是国产的，是购买大屏幕的还是小屏幕的，等等。

2. 比较过程

消费者通过初步分析，确定购买的目标范围后，还会在两种商品之间进行选择。例如：是购买价格较便宜的笔记本，还是购买功能较强大的笔记本，这就要对比它们之间的异同点。比较的过程也是对事物鉴别和综合的过程。

3. 评价过程

在确定了商品的购买目标后，消费者会对其进行购前预测评价，运用判断、推理的思维方式，对商品的内在属性及本质进行概括，做出购买决策。当购买了这种商品后，消费者仍会对其进行购后分析、比较及评价，加深这种思维过程，在反复的感知中加深对商品的理性认识。

（三）市场营销活动中思维的运用

消费者的思维过程就是决策过程。由于思维方法和能力的差异，消费者的购买决策和速度也各不相同。思维能力强的消费者，决策果断、迅速；反之，决策缓慢、反复不定。

1. 充分展示商品，让消费者获得充足的商品基本信息

消费者思维过程的基础就是其所具备的知识和经验，如果想让消费者做出有利于品牌或商品的决策，营销人员一定要充分地展示商品。如果不是面对面地直接销售，那就一定要通过零售包装、展示和市场营销等方面充分展现商品的优点。即使是面对面地销售，营销人员也要展现商品的优点，才能让顾客信服。所有的商品信息都要有价值、真实且完整，商品包装和市场营销材料上的文字一定要清晰、直接，并且方便阅读。要花一些时间和金钱保证商品、包装和营销活动中材料的质量，如使用高质量的照片和鲜艳的颜色等。

2. 真诚地给予消费者建议，让消费者形成正确的评价

只有真诚地对待消费者，消费者才会成为长期主顾。这就是说，营销人员要真实透明地传递商品信息，如果有不懂的地方或者有任何错误，就要勇于承认。不要害怕认错，因为只有诚实才能建立信任。如果遇到不能回答的问题，或者不能满足消费者需求，营销人员应如实告诉他们在找到解决方法后会立刻联系他们。一定要让消费者知道，如果他们之后有疑问或者顾虑，可以随时联系到相关负责人。如果营销人员发现某个商品并不适合某位顾客，也要诚实地说出来，并帮助他们找到真正合适的商品。这样一来，即使不能把商品卖出去，消费者也会记住营销人员的诚实和慷慨，将来可能购买。例如，如果汽车销售人员本来打算卖一辆跑车给顾客，可是顾客后来告诉销售人员自己有三个孩子，需要每天接送他们上下学，销售人员可以这么说：“或许您应该买一辆好的厢式旅行车或者运动型多功能车。如果您以后有买第二辆车的打算，请联系我，到时候我会帮您找一辆好车。”

六、消费者的想象

（一）想象的含义

想象是对头脑中已有的表象进行加工改造，重新组合成为新形象的过程。想象活动需要具备两个条件：第一，头脑中要有相当数量的表象作为加工材料。第二，要有运用智力对已有表象进行加工改造的能力。

相关链接

皮格马利翁效应

（二）想象的分类

根据新形象的形成有无目的性，我们可以把想象分为无意想象和有意想象。

1. 无意想象

无意想象是没有预定目的，在一定的刺激影响下，不由自主地引起的想象。例如：看到天上的云时，不自觉地把它想象成蘑菇、大象、羊群等。又如：消费者在浏览网页时，看到穿着某款服装的模特特别有气质，不自觉地想到穿到自己身上也会很好看，这就是消费者产生的无意想象。

课堂互动：梦是有意想象还是无意想象？

互动要求：学生结合所学知识进行独立思考，陈述自己的观点；也可以跟同学沟通后回答。

2. 有意想象

有意想象是有预定目的、自觉进行的想象，如建筑师设计楼房、作家写作小说等。有意想象根据其新颖性、独特性和创造性的不同，可分为再造想象和创造想象。再造想象是根据语言、文字的描述或图表、模型的示意在头脑中形成相应形象的心理过程。例如：恐龙已经灭绝了，但人们经过考古，想象出恐龙的样子。再造想象的形象一般是以前存在的；创造想象则是按照自己的创见，独立地构思新形象的过程，如工程师设计新产品。

（三）市场营销活动中想象的运用

消费者的想象是消费者心理的重要范畴，对商品销售有着至关重要的影响。对商品销售有利的消费者想象可以促成购买行为的发生；对商品销售有害的消费者想象则会阻止商品交易的产生。因此，企业应当树立良好的品牌形象，从而在消费者心中占据一席之地，促进企业的发展。

1. 介绍商品时稍做保留，留给消费者想象的空间

营销人员可借助产品描述，让消费者想象产品的好处。为了增加消费者对商品的想象

力及兴趣，营销人员在为消费者做商品说明时，不妨稍做保留，让消费者自己去想、去探索。例如：在出售一块未开发的土地时，营销人员必须首先了解这块土地的特点——它是靠近湖泊、山川，还是大海；它的周围是绿色、蓝色，还是蓝绿相间。然后，营销人员必须针对这些特点说出引人入胜并能激发想象的介绍语句来。这样，在营销人员进行推销介绍时，消费者就会开始在脑海中构思自己的梦想，并进行实际的规划。

2. 给消费者描绘一幅美好的具体蓝图，增加消费者购买欲望

当营销人员引导消费者想象到一幅美好的具体蓝图时，成交的可能性就大大增加了。促使消费者去想象的秘密在于，一旦他对商品产生兴趣，并开始想象，他就会觉得眼下这件他将要购买的商品可以带来许多远远超出商品价值的东西，甚至会带来一个新的世界、一种新的生活。只要消费者进入这样的兴奋状态，他的购买欲望就会成倍增加。这时，营销人员继续展开推销攻势，消费者便要准备购买了，因为他确实感到购买这件商品的价值已远远超过该商品价值的本身了。

同步案例

描绘美好蓝图，激发消费者想象

《纽约时报》曾出版过一则关于一名新泽西的家庭主妇对家的感觉的故事，她在 1 天内卖出了一套房子，而这套房子是 5 个中介商卖了 3 个月的房子——罗威夫妇决定出售有两个卧房的房子以换一个更大的房子。中介商用标准的广告“舒适大房，牧场式环境，有火炉、车库、花砖浴室、热水器，离洛特格尔营区、运动场、高尔夫球场与小学都很近”宣传了 3 个月都无人问津。3 个月后，罗威太太自己做了一个广告。她渴望赶快把事情处理妥当，并且相信她的房子一定可以卖得出去。以下是她的广告：“我们想念我们的家！我们很高兴住在这里，但是两个卧室对我们来说太小了，因此我们必须搬家。假如你喜欢从窗子欣赏秋天的树林时有火炉的温暖随侍在侧，假如你喜欢有绿荫的夏季庭院，可以清楚看到冬日落日的视野，以及可以听到蛙鸣的春季，这里都具备，而且仍然享有城市的设施与便利。你可能会喜欢并买下我们的房子，我不要让它在圣诞节时空荡寂寞。”这则广告刊登后，第二天就有 6 个人来看房子，其中 1 人买下了它。

问题：罗威太太为什么能在 1 天内把房子卖出去？

提示：广告文案激发了买房者美好的想象。从罗威太太的广告文案中，我们可以看到快乐的一家人挤在一套漂亮的房子里，对目前的使用者来说只是小了点。这个广告一共描绘了 8 幅美丽的画面，将罗威家人所拥有的房子的特质勾画出来。但它的表现效果不仅如此：它承诺未来的屋主可以继续拥有这样的美丽与喜悦；它希望未来的屋主可以继承这幅幸福、满足与安全。罗威太太描绘的是她的“家”，而不是“房子”。房子和家两者的不同点在于“爱”。新屋主可以毫无疑问地感受到罗威家人对“家”的爱，他们不是要买一套

房子来填满它的空荡，而是想要投资一个可以居住的家。文字可以表达出不一样的感觉，理想的文字应该同时勾画出如同罗威太太所描绘的美丽、豪华、爱、满足、喜悦、成功等特质。显然，大部分的图都会结合特点与利益，但所有的文字都应该描绘出潜在客户在这幅图里可得到的最大利益。

3. 塑造良好的口碑，推动消费者积极地联想

消费者在评价商品时，常伴随着想象活动的参与。消费者在形成购买意识、选择和评价商品的各个阶段，都离不开想象。他们会时刻将购买对象与想象中所追求的对象相对照，并以两者吻合的程度作为评价商品的依据之一，在购买那些满足人们社交需要和自我实现需要的商品时更是如此。因此，好的评价、好的口碑，能推动消费者产生积极的联想，激发美好的想象，从而促进销售。

单元二 消费者的情感过程

一、情绪和情感的概念

情绪和情感是人对客观事物是否符合自己的需要而产生的内心体验，是人脑对客观事物与人的需要的对应状态的反映。情绪和情感是人脑的机能，是客观现实的反映，是人的内心体验。情绪和情感的产生与人的需要的满足状态有直接联系。

情绪是指短时间内生理需要是否得到满足而产生的心理体验，一般带有情境性，不太稳定，如喜、怒、哀、乐。

情感是指长时间与人的社会性需要相联系的体验，是人所特有的，常以社会实践的内容和意义为转移，与情绪相比较为稳定，是在情绪的基础上产生的更高级的心理体验，如道德感、美感、荣誉感等。

情绪和情感既有区别，又有联系。情绪的主要特点有外显性、冲动性、短暂性、情境性。情感的主要特点有含蓄性、稳定性、持久性、深刻性。稳定的情感产生于情绪，又以情绪的形式表达出来；情绪的变化反映情感的深度，情绪的发生又蕴含着情感；情绪是情感的外在表现，情感是情绪的本质内容。在每个人身上，情绪和情感是相互依存、融为一体的。表 2-1 为情绪和情感的区别与联系。

表 2-1　情绪和情感的区别与联系

关系	情绪	情感
区别	人和动物共有	人所特有
	婴儿阶段已经存在	某个年龄段后才发生
	表层的	内在的
	较短暂，不够稳定	持续时间长，较稳定
	情境性，冲动性	持久性，稳定性
联系	情绪受情感制约，情感体现在情绪中，情绪是情感的外部表现。在日常的生活当中，二者并无严格区分。	

二、情绪和情感的类型

（一）情绪的类型

根据情绪发生的强度、持续时间和紧张度，我们可以将情绪分为心境、激情、热情和应激。

1. 心境

心境是一种比较微弱而持久的情绪状态。心境也称为心情，如心情舒畅或忧郁，平静或烦躁等。

心境具有渲染性和弥散性，不指向某一特定对象，而是在某一时段内作为人的情绪的背景，将人的言行举止、心理活动都染上相应的情绪色彩。如愉快、喜悦的心境，往往使人感到“山笑水笑人欢笑”，而悲伤的心情又会使人垂泪伤心。所谓“忧者见之则忧，喜者见之则喜”，就是指人的心境。一般而言，心境持续的时间较长，有时可能持续几小时，有时可能持续几周、几个月或更长时间。这主要取决于引起心境的各种刺激的特点和个性差异。

工作的成败、生活的顺逆、人际关系的好坏、个人健康及自然环境的变化，以及过去的片段回忆等都可能导致人的不同心境，而情绪中的认知因素则是心境持续的主要原因。我们的思想通过对各种引起我们情绪体验的刺激进行评价和鉴定而产生情绪。如果过于强调某种可能会使我们产生情绪体验的刺激，这种强调的结果就可能导致某种心境。例如：个体失败后若能认识到失败的原因并知道应该继续努力，其失望情绪会很快消失。但如果太强调这次失败，把它看成是一次不可饶恕的错误，那么其失望情绪就会持续，使自己处于一种不愉快的心境之中。愉快的心境也一样，主要是由我们的认知因素所决定的。

在消费行为中，良好的心境可使消费者发挥主动性和积极性，容易引起美好联想，继而采取购买行动；不良的心境会使消费者心灰意冷，抑制购买欲望，阻碍购买行为。

2. 激情

激情是一种迅速强烈地爆发而时间短暂的情绪状态，如狂喜、绝望、暴怒等。

激情具有爆发性和冲动性的特点，即激情产生的过程十分猛烈，强度很大，并使人体内部突然发生剧烈的生理变化，有明显的外部表现，如咬牙切齿、面红耳赤、拍案叫骂、捶胸顿足等，有时还会出现痉挛性的动作或言语紊乱。同时，个体处于激情状态时，往往会失去意志力对行为的控制，有一种情不自禁、身不由己的感受。

激情常常是由对个体具有重大意义的强烈刺激或突如其来的意外事件所引起的。此外，过度的抑制或兴奋，相互对立的意向或愿望的冲突也容易使人产生激情。激情有积极的和消极的两种。积极的激情往往与冷静的理智和坚强的意志相联系，成为激发人正确行动的巨大动力。例如：在战场上，为保卫祖国领土、为战友复仇所激起的对敌人怒不可遏的仇恨，会激励战士英勇杀敌。在重大的国际比赛中，为祖国争光所激起的拼搏精神，会激励运动员们克服重重难关去夺取金牌。这些激情状态饱含着爱国主义、集体主义、英雄主义的情感，都是积极的激情状态。消极的激情常常对机体活动具有抑制作用，或引起过分的冲动而做出不适当的行为。

激情的出现将对消费者的行为产生巨大影响，甚至改变消费者的理智状态。因此，营销人员应尽可能避免引起消费者消极的激情，创造条件引发消费者积极的激情，推动购买行为发生。

3. 热情

热情是一种强有力的、稳定而深刻的情感。如对祖国的热爱，对事业的追求，对某种兴趣的执着等，都是热情的表现。消费者的热情有一定的方向和目标，为了达到某种目标乐意做出努力和奋斗。例如：消费者在某种热情的推动下购买某种商品。

4. 应激

应激是由出乎意料的紧急状况引起的高度紧张的情绪状态。人在突如其来或十分危急的情况下，在必须迅速果断地做出反应的时刻，往往会出现应激状态。例如：司机遇到险情，人们遇到突然发生的水灾、火灾、地震等自然灾害时，刹那间身心都处于高度紧张状态，这时人们所产生的特殊、紧张的情绪体验就是应激。

应激具有超压性和超负荷性，即个体在应激状态中常常会在心理上感受到超乎寻常的压力，在生理上承受超乎平常的负荷，以充分调动体内各种机能资源去应付紧急、重大的变故。应激的产生与个体面临的情境及个体对自己能力的估计有关。当新异的情境对个体提出的要求是其从未经历过的或与以往的经验不一致，而且个体意识到已有的经验难以应付当前情境而感觉无能为力时，个体就会处于应激状态。

人处在应激状态下，可能会有两种表现：一种是动员身体各种潜能，使活动积极起来，表现为急中生智、沉着果断，思维特别清晰、明确，以致能超乎寻常地应付危急局面；另一种是使活动受到抑制或完全紊乱，处于惊慌失措的状态，甚至发生临时性休克的情况。在应激状态中，个体的行为究竟如何表现，取决于个体的适应能力、个性特征、知识经验，特别是意识水平。

在营销过程中，也会有突发事件发生。此时，营销人员和消费者都会出现应激状态。如果消费者出现应激状态，营销人员要进行适当的疏导，尽量减少尴尬局面的发生。对于营销人员来说，须有意识地提高思想觉悟，注意在实践中锻炼、提升自身的应激水平。

（二）情感的类型

情感是与人的社会性需要相联系的体验。情感的种类繁多，渗透到社会生活的各个领域。按情感的社会内容，我们可以将情感分为道德感、理智感和美感。

1. 道德感

道德感是个体根据社会道德行为准则评价自己或别人的言行时所产生的情感体验。它是客观现实与个体的道德需要之间的关系在人脑中的反映。如果个体的思想、意图、行为举止符合社会公认的行为标准，就会产生愉快、满意、自豪等情感体验，会感到心安理得；反之，则会感到自责、羞愧、痛苦不堪。当别人的言行符合这些准则时，个体就会产生爱慕、崇敬、钦佩等情感；反之，则会感到厌恶、蔑视、愤怒等。因此，道德感也是个体对比自己和他人的言行是否符合道德准则所产生的情感。

道德感是在人的社会实践中形成与发展的，也受到社会历史条件的制约。由于不同的阶级、社会、历史时期有着不同的道德行为准则，因而也就有不同的道德感。一个人的信念、理想、世界观在其道德感中起着决定性的作用。道德感的内容非常丰富，主要包括爱国主义与国际主义情感，集体主义情感，对公共事业的责任感、义务感，同事间的友谊感，以及正义感、同情感、是非感等。

2. 理智感

理智感是在智力活动过程中，人的认识和追求真理的需要是否得到满足而产生的情感体验。它与能否满足人的求知欲、认识兴趣、解决问题的需要相联系。对新奇事物所产生的好奇心、力求认识某事物的求知欲、遇到与某种规律相矛盾的事实产生的疑惑感或惊讶感、解决了难题或有了新发现的喜悦感，以及对真理的热爱、对偏见和谬误的鄙视或憎恨等，都是理智感。

理智感是人认识世界和改造世界的动力之一，它在认识过程中产生与发展，并推动人的认识进一步深入。只有当人的思想中渗透着深厚的情感时，才能激发其积极的思考与探索的欲望。哥白尼曾说，他对天文的深思产生于“不可思议的情感的高涨和鼓舞”。这种情感就是在他观察和探索天体的奥秘时产生的理智感，也正是这种情感推动他创立了“日心说”。所以说，理智感是激励人的智力活动的重要心理条件之一。

3. 美感

美感是人的审美需要得到满足时产生的情感体验，这种体验是个人根据所掌握的美的标准评价客观事物时产生的。美感可以由自然景物、社会生活及艺术作品等引起。例如：秀丽的山水、绚丽的色彩、名胜古迹、历史文物、艺术珍品等都能引起人们的美感。在社会生活中，淳朴、真诚的人际关系，自我牺牲、舍己为人的良好道德品质和行为也能使人产生美的体验。总之，凡是符合人们美的需要的一切对象都能引起美感。

美感总是由一定对象引起的。引起美感的可以是事物的外部特点，如颜色、形状等，也可以是事物的内容。小说《巴黎圣母院》中的神父、军官，他们表面上衣冠楚楚、道貌岸然，却是假、恶、丑的化身；而面貌丑陋、衣衫褴褛的敲钟人却品德高尚，是真、善、美的代表。

美感具有社会性和民族性。不同时代、不同社会制度和不同民族对客观事物美的评价往往具有不同的标准，因而，对美的体验也会不相同。

三、情绪和情感的外部表现

（一）面部表情

不同的情绪会产生不同的面部表情。由于面部表情能精细、准确地反映人的情绪，因此它是人类表达情绪最主要的一种表情动作。卡罗尔·伊扎德（Carol E. Izard）将人的面部分为额眉—鼻根区、眼—鼻颊区、口唇—下巴区，他认为这三个区域的活动构成了不同的面部表情，表达着相应的情绪。例如：当人愉快时，额眉—鼻根区放松，眉毛下降；眼—鼻颊区眼睛眯小，面颊上提，鼻面扩张；口唇—下巴区嘴角后收、上翘。这三个区域的肌肉运动组合起来就构成了笑的面部表情。在表现不同情绪的面部表情中，起主导作用的肌肉各有不同，如笑时嘴角上翘，惊奇时眼和嘴张大，悲哀时双眉和嘴角下垂。

（二）体态表情

体态表情是除面部之外身体其他部位的表情动作。头、手和脚是表达情绪的主要身体部位。例如：人在欢乐时手舞足蹈，悔恨时顿足捶胸，惧怕时手足无措，羞怯时扭扭捏捏。舞蹈和哑剧就是演员用身段表情和面部表情反映情感和思想的艺术形式。

（三）言语表情

言语表情是情绪在言语的声调、节奏和速度上的表现。人在高兴时音调轻快，悲哀时音调低沉、节奏缓慢，愤怒时音量大、急促而严厉。同样一句话用不同的方式讲出来则会表达不同的含义。例如："你干吗"用升调说出来时表示疑问；用降调则表示不耐烦；用感叹语气强调"吗"字则表示责备。

表情动作与言语一样是人际交往的重要工具，但是在三种主要表情动作中，面部表情起主要作用，而体态表情和言语表情往往是情绪表达的辅助手段。

课堂互动： 回想一下你的购物经历，有没有受到过情绪的影响？在这种情绪影响下，你的购物是理智的吗？

互动要求： 学生结合所学知识进行独立思考，陈述自己的观点；也可以跟同学沟通后回答。

四、市场营销活动中情绪和情感的运用

（一）借助广告表达情绪营销，传递良好的情绪价值

情绪营销是指建立在对消费心理的深度洞察基础上，形成品牌与消费者之间的情感共鸣的一种营销策略。它通过情境设计，将情感转化为独特的品牌联想和视觉形象，创造出品牌独特的印记，使其深入消费者心智。

广告是一种很好地传递情绪的手段。企业的广告可通过各种视觉修辞手法来创造和表达情绪，如比喻、象征、对比、夸张等。这些手法可以增加广告的艺术性和美感，激发消费者的情绪。比如多巴胺穿搭，它不仅考虑了服装的功能性，更着眼于如何通过色彩、设计等因素来激发消费者的愉悦感和自信心。当人们穿上令他们感到自信和满足的衣物时，多巴胺激增，情感愉悦的感觉也伴随而来。这种情绪连接使人们愿意购买更多的时尚产品，而不仅仅是满足基本的穿衣需求。

（二）运用色彩抓住消费者的情感需要，引起消费者的情感共鸣

随着社会消费进入感情消费时代，消费者要求产品除了在使用功能方面能够满足自身的需求外，更注重产品在使用时能获得的精神上的愉悦以及心理上的满足，也就是审美层面上的需求，如产品的色彩、产品的造型等需求。这在某一种程度上成了一种“爱美之心”支配下的审美行为。而产品外表的色彩、包装的色彩以及广告采用的色调等，都会直接影响消费者的心理，从而影响消费者的感情，进而影响消费者的消费行为。

利用色彩除了要给消费者留下强烈的视觉印象外，还要引起消费者的情感共鸣，达到引导消费的目的。而运用的色彩是否能引起消费者的情感共鸣，与消费者对色彩的理解，与消费者的年龄、职业、文化背景等多种因素有关。营销人员要细分所面对的消费群，紧紧围绕其感情的需要，有效利用色彩营造一种情感氛围，产生一种情感上的巨大的感染力和影响力。例如：喜之郎的广告《六色果冻篇》便成功细分了新新人类的爱情语言，不同色彩的运用便成功地对不同的爱情进行了有效的细分和传达。其中，绿色代表“真的好想你”，紫色代表“有你真精彩”等，这一鲜明的色彩形象地把品牌推向一个新的高度，满足了消费者的各色情感语言需求，使之成为年轻恋人的第一选择。这也让喜之郎果冻代表的温馨浪漫的品牌性的爱情语言得以形成。

（三）讲好品牌故事，引发深度的品牌情感，维系品牌忠诚度

在生活中，人们是讨厌广告的，企业需要考虑的是怎样让自己的产品像热门小说、电影、电视剧一样受到大众追捧，因此讲好品牌故事是关键。例如：褚橙卖的不是水果，卖的是励志故事；李宁则成功地向千禧一代讲述了能够引起共鸣的品牌故事，意在强调品牌的渊源和国货情怀。好的故事容易感染消费者的情绪，使消费者产生情绪投射，从而引发代入感。自媒体时代，企业可以通过一个好的品牌故事，和消费者发生心灵碰撞，让他们在故事中找到价值归属感和认可。

品牌情感是指消费者对品牌的评价和感觉，是品牌的核心。消费者购买某产品时不仅仅需要产品的功能，同时需要用产品来表达自己的价值观念、生活方式等。成功的品牌都有极高的品牌忠诚度，而品牌情感就是建立忠诚度的良方，也是维系忠诚的重要因素。品牌情感越细腻，越能触动人们内心深处的诉求。在今天竞争空前激烈的市场上，产品和服务已不足以吸引新的市场，甚至不足以维持原有市场。市场的开拓与巩固需要依靠精神力量，品牌情感正是维系消费者的牢固纽带。

单元三 消费者的意志过程

一、消费者意志过程的含义

消费者意志过程是指消费者在购买活动中有目的地、自觉地支配和调节自己的行动，克服各种困难，实现既定购买目标的心理过程。意志是人脑特有的产物，是人的意志能动作用的表现。

在消费活动中，消费者要实现最终的购买行为，需要依靠意志来排除困难。

二、消费者意志过程的基本特征

（一）目的性

消费者的意志总是与行动的目的性紧密联系。消费者为了满足某种需要走进购物场所或者浏览购物网站，购买行为的产生本身就有一定的目的性。目的性是行动的方向，意志的目的性使人在行动之前，对行动的正确性和重要性有充分的认识，并能明确地意识到行

为结果的意义，从而按照既定的目的去组织和调整自己的行为，寻找实现目的的途径。消费者购买的目的越明确，就越能自觉地去支配和调节自己的心理状态和外部动作，完成这种活动的过程也会变得更迅速、更坚决。

（二）克服困难性

消费者在实现目的的过程中，需要不断地与来自内部和外部的各种困难作斗争，克服困难的过程就是消费者的意志行动过程。消费者在购买活动中能够克服的困难越大，说明消费者的意志越坚强；反之，说明消费者的意志越薄弱。例如：消费者在购买商品时，如果想购买的商品超出了自己的负担范围，就需要克服经济上的困难，去实现自己的购买目的。

（三）调节性

意志对于消费者的心理状态和外部动作具有自觉的支配调节作用。意志对行为的调节作用包括推动行为和制止行为两方面。推动行为表现为激发消费者的积极情绪，推动消费者为达到目的而采取的行动；制止行为表现为抑制消极的情绪，阻止不符合预定目的的情绪和行动。例如：消费者在购物过程中，看到了某个盼望已久的商品，但当其价格昂贵，超出自己支付能力时，消费者可能放弃这个商品而重新寻找购买目标。

课堂互动：消费者在什么情况下才会克服种种困难实现购买目的？

互动要求：学生结合所学知识进行独立思考，陈述自己的观点；也可以跟同学沟通后回答。

三、市场营销活动中意志的运用

（一）提炼消费者关心的点作为卖点，吸引消费者

无论是线上还是线下，好的产品离不开好的市场。但这并不是说竞争力度小就是好的市场，而是要有良好的竞争环境，有好的设计者通过对消费者行为的研究创造出更符合消费者需求的产品。市场上同类产品很多，要想在同类产品中脱颖而出，就需要分析消费者的消费能力、消费喜好，以及需求是否能得到满足。提炼的卖点，正好是消费者关心的点，产品才会被消费者列为备选对象。

（二）打消价格阻碍，帮助消费者克服障碍

绝大多数消费者对于价格是敏感的，经营者需要做的是有效减少消费者购买昂贵产品的阻碍。例如：星巴克原本的定位只是好喝、健康的咖啡，但被赋予文化因素后，做了价

值转换，成功升级成为上班人士自我价值体现的方式。当消费者觉得产品价格昂贵时，就需要有帮助他下定决心克服困难去购买的足够的价值吸引。

（三）消除风险，加强购买信心

大部分消费者在购买时都会有顾虑，害怕买了这个产品之后会有损失，如形象受损或者产品的品质没有达到自己的预期而遭受金钱损失。经营者需要做的就是消除消费者所担心的风险，增强其购买信心。如果消费者担心形象损失或与别人期望的形象不同，经营者就需要改变消费者对产品的认知判断，同时消除产品带来的负面形象，提高它的正面形象，从而降低这种形象阻碍。例如：共享单车以健康环保为出发点进行宣传，从而扩大了自己的目标用户群。如果消费者担心金钱损失，经营者就需要给予保障，让消费者没有后顾之忧，如“假一赔十”“30 天无理由退换”“不满意随时可以给我邮回来，所有的产品都有运费险”等。给予消费者一句承诺会让消费者付钱更放心。

模块小结

心理活动过程是心理对现实的不同形式的动态反应。消费者心理活动过程包括认知过程、情感过程和意志过程。研究消费者心理活动过程的产生和发展，对于企业制定营销策略具有很强的指导意义。本模块主要从认知过程、情感过程和意志过程三个层面阐述消费者心理活动过程的规律，探讨不同的心理活动规律在营销活动中的运用。

思考与练习

一、单选题

1. “入芝兰之室，久而不闻其香；入鲍鱼之肆，久而不闻其臭”说的是感觉的（　　）。

A. 对比性　　B. 适应性　　C. 整体性　　D. 复杂性

2. 记忆是人脑对（　　）经历过的事物的反应。

A. 过去　　B. 以往　　C. 曾经　　D. 以前

3. 指向性和（　　）是注意的两个基本特性。

A. 集中性　　B. 关注性　　C. 分心性　　D. 疲劳性

4. 知觉的整体性强调（　　）的经验。

A. 过去　　B. 现在　　C. 总结　　D. 记忆

5. 出乎意料的紧急状况引起的高度紧张的情绪状态是（　　）。

A. 心境　　B. 激情　　C. 应激　　D. 热情

二、多选题

1. 记忆的过程包含（　　）。

A. 识记　　B. 保持　　C. 回忆　　D. 再认

2. 感觉的基本特性有（　　）。

A. 感受性　　B. 适应性　　C. 对比性　　D. 联觉性

3. 按情感的社会内容，我们可将情感分为（　　）。

A. 道德感　　B. 理智感　　C. 激情　　D. 美感

4. 生活中常见的错觉有（　　）。

A. 长短错觉　　B. 大小错觉　　C. 颜色错觉　　D. 时间错觉

5. 思维过程主要有（　　）阶段。

A. 分析过程　　B. 想象过程　　C. 比较过程　　D. 评价过程

三、判断题

1. 感觉器官只要受到刺激，就会产生相应的反应。（　　）

2. 知觉的恒常性可使消费者对质量优良的商品、名牌商品形成良好的印象。（　　）

3. 保持是记忆的第一环节。（　　）

4. 情绪和情感是一个概念，只是叫法不同。（　　）

5. 消费者要想实现购买目的，就需要有一定的意志力支撑。（　　）

四、简答题

1. 什么是感觉？感觉有哪些特征？

2. 什么是知觉？知觉有哪些特征？

3. 记忆的心理过程有哪些环节？如何借助消费者的记忆规律开展营销活动？

4. 什么是情绪和情感？二者有何区别与联系？

5. 什么是意志？如何借助消费者的意志特征开展营销活动？

能力培养与训练

一、营销思维训练

大白兔奶糖的怀旧营销

作为1959年诞生的国庆“献礼”产品，大白兔奶糖是我国第一代糖果的代表，在那个资源匮乏的年代，算是当时的“网红”产品，成了老一代人的美好回忆，就连在物质生活相对丰富的“80后”“90后”之中，也颇有人气。

但近年来，随着人们对健康饮食的重视以及休闲食品产品的种类日益增多，消费者逐步减少了对传统糖果类食品的摄入，大白兔奶糖如今已经不再是零食的第一选择。

“七粒大白兔奶糖等于一杯牛奶”——这是大多数人对大白兔奶糖的印象，也是很多人的童年记忆。作为经典的老牌国货、上海名牌，大白兔奶糖不但没有淡出人们的视线，这两年更是频频出现新动作。

自2015年开始，大白兔开始与其他品牌进行联名，探索跨界营销的创新模式。

(1) 2018年9月，大白兔和美加净润唇膏联名的“大白兔奶糖润唇膏”第一批发售920支，售价为78元/两支，上线后1秒售罄。隔日追加1万套两支装组合，3个小时内也宣告售罄。

(2) 2019年5月，大白兔和气味图书馆联名的香水发售当天，销量达9 607件。其推出的限量610份大白兔香氛礼包，仅3秒即告全部售罄。

(3) 2019年6月1日，大白兔和快乐柠檬联合在上海开了一家奶茶店，当天若想喝上一杯，至少要排队4个小时。

(4) 2019年7月，大白兔奶糖和光明乳业联名推出“大白兔奶糖风味牛奶”，销售异常火爆。

(5) 2021年，62岁的大白兔，把自己的全球首店“安”在上海的奉贤新城里，以跨界的品牌新形象，再次刷新居民对这一“中华老字号”的认知。

(6) 2022年12月26日，大白兔奶糖与SKⅡ神仙水跨界联动。

大白兔的怀旧营销，在让消费者怀念童年的同时，也让大白兔找回了当年的风光。老字号产品在怀旧营销上有着天然的优势，但单靠“旧”的力量显然已不符合时代要求。要想使老品牌焕发青春、可持续发展，就应借助公关、广告、文化传播等现代手段，做好品牌延伸，在传承的同时自我创新，赋予其新时代的精神。

[问题思考]

1. 查阅资料，你认为大白兔的怀旧营销是否成功？其后期还开展了哪些活动？

2. 还有哪些企业开展过怀旧营销活动？这些活动对你有何启示？

二、实战演练

[演练内容]

以你所在的城市为基础，开展一次关于错觉运用的调研，根据调研数据填写表2-2，并进行课堂展示汇报。

思考：商家是如何将错觉原理巧妙地运用在广告宣传、包装设计、橱窗布置及商品陈列等营销策略中，满足消费者的心理需求，吸引消费者的注意的？

表2-2 错觉运用调查

店铺名称或产品名称	错觉运用	效果	反思

［考核评价］

详见表 2-3。

表 2-3　考核评价

项目	评价标准	分数
内容完成	能按要求完成调查表，调查表语言规范、无错别字，观点正确	20
语言表达	口齿清晰、用词得当、意思表达准确、内容富有条理和逻辑性	20
现场感染	有较强的现场感染力，引起评委的共鸣	20
解决问题能力	具备分析问题、解决问题能力	20
反思有价值	反思有一定的借鉴价值	20
合计		100

模块三　消费者个性心理特征

消费者在购买商品时的心理活动虽然遵循一般的、普遍的规律，但每一个消费者的购买行为又是千差万别、各具特色的。这种差异正是消费者的个性心理特征的反映。消费者的个性心理特征是指消费者个人经常的、稳定的、本质的心理活动特点，反映和保证了消费者典型的个人心理活动及行为差异的基本质量水平。消费者的个性心理特征主要表现在消费者的气质、性格和能力等方面，消费者在购买活动中的不同行为表现体现了其个性心理特征。因此，研究和了解消费者的个性心理特征，不仅可以解释不同消费者的不同购买行为，也可以在一定程度上预测不同消费者将来不同的消费趋向，对企业来说意义重大。

模块结构

- 消费者个性心理特征
  - 消费者个性心理特征概述
    - 个性的含义
    - 个性的特点
    - 个性在营销中的作用
  - 消费者的气质特征
    - 气质的概念
    - 气质学说理论
    - 气质的类型
    - 如何正确看待气质类型
    - 不同气质类型的消费者在购物中的表现及营销对策
  - 消费者的性格特征
    - 性格概述
    - 性格的特征
    - 不同性格类型的消费者在购物中的表现及营销对策
  - 消费者的能力
    - 能力概述
    - 能力的差异
    - 消费者的能力在营销活动中的作用

学习目标

知识目标： 了解个性及其特点，掌握气质的概念、类型及不同气质类型消费者的购物特点及营销对策；掌握不同性格特征的消费者的购物特点及营销对策；了解能力的概念、差异，掌握消费者能力对购买行为的影响。

能力目标： 能够正确认识不同消费者的不同气质、性格和能力在消费过程中的表现；能够根据消费者的不同气质、性格和能力等个性化心理特征表现判断消费者的气质、性格和能力，继而做出正确的营销决策。

素质目标：注重塑造自己的气质，培养自身积极、乐观、向上的性格，加强能力锻炼，养成爱岗敬业的职业道德素养，树立“不干则已，干就干好”的信念。

案例导入

不同类型消费者的退换货行为差异

每年的3月15日是消费者权益保护日，央视会对制造、销售伪劣商品的企业进行曝光。某大型零售企业为了改善服务态度、提高服务质量，向消费者发出意见征询函，调查内容是“如果您去商店退换商品，售货员不予退换怎么办”，要求消费者写出自己在遇到这种事时是怎样做的。根据回答情况，消费者主要有这样几种类型：

(1) 耐心诉说型：尽自己最大努力，苦口婆心慢慢解释退换商品的原因，直到问题得到解决。

(2) 自认倒霉型：向商店申诉也没有用，商品质量不好又不是商店的原因，自己吃点亏，下回长经验。

(3) 灵活变通型：向好说话的售货员申诉，向营业组长或值班经理求情，只要有一个人同意退换就有望解决。

(4) 据理力争型：绝不留情面，脸红脖子粗地与售货员争到底，不行就向媒体曝光，再不解决就向市场监督管理部门、消费者协会投诉。

问题：为什么面对同样的退换商品问题，不同的消费者会表现出不同的态度和解决问题的方式？四种类型的消费者分别属于哪种气质类型？作为经营者或营销者，应如何处理退换货问题，从而使消费者满意？

提示：面对同样的退换商品问题，不同的消费者表现出来不同的态度和解决问题的方式，归根结底是由其个性心理特征决定的。气质类型主要包括胆汁质、多血质、黏液质和抑郁质。耐心诉说型消费者属于黏液质，自认倒霉型消费者属于抑郁质，灵活变通型消费者属于多血质，据理力争型消费者属于胆汁质。这四种气质类型的特点在本模块中有详细介绍。

有这样一句话：“这个世界上，最好的顾客不是买东西的顾客，而是来退换货的顾客。”因为顾客愿意来退换货，说明顾客对你还没有放弃。有研究表明，顾客每5次光临店铺就会有1次不满意，而只有5%的人会说出不满意。这5%的顾客不满意如果处理得好的话，商家就有91%的可能性维系住顾客，否则他将有95%的可能性拒绝继续光临，并且利用负面口碑影响身边的11个人，这11个人又会各自影响5个人，最后商家会失去 67 位潜在顾客。对于来退换货的顾客，商家应该倾听其诉说、表示关心及感同身受，并表示感谢。只有认真按照正确的程序处理好顾客的退换货问题，才能有效地提升顾客对商家的信任度。

单元一 消费者个性心理特征概述

一、个性的含义

“个性”一词由拉丁文 persona 而来，原指演员演戏时所戴的假面具，后来指演员自身及其所扮演的角色。心理学和行为学把这一概念借用过来，把个体在人生舞台上所扮演的角色的外在行为和心理特质都称为个性。一般而言，个性就是个性心理的简称，又称人格。心理学对个性的解释是：一个人区别于他人的，在不同环境中显现出来的相对稳定的影响人的外显性和内隐性行为模式的心理特征总和。

消费者的个性心理就是消费者在社会条件的制约和影响下，通过自己的活动而表现出的稳定的心理现象。它包括消费者的个性心理特征和消费者的个性倾向性。

（一）个性心理特征

个性心理特征是指个体在其心理活动中经常地、稳定地表现出来的特征，主要是指个体的能力、气质和性格。其中，能力是指人顺利完成某种活动的一种心理特征。能力总是和完成一定的活动联系在一起，离开了具体活动，既不能表现人的能力，也不能发展人的能力。气质一部分取决于先天因素，大部分则取决于一个人所处的环境及后天的教育。不同的人有着不同气质。性格是指一个人对人、对己、对事物（客观现实）的基本态度及与之相适应的习惯化的行为方式中比较稳定的、独特的心理特征的综合。气质无好坏、对错之分，而性格有。

（二）个性倾向性

个性倾向性是指人对社会环境的态度和行为的积极特征，它是推动人进行活动的动力系统，是个性结构中最活跃的因素，决定人对周围世界的认识和态度的选择和趋向，决定人追求什么，包括需要、动机、兴趣、理想、信念、世界观等。个性倾向性是个性系统的动力结构，它较少受生理、遗传等先天因素的影响，主要是在后天的培养和社会化过程中形成的。个性倾向性中的各个成分并非孤立存在，而是互相联系、互相影响和互相制约的。其中，需要又是个性倾向性乃至整个个性积极性的源泉，只有在需要的推动下，个性才能形成和发展。动机、兴趣、理想和信念等都是需要的表现形式。世界观处于最高指导地位，它指引和制约着人的思想倾向和心理面貌，是人的言行的总动力和总动机。由此可见，个性倾向性是以人的需要为基础、以世界观为指导的动力系统。

课堂互动：品牌调性，是基于品牌的外在表现而形成的市场印象。从品牌人格化的角度来说，品牌调性等同于人的性格。那么，品牌调性对品牌的成败有影响吗？为什么？

互动要求：学生结合所学知识进行独立思考，陈述自己的观点；也可以跟同学沟通后回答。

二、个性的特点

（一）自然性与社会性

人的个性是在先天的自然素质的基础上，通过后天的学习、教育与环境的作用逐渐形成的。因此，个性首先具有自然性。人们与生俱来的感知器官、运动器官、神经系统和大脑在结构上与机能上的一系列特点，是个性形成的物质基础与前提条件。但人的个性并非单纯的自然产物，它总是要被深深地打上社会的烙印。初生的婴儿作为一个自然的实体，还谈不上有个性。个性又是在个体生活过程中逐渐形成的，它在很大程度上受社会文化、教育内容和方式的塑造。可以说，每个人的人格都被打上了他所处的社会的烙印，即个体的社会化。“特殊的人格”的本质不是人的胡子、血液、抽象的肉体本性，而是人的社会特质。人的本质并不是单个人所固有的抽象物，在其现实性上，它是一切社会关系的总和。由此可见，个性是自然性与社会性的统一。

（二）稳定性与可塑性

个性的稳定性是指个体的人格特征具有跨时间和空间的一致性。在个体生活中偶然表现出的心理特征，不能认为是一个人的个性特征。例如：一个人在某种场合偶然表现出对他人冷淡，缺乏关心，不能以此认为这个人具有自私、冷酷的个性特征。只有一贯的、在绝大多数情况下都得以表现的心理现象才是个性的反映。

在销售过程中，我们经常会碰到不同的消费者，每个消费者都具有不同的、经常表现的心理特征。例如：有的消费者活泼开朗，决策速度快；有的消费者虽不善言谈，但购买商品时很稳重；等等。这些不同的行为表现不仅体现在购物活动中，而且表现在其他方面。

一个人的个性表现是稳定的，但个性绝不是一成不变的。因为现实生活非常复杂，所以随着社会现实、生活条件、教育条件的变化，以及年龄的增长、主观的努力等，个性也可能发生某种程度的改变。特别是在生活中经历过的重大事件或经受过的挫折，往往会在一个人的个性上留下深刻的烙印，从而使其个性发生变化，这就是个性的可塑性。当然，个性的变化比较缓慢，不可能立竿见影。由此可见，个性既具有相对的稳定性，又具有一定的可塑性。

（三）独特性与共同性

个性的独特性是指人与人之间的心理和行为各不相同。构成个性的各种因素在每个人身上的侧重点和组合方式不同，在认识、情感、意志、能力、气质、性格等方面能反映个人独特的一面。例如：有的人知觉事物细致、全面，善于分析；有的人知觉事物较粗略，善于概括。有的人情感较丰富、细腻；有的人情感较冷淡、麻木。如同世界上很难找到两片完全相同的叶子，我们也很难找到两个个性完全相同的人。

强调个性的独特性，并不排除个性的共同性。个性的共同性是指某一群体或某个民族在一定的群体环境、生活环境、自然环境中形成的共同的典型的心理特点。正是个性具有的独特性和共同性构成了一个人复杂的心理面貌。

三、个性在营销中的作用

（一）消费者个性的独特性决定消费者需求的多样性

消费者个性具有独特性，即个体之间存在差异。这决定了消费者在购买动机、购买方式以及购买习惯等方面的差异，从而使他们的消费行为复杂多样。例如：有的人怀旧心理浓厚，对日新月异的新产品难以接受；有的人喜欢追逐潮流和标新立异，对新产品总是跃跃欲试，抢先消费，甚至超前消费。消费者需求的多样性是企业进行市场细分和选择目标市场的基础，从而可以使自己的产品有正确的市场定位。

相关链接

小米的非偶然成功——《参与感》

（二）消费者个性的稳定性决定消费者需求的稳定性

消费者个性的稳定性决定了消费者对某些商品的需求在一定时间内的依恋性和忠诚性，有的甚至一生不变。因此，企业应当重视培养忠诚客户，有目的、有计划地提供满足消费者稳定需求的商品。例如：很多消费者对于自己喜爱的化妆品品牌忠诚度很高，有的甚至一直用同一个品牌的化妆品。

（三）消费者个性的可塑性决定消费者需求的可诱导性

消费者个性在外部环境诱因和内部主观激励的刺激下具有一定的可塑性，从而决定了消费者需求具有一定的可诱导性，为企业提供了巨大的市场潜力和市场机会。企业通过卓有成效的营销策略，变无需求为有需求、潜在需求为现实需求、未来需求为当前需求，促成消费者的消费行为，从而使企业由被动适应消费者需求转化为积极地引导、激发和创造消费者需求。

（四）消费者个性的社会性决定消费者需求的可接受性

人在一定的社会关系中逐渐掌握一定的风俗习惯、行为方式，这就是消费者个性的社会性，这决定了消费者在消费的过程中必须顾及周围生活环境中他人的评价，并力求使自己的消费需求在社会关系中被接受。例如：消费者购买了一件商品，如果其周围的人都予以否定，那么他使用这个商品的概率就会大大降低，从而也降低了他人购买的可能性。这就要求企业在推出新产品、进行产品更新时考虑社会环境、社会文化背景因素。

同步案例

Don’t cry

小沈很偶然地点开网易云音乐，也很偶然地听到了这首《Don’t cry》。熟悉的节奏和旋律，在这个夜里让他想起了那一年的冬日，这首老歌竟然帮他卖出了人生第一台车。记得那时，小沈刚刚踏上工作岗位，有一天，前台接待员介绍了一位想买奥迪 A6L 的客户给他，并且约好了第二天来店里看车。根据接待员给出的信息，该客户姓江，现在在一家影视公司工作，想在近期购买一台新车。在对客户有了基本的了解后，小沈为与客户的第一次接触做了充分准备。

第二天，客户来到了展厅，小沈马上上前接待。在大致了解了江先生的需求后，小沈就陪同江先生参观了新车。江先生很明显地对 A6L 的尺寸表示出较大的兴趣，但他担心驾长车会影响操控性。小沈对此做了解释，并建议江先生试驾。在试驾时，江先生提出了试一下音响的要求。

寒冬中，小沈跑回展厅拿出了珍藏在抽屉里的那张专辑。当枪炮与玫瑰乐队《Don’t cry》的旋律响起时，小沈明显地感觉到江先生有点激动。这首歌，让江先生打开了话匣子。他年轻时也跟好友组建了一支乐队，但他们找不到属于自己的音乐。就在他们准备解散的时候，枪炮与玫瑰乐队推出了最新专辑，主打歌就是《Don’t cry》，瞬间就红遍了世界各地。而江先生的乐队也就是在这首歌里找到了自己的方向。

试驾完车的江先生还沉浸在回忆之中，并对车的性能感到非常满意。不等小沈开口，江先生就抢先说道：“小沈啊，谢谢你，你让我重新忆起了当年的岁月。真的很谢谢你，车子我很满意，你的服务我也非常满意。”

在交车的那天，小沈把那张枪炮与玫瑰乐队的专辑送给了江先生，江先生也跟小沈成了好朋友。一首歌，帮助小沈卖出了他人生中的第一台车。四个闪亮的环，照耀着交车时小沈和江先生的笑脸。

问题：

1. 小沈参加工作后卖出的第一台车竟然跟一首歌有关，他的成功是巧合吗？

2. 在送出那张专辑的同时，小沈得到了什么？

3. 你从本案例中受到了哪些启发？

提示：

小沈的成功绝非巧合与偶然。我们可以在案例中看到，接待员给了小沈有关客户的信息：客户在影视公司工作，小沈为第一次接触做了充分的准备。小沈很清楚，在影视公司工作的人，且是年轻人，不爱音乐的少。根据客户的年龄计算，客户应当是生活在《Don't cry》那个年代。因此，小沈就有针对性地做好了“充分的准备”。小沈送出了那张专辑，得到了友情，结识了朋友。俗话说，有舍才有得。小沈的得，远远大于他的舍。本案例给我们的启发是：无论做什么工作，如果你压根就不爱这份工作，那就肯定做不好。过去总说“干一行，爱一行”，现在则是“爱一行，干一行”，不爱这行，就干不好这行。另外，做任何事，事先的准备工作非常重要。小沈的充分准备，使他获得了成功。

单元二 消费者的气质特征

一、气质的概念

气质是先天的心理活动的典型而稳定的动力特征。在理解这个概念时需要注意以下三点：第一，气质是先天的；第二，气质是典型的、稳定的；第三，气质是心理活动的动力特征。

气质是人的个性心理特征之一，它是指在人的认识、情感、言语、行动中，心理活动发生时力量的强弱、变化的快慢和均衡程度等稳定的动力特征，主要表现在情绪体验的快慢、强弱，表现的隐显，以及动作的灵敏或迟钝方面。因而，它为人的全部心理活动表现染上了一层浓厚的色彩，与日常生活中人们所说的“脾气”“秉性”“性情”等含义相近。

课堂互动：人们常说“江山易改，本性难移”，这里的“本性”指的是什么？

互动要求：学生结合所学知识进行独立思考，陈述自己的观点；也可以跟同学沟通后回答。

二、气质学说理论

（一）体液说

希波克拉底是古希腊著名的医生，他认为气质是由人体内不同的体液决定的。他设想人体内有血液、黏液、黄胆汁、黑胆汁四种体液，并根据这些体液在混合比例中哪一种占主导把人分为不同的气质类型：血液占主导属于多血质，黏液占主导属于黏液质，黄胆汁占主导属于胆汁质，黑胆汁占主导属于抑郁质。总结而言，他把人的气质分为多血质、黏液质、胆汁质、抑郁质四种类型。

（二）体型说

体型说由德国精神病学家恩斯特·克雷奇默（Ernst Kretschmer）提出。他根据对精神病患者的临床观察，认为可以按体型划分人的气质类型。根据体型特点，他把人分成三种类型，即肥满型、瘦长型、筋骨型。例如：肥满型产生躁狂气质，其行动倾向为善交际、表情活泼、热情、平易近人等；瘦长型产生分裂气质，其行动倾向为不善交际、孤僻、神经质、多思虑等；筋骨型产生黏着气质，其行动倾向为迷恋、认真、理解缓慢、行为较冲动等。他认为三种体型与不同精神病的发病率有关。

（三）血型说

血型说是日本学者古川竹二等人的观点。他们认为气质是由不同血型决定的，血型有A型、B型、AB型、O型，与之相对应，气质也可分为A型、B型、AB型、O型四种。A型气质的特点是温和、老实、稳妥、多疑、顺从、依赖他人、感情易冲动。B型气质的特点是感觉灵敏、镇静、不怕羞、喜社交、好管闲事。AB型气质的特点是上述两者的混合。O型气质的特点是意志坚强、好胜、霸道、喜欢指挥别人、有胆识、不愿吃亏。这种观点在日本比较流行。

（四）高级神经活动类型说

俄国生理学家伊万·彼得罗维奇·巴甫洛夫（Ivan Petrovich Pavlov）根据动物实验，得出了高级神经活动的三个特性。这三种基本特性是：（1）基本神经过程的强度，即兴奋过程和抑制过程的强度，大脑神经细胞经受长时间强有力的兴奋和抑制的能力。（2）基本神经过程的平衡性，即兴奋过程和抑制过程强度上的相互关系。（3）基本神经过程的灵活性，即兴奋过程和抑制过程相互交替的容易程度和速度。这三种基本特性的不同组合构成了高级神经活动的不同类型，其中最常见的是这四种类型：（1）强、不平衡、兴奋过程占优势型。（2）强、平衡、灵活型。（3）强、平衡、不灵活型。（4）弱、不平衡、抑制过程占优势型。他认为，在动物身上发现的高级神经活动的类型差异，在人类身上同样存在。上述四种高级神经活动类型分别与传统的人类四种不同气质中的胆汁质、多血质、黏液质和抑郁质相当。

（五）盖伦气质说

盖伦气质说是指公元 2 世纪古罗马名医盖伦提出的关于人类气质类型的理论。盖伦继承和发展了希波克拉底的体液说，认为人类有四种气质：胆汁质、多血质、黏液质、抑郁质。盖伦对气质类型特征的描述接近事实，为现代心理学所沿用。但其以体液作为气质类型划分的依据不够科学。本书主要以这四种气质类型为基础进行分析。

三、气质的类型

（一）胆汁质——“夏天里的一团火”

胆汁质气质类型的人兴奋度高，精力旺盛，反应迅速，直爽热情，表里如一，情绪体验强烈，有顽强的拼劲；但缺乏耐心，灵活性不够，抑制能力差，易冲动，脾气暴躁，整个心理活动笼罩着迅速而突发的色彩。胆汁质典型代表人物：《水浒传》中的李逵。

（二）多血质——“喜形于色”

多血质气质类型的人情绪兴奋度高，感情易表露，活泼好动，思维灵活，反应迅速，动作敏捷，外部表现明显，容易适应环境，喜欢交往，乐观开朗，兴趣广泛，可塑性强；但往往不求甚解，注意力容易转移，情绪不稳定且体验不深，做事粗枝大叶，具有外倾性。多血质典型代表人物：《红楼梦》中的王熙凤。

（三）黏液质——“冰冷耐寒”

黏液质气质类型的人情绪兴奋度低，安静沉稳，喜欢沉思，注意力稳定，善于克制忍耐，做事富有理性，慎重细致，具有韧性；但反应缓慢，灵活性不足，比较刻板且执拗，不易习惯新环境、新工作，情绪不易外露。黏液质典型代表人物：《三国演义》中的诸葛亮。

（四）抑郁质——“秋风扫落叶”

抑郁质气质类型的人情绪兴奋度低，敏锐稳重，情感体验深刻、持久，有较强的敏感性；但胆小、孤僻，谨小慎微，行动缓慢，不善交际，遇困难或挫折时不够灵活，易畏缩，容易体察到一般人体察不到的事件却很少外露。抑郁质典型代表人物：《红楼梦》中的林黛玉。

四种气质类型的典型代表人物如图 3－1 所示。

李逵　　王熙凤　　诸葛亮　　林黛玉

图 3－1　四种气质类型的典型代表人物

四、如何正确看待气质类型

（一）气质没有好坏之分

人的气质本身无好坏之分，气质类型也无好坏之分。在评定人的气质时不能认为一种气质是好的，另一种气质是坏的。每一种气质都有积极和消极两个方面，在一种情况下可能具有积极意义的气质，而在另一种情况下可能具有消极的意义。如胆汁质的人可发展成为积极、热情的人，也可发展成为任性、粗暴、易发脾气的人；多血质的人情感丰富，工作能力强，易适应新的环境，但注意力不够集中，兴趣容易转移，无恒心等；抑郁质的人在工作中耐受能力差，容易感到疲劳，但感情比较细腻，做事审慎小心，观察敏锐，善于察觉到别人不易察觉的细小事物。气质相同的人可有成就的高低和善恶的区别。气质不能决定人们的行为，是因为人们可以自觉地去调节和控制气质。

（二）气质具有稳定性和可塑性

气质较多地受神经系统先天特性的影响，婴儿在出生时，气质就有明显的差别：有的爱哭、爱闹，四肢活动较多；有的则比较安静，较少啼哭等。由于气质较多地受神经系统先天特性的影响，因此气质比其他个性心理特征更具有稳定性。

气质的稳定性首先表现在它不依赖人的活动的具体目的、动机和内容，而在不同性质的活动中，都表现出相对稳定的气质特点。气质的稳定性还表现在气质特点在人生的不同时期内是相对稳定的。但是气质的稳定性并不意味着它完全没有变化。在生活环境和教育条件的影响下，气质可能被掩蔽，也可能得到相当程度的改造。

（三）气质类型不能决定一个人成就的高低，但会影响工作效率

气质不能决定一个人活动的社会价值和成就的高低。据研究，四位著名作家就是四种气质的代表，普希金（代表作：《上尉的女儿》）具有明显的胆汁质特征，赫尔岑（代表作：《谁之罪》）具有多血质的特征，克雷洛夫（代表作：《会模仿的猴子》）属于黏液质，而果戈理（代表作：《钦差大臣》）属于抑郁质。虽然气质类型各不相同，却并不影响他们同样在文学上取得杰出的成就。气质是人的各种心理活动的动力特征，它使人的心理活动

染上某些独特的色彩，却并不决定一个人性格的倾向性和能力的发展水平。因此，气质相同的人可以成为对社会做出重大贡献、品德高尚的人，也可以成为一事无成、品德低劣的人；可以成为先进人物，也可以成为落后人物。反之，气质极不相同的人都可以成为品德高尚的人，成为某一职业领域的能手或专家。

气质虽然在人的实践活动中不起决定性作用，但是有一定的影响。在环境适应能力方面，胆汁质和多血质的人环境适应能力比较强，而黏液质和抑郁质的人环境适应能力比较弱。气质不仅影响活动的性质，而且可能影响活动的效率。例如：对于多血质和胆汁质的人而言，要求做出迅速灵活反应的工作较为合适，而黏液质和抑郁质的人则较难适应；反之，对于黏液质、抑郁质的人而言，要求持久、细致的工作较为合适，而多血质、胆汁质的人又较难适应。气质不影响活动的性质，但可以影响活动的效率。如果在学习、工作、生活中考虑到这一点，就能够有效提高自己和他人的工作效率。

五、不同气质类型的消费者在购物中的表现及营销对策

不同气质类型的消费者在购物活动中会表现出不同的特征。营销人员依据他们的表现可判断其气质类型，进而提供有针对性的服务，促进其购物决策，满足其消费需求。

（一）胆汁质消费者在购物中的表现及营销对策

这类消费者的主要特点是：走路快，性子急，说话快，嗓门大，还爱用教训人的口吻，如“你知道不”“你明白不”。他们精力充沛，好像有使不完的劲儿，但做事容易粗枝大叶。营销人员只要细心观察，就会准确地把他们从人群中区分开来。例如：不管是几个人，首先听到的，是他们的大嗓门；他们走起路来都有风；他们控制不了情绪，如果等候购买时间稍长或营销人员工作速度慢、效率低，就容易产生烦躁情绪；他们在卖场观察商品，没有黏液质和抑郁质两类人那么仔细认真，他们决策速度快，购买目标一经决定就会立即购买，不愿花太多时间进行比较和思考，而事后又往往后悔不已。

针对胆汁质类型的消费者，营销人员在提供服务时要头脑冷静、充满自信、动作快速准确、语言简洁明了、接待热情、态度和蔼可亲。这样会使这类消费者感到营销人员急他所急，想他所想，全心全意地为他服务。另外，营销人员要提醒这类消费者慎重决策，避免购后反悔。

（二）多血质消费者在购物中的表现及营销对策

这类消费者比较外向，爱说话，好交际，适应能力强。他们比较热情，爱帮助人，走到哪儿都有说有笑。因为他们爱交际，适应力强，所以不管在哪里，他们都是最先适应环境的人。由于他们爱交往，比较容易与别人处好关系，因此，主动跟营销人员打招呼的，多是多血质的消费者。但他们也有自己的弱点，即注意力不是很集中，情感也容易转移。多血质的人在购买过程中容易受到周围环境的感染、购买现场的刺激和社会流行的影响，

容易受到情绪影响。

针对多血质的消费者，营销人员在提供服务时要热情周到，尽可能提供多种信息，当好参谋，以取得消费者的信任与好感，从而促使其购买行为的顺利完成；在交谈中注意把握主动权，对其加以引导，使其专注于商品，继而缩短购买过程。

（三）黏液质消费者在购物中的表现及营销对策

这类消费者的主要特征是：挑选商品时认真、内敛、稳重，三思而后行，在购物时从不主动跟营销人员搭讪，不易受到广告、商标、促销的干扰和影响。在沟通过程中，这类消费者往往不愿意将自己的想法告诉营销人员。他们的挑选过程缓慢，喜欢通过自己的观察、比较做出决定，善于控制自己的情绪。

针对黏液质消费者，营销人员在提供服务时要注意掌握“火候”，既不要过早接触，因为过于热情会影响其观察商品的情绪，也不要过早阐述自己的意见，应尽可能让这类消费者自己了解商品，并注意提供心理服务，避免引起消费者反感。

（四）抑郁质消费者在购物中的表现及营销对策

这类消费者在购买过程中对外界刺激反应迟钝，不善于表达个人的购买欲望和要求，情绪变化缓慢，但体验深刻。在购买过程中，他们表现得优柔寡断，谨小慎微，对营销人员持戒备心理，挑选仔细，往往能发现商品的细微之处。

针对抑郁质消费者，营销人员在提供服务时要耐心、细致、体贴、周到，要熟知商品的性能、特点，能及时、准确地回答各种提问，增强他们购物的信心，从而促使购买行为的实现。在接待这类消费者时，营销人员要允许其反复提问，同时注意说话的语气和方式，避免引起他们的敏感反应而拒绝购买。

通常而言，典型的某种气质类型消费者是少数，大多数消费者属于两种或两种以上气质类型的混合型，其中某种气质较为突出。营销人员要能够通过细心观察消费者的表现，判断其气质倾向，继而采用不同的营销策略，使交易行为顺利完成。

单元三 消费者的性格特征

一、性格概述

（一）性格的概念

性格是人对现实的稳定的态度以及与之相适应的习惯化了的行为方式。我们在理解这个概念时需要注意以下三点：第一，性格是人的稳定的态度；第二，性格是人的习惯化的行为方式；第三，这里的“态度”与“行为方式”相适应。

（二）性格与气质的关系

性格与气质的区别主要表现在三个方面：第一，从起源上看，气质是先天的，性格是后天的。第二，从可塑性上看，气质的可塑性小，性格的可塑性大。第三，气质所指的典型行为是它的动力特征，与行为内容无关，所以气质没有好坏之分；性格主要是指行为的内容，它表现为个体与社会环境的关系，有好坏、善恶之分。

性格与气质的联系主要表现在四个方面：第一，气质会影响个人性格的形成。第二，气质可以按照自己的动力方式渲染性格特征，从而使性格特征具有独特的色彩。第三，气质会影响性格特征的形成或改造的速度。第四，性格可以在一定程度上掩盖或改变气质，使它服从于生活实践的要求。

（三）性格的类型

相关链接

从乱涂乱画看性格

心理学家们曾经以各自的标准和原则，对性格类型进行了分类，下面是几种有代表性的观点：

（1）按心理机能划分，性格可分为理智型、情绪型和意志型。

（2）按心理活动倾向性划分，性格可分为内倾型和外倾型。

（3）按个体独立性划分，性格可分为独立型、顺从型和反抗型。

同步案例

不同消费者的日常

小丽是个很注意个人形象的姑娘，哪怕是周末出门买菜，她也要精心打扮一番——她要打上粉底、画上眉毛、涂上口红，打扮好之后才能出门。对她来说，去星巴克喝咖啡或者去健身房锻炼都要自拍，这些是她生活的一部分，也是必要的消费仪式。这些小小的仪式让她感觉到自己对生活的重视，可以把普通的一天变得不一样。而赋闲在家的老李，除了照顾孙子之外，去超市排两个小时的队买上一盒便宜的鸡蛋也会让他高兴半天。

问题：为什么要了解消费者的日常生活？

提示：消费者的性格决定了他们的行为和做事风格，而行为又恰恰反映了他们当下的心理活动。因此，观察消费者在生活中的某些惯性行为和态度，不仅可以推测出他们属于何种性格，还可以预测他们的心理倾向，了解他们内心真实的想法。

二、性格的特征

（一）性格的态度特征

性格的态度特征指的是一个人如何处理社会各方面的关系的性格特征，即其对社会、对集体、对工作、对劳动、对他人，以及对待自己的态度的性格特征。良好的态度特征表现为忠于祖国、热爱集体、关心他人、乐于助人、大公无私、正直诚恳、文明礼貌、勤劳节俭、认真负责、谦虚谨慎等；不良的态度特征表现为没有民族气节、对集体和他人漠不关心、自私自利、损人利己、奸诈狡猾、蛮横粗暴、懒惰挥霍、敷衍了事、不负责任、狂妄自大等。

（二）性格的意志特征

性格的意志特征指的是一个人对自己的行为自觉地进行调节的特征。良好的意志特征表现为有远大理想、行动有计划、独立自主、不受别人左右、果断勇敢、坚韧不拔、有毅力、自制力强等；不良的意志特征表现为鼠目寸光、盲目性强、随大流、易受暗示、优柔寡断、放任自流、固执己见、怯懦、任性等。

（三）性格的情绪特征

性格的情绪特征指的是一个人的情绪对其活动的影响，以及这个人对自己情绪的控制能力。良好的情绪特征表现为善于控制自己的情绪，情绪稳定，常常处于积极乐观的心情状态；不良的情绪特征表现为事无大小都容易引起情绪反应，而且情绪对身体、工作和生活的影响较大，意志对情绪的控制能力又比较薄弱，情绪波动大，心境较容易消极悲观。

（四）性格的理智特征

性格的理智特征指的是一个人在认知活动中的性格特征，如认知活动中的独立性和依存性。独立性较强的人能根据自己的任务和兴趣主动地进行观察，善于独立思考；依存性较强的人则容易受到无关因素的干扰，愿意借用现成的答案。又如想象中的现实性。有的人现实感强；有的人则富于幻想。再如思维活动的精确性，有的人能深思熟虑，看问题全面；有的人则缺乏主见，会人云亦云。

相关链接

销售人员见“眉”行事，顾客愉快提车

课堂互动： 性格会影响工作和生活，应如何弥补自己的性格缺陷？

互动要求： 学生结合所学知识进行独立思考，陈述自己的观点；也可以跟同学沟通后回答。

三、不同性格类型的消费者在购物中的表现及营销对策

消费者的性格类型多样，其性格特征会在购买活动过程中表现出来，营销人员只要细心观察、认真揣摩并加以分析，总是会捕捉到消费者性格特征的某些方面。正是因为性格类型不同，所以营销人员需要采取不同的对策，以一种方法来应对所有的消费者是行不通

的，只有摸透不同消费者的性格类型，对症下药，有的放矢地加以引导，才能最终成功完成销售任务。了解消费者的性格类型，营销人员不仅可以轻松地获知他们当前的购买心理，也能最大限度地预测他们下一步的消费倾向。

（一）外倾型消费者

1. 外倾型消费者的性格特征

外倾型消费者往往心直口快、活泼开朗、善于交际，待人也比较随和诚恳。他们善于用语言和肢体动作表达自己的感受，喜欢带着兴趣去做事，情感外露、热情洋溢，而且期待结识新朋友；但当执行计划遥遥无期时，他们可能放弃。外倾型消费者不善独处，难以接受别人的批评。由于过分热心、容易动感情，他们有时会卷入麻烦之中。

外倾型消费者在购买活动中决策速度快，会主动跟营销人员攀谈，喜欢比较热闹、亲切的购物氛围。如果卖家是熟人，他们会以拥抱、拍打等亲密友好的方式表达愉悦感。他们比较善于表达自己的观点，对于美好的东西也很善于赞美。但由于注意力持续时间短，他们对商品的兴趣忽强忽弱，行动上也表现为容易反复。

2. 针对外倾型消费者的营销对策

外倾型消费者是了解产品热情度较高的群体，并且在挑选商品过程中最容易表达自己的喜好。营销人员要能够跟上他们的节奏，说话简洁明快，直接提供详细的商品信息，充分展示商品给其带来的巨大利益，对于他们的疑虑要给予满意的答复，和他们做朋友，当遇到抱怨时，要多听听他们想要表达的重点是什么，然后提供建设性的解决方法。

外倾型消费者喜欢生动、有趣的购物环境，因此营销人员要多制造良好的感官刺激。例如：借助精美的图片、产品相册、POP宣传等吸引他们的眼球。在刺激的呈现方式上，营销人员要给予他们视觉、听觉、触觉、味觉、嗅觉等全方位的感受，力求刺激方式多样化。

（二）内倾型消费者

1. 内倾型消费者的性格特征

内倾型消费者少言寡语，反应较为迟钝，凡事三思而后行；内心感情丰富，待人和善，适应性强，有耐力，注重细节，不愿冒险。

这类消费者在挑选商品时极具耐心、冷静自持、慢条斯理，不喜欢有人在旁边做过多介绍推荐，不容易受到广告的影响，常常根据自己的经验进行判断。在购物环境上，这类消费者喜欢气氛和谐、舒适且没有时间限制的场所。他们的决策速度比较慢，常常犹豫不决。

2. 针对内倾型消费者的营销对策

营销人员要给内倾型消费者足够的空间和时间挑选，不要急于推销介绍，要有耐心地等待消费者得出结论，并准确识别购买信号，例如：询问问题时、长时间专注于某个商品时、独自操作时、反复对比时等。在与内倾型消费者进行沟通时，营销人员要注意打消他们的疑虑，给予圆满的解释；列出商品的优势和不足，给出客观的建议；可以与他们多聊一些身边事，让他们放下戒心与自己交谈。

课堂互动： 性格是外向的好还是内向的好？性格是否会影响一个人的工作成就？

互动要求： 学生结合所学知识进行独立思考，陈述自己的观点；也可以跟同学沟通后回答。

（三）理智型消费者

1. 理智型消费者的性格特征

理智型消费者善于勇敢追求自己感兴趣的事情，处事头脑冷静、思维清晰，常常通过表情和动作来表达自己，善于关注非语言信息。他们个性谨慎含蓄、讲究分寸，喜欢与人保持距离，善于搜集信息，并对信息进行客观分析和判断，不容易受别人的干扰，较少感情用事；但过于追求合理化、完美化，有时会给人吹毛求疵的感觉，应变能力较低，遇到突发情况往往措手不及。

这类消费者在选择商品时有自己的标准，会花较长的时间去搜集产品信息，在进行综合比较判断之前，不会轻易下决定。在购买过程中，这类消费者说话语调平和、语速比较慢，比较冷静，不加感情色彩，会有条不紊地提出他们的问题，问题的逻辑性比较强。

2. 针对理智型消费者的营销对策

理智型消费者往往步履缓慢，双手交叉胸前，不紧不慢地巡视商品，专注力强，目光平静或偶尔皱眉。针对这类消费者，营销人员需要做的是提供更加全面、有说服力的产品信息或可靠数据，如商品的加工过程、工艺以及制造商的真实情况等，以便于他们进行思考分析；尊重他们的购买节奏，给予他们充足的时间进行思考，对他们的分析给予赞赏。另外，营销人员用请求的方式表达自己的意见，可使理智型消费者更加肯定自己的分析判断是正确的，继而促使购买行为发生。

（四）情绪型消费者

1. 情绪型消费者的性格特征

情绪型消费者情感丰富，善于表达，思维活跃，为人处世积极主动；注重感觉，跟着感觉走；决策速度快，行动力强，达成目标的效率也比较高。但他们情绪容易激动，对自己的情绪控制相对较弱，比较敏感，容易产生消极、愤怒的情绪，意志力相对薄弱。

情绪型消费者在挑选商品时容易受到环境及他人的影响，购物活动也依心情而定，情绪高涨时可能立即购买，情绪低落时对于看重的商品也会果断放弃。这类消费者的消费活动往往围绕自己的心情变化进行，对于无法满足的需求会感到失落甚至愤怒。

2. 针对情绪型消费者的营销对策

碰到情绪型消费者，营销人员要了解引起消费者积极情绪的主要因素是什么，把握好消费者所期待的惊喜是什么，有针对性地引发其兴趣点，以满足其需求，促使成交。对于情绪化的消费者，营销人员要多倾听他们的感受，减少对抗性语言，让他们发泄出来，心情好了，问题也就解决了。在沟通中，营销人员要多给予赞美的语言并尊重这类消费者的观点。

（五）意志型消费者

1. 意志型消费者的性格特征

意志型消费者做事稳重，会坚持、努力实施他们认为对的事情；做事讲原则，追求完美，对自己选择的人完全信任；认真负责，思想积极；但有时又显得苛刻又固执，因过于追求完美，往往容易导致紧张和焦虑。

意志型消费者的购买目的性较强，他们有丰富的购买经验，一旦认准目标，即使遇到困难也不会轻易放弃，会想尽办法买到中意的商品。他们在购买活动中喜欢自己掌握购买节奏，不希望别人参与太多。

2. 针对意志型消费者的营销对策

意志型消费者喜欢“鸡蛋里挑骨头”，其实他们的目的很简单——既想买到优质的商品，又想追求价格实惠。因此，营销人员要做好充分的准备，迎接他们的质疑，并能逐渐打消他们的疑虑，在沟通过程中，尊重和倾听他们的想法，用逻辑性强的语言、专业的知识去说服他们。

（六）独立型消费者

1. 独立型消费者的性格特征

独立型的人，无论做什么事情，都喜欢亲力亲为，不喜欢求助他人，执着于“自己动手，丰衣足食”。他们动手能力强，忠于实践，具有较强的创造性。当然，独立型人格也存在一些不足，比如偏重于实际，往往容易忽视大局。

具有独立型性格的人，自身有着非常要强的性格特征，面对生活的未知，或者自身执意要做的事情时，无论别人的意见是怎样的，这类人都会坚持去做完，甚至就算别人用激烈的言辞反对自己的行为也毫不在乎。

独立型消费者因为积极、自信、做事果断，所以在消费时有时会盛气凌人，多次询问、多次试用，希望自己的要求不会遭到拒绝。在购买活动中，他们能独立挑选商品，购买经验丰富，不易受商品广告和营销人员的商品介绍影响，遇到了认准的商品时，会迅速购买。

2. 针对独立型消费者的营销对策

独立型消费者要求比较多，对自己的判断比较自信，因此，营销人员要有耐心，准确把握独立型消费者的“傲娇心态”，以短平快的方式解决消费者的异议，催生其好奇心。

（七）顺从型消费者

1. 顺从型消费者的性格特征

顺从型的人独立性差，易受暗示，容易不加批判地接受别人的意见，按照别人的意见去办事，在紧急或困难的情况下表现得惊慌失措。

顺从型消费者在购买过程中，常常注意其他消费者对商品的购买态度和购买方式，会主动听取营销人员的商品分析和他人的意见，从众心理比较明显，人买亦买，自己缺少主见。比如：购物时喜欢到人多的商店；在选择品牌时，偏向那些市场占有率高的品牌；在选择旅游景点时，偏向热门城市和热门路线。

2. 针对顺从型消费者的营销对策

顺从型消费者大多有从众心理，在接待此类消费者时，营销人员可多用销售记录、售后反馈打动他，也可巧用心理暗示给消费者营造积极购买情境，充分利用“客户分享”的影响力；增加接触，增强好感。

（八）反抗型消费者

1. 反抗型消费者的性格特征

反抗型消费者，也可称为反感型消费者。反抗型消费者在购买过程中容易产生带有反感情绪的购买行为。具有此类购买行为的消费者具有高度的情绪易感性，对于外界环境的细小变化都能有所警觉，显得性情怪僻、多愁善感。在购买过程中他们往往不能忍受别人的意见和主意，对营销人员的介绍异常警觉，抱有不信任的态度，甚至露出讥讽的笑容与神态。

这类消费者的防御心理很重，一旦有人向他们推销，他们往往会说：“我不需要，我没需求，我不要!”

2. 针对反抗型消费者的营销对策

当消费者对营销人员第一反应是反对的时候，营销人员就不能直接进行推销了。从侧面进行沟通是个不错的选择，比如去了解消费者的生活状态、兴趣爱好，先尝试和消费者找到一个共同的话题，从普通的微信好友、朋友做起，一步一步达成销售。营销人员不能一上来就表现出很强的目的性，这样就无法再进行后面的沟通了。

单元四 消费者的能力

一、能力概述

（一）能力的概念

能力是指人顺利完成某种活动的一种心理特征。能力、气质和性格，这三者相互联系、相互影响、相互作用。其中，能力是直接影响活动效率，使活动顺利完成的个性心理特征。在理解这个概念时需要注意以下三点：第一，能力与活动紧密相连，离开了具体活动，既不能表现人的能力，也不能发展人的能力。第二，能力直接影响活动效率，一般而言，效率与能力是成正比的。第三，能力属于个性心理特征。

（二）能力的类型

1. 一般能力和特殊能力

按照能力的倾向性，我们可以把能力分为一般能力和特殊能力。

一般能力是指观察、记忆、思维、想象等能力，通常也叫智力，它是人们完成任何活动都不可缺少的，是能力中最主要且最一般的部分。

特殊能力是指人们从事特殊职业或专业需要的能力，如语言表达能力、运算能力、鉴赏能力、音乐能力、绘画能力等。人们从事任何一项专业性活动既需要一般能力，也需要特殊能力，二者的发展也是相互促进的。

2. 模仿能力和创造能力

按照从事活动时创造性程度的高低，我们可以把能力分为模仿能力和创造能力。

模仿能力是指通过观察别人的行为、活动来学习各种知识，然后以相同的方式做出反应的能力。

创造能力又称创新能力，是指人们产生新思想、发现和创造新事物的能力，它是人们超越原有模式进行思考和解决问题的能力。创造能力具有独特性、变通性、创新性和流畅性等特点，是成功进行和完成某种创造性活动所必需的条件。

3. 认识能力、操作能力和社交能力

按照能力的功能，我们可以把能力分为认知能力、操作能力和社交能力。

认知能力是指接收、加工、储存和应用信息的能力，它是人们成功地完成活动最重要的心理条件。知觉、记忆、注意、思维和想象的能力都被认为是认知能力。美国心理学家罗伯特·米尔斯·加涅（Robert Mills Gagne）提出三种认知能力：言语信息（回答世界是什么的问题的能力）、智慧技能（回答为什么和怎么办的问题的能力）、认知策略（有意识地调节与监控自己的认知加工过程的能力）。

操作能力是指操纵、制作和运动的能力。劳动能力、艺术表现能力、体育运动能力、实验操作能力等都被认为是操作能力。操作能力是在操作技能的基础上发展起来的，它又成为顺利掌握操作技能的重要条件。认知能力和操作能力紧密地联系着。认知能力中必然有操作能力，操作能力中也一定有认知能力。

社交能力是指人们在社会交往活动中所表现出来的能力。组织管理能力、言语感染能力等都被认为是社交能力。

二、能力的差异

（一）能力的类型差异

能力的类型差异是指人的能力在类别上以及在同类中的不同能力之间的差别。例如：有的人一般能力较强，但在某些专业方面的特殊能力较弱；有的人认知能力较强，观察能力也比较强，但记忆能力较弱。

另外，人的特殊能力的差异也很明显。例如：有文学才能的人，具有敏锐而又深刻的观察自然和社会的能力、丰富的想象力、较强的语言表达能力等；而具有音乐才能的人，则是具有敏锐的音乐感觉能力、较强的听觉表象记忆能力等。

（二）能力的水平差异

在一般能力方面，能力的水平差异主要是指智力发展水平的差异。心理学家通过大量研究得出一个共同的结论，即智力的个别差异在一般人中呈常态曲线分布：68%的人的智商在85～115，他们的智力属于中等水平；智商超过140的人属于智力超常；智商低于70的人属于智力障碍。在特殊能力方面，具有同一种特殊能力的人，其水平也有明显的差异。

（三）能力的年龄差异

能力的年龄差异，即能力表现早晚的差异。有的人在儿童时期就显露出非凡的智力和特殊能力，属于才华早露，或称早慧。古今中外，能力早慧者不胜枚举，例如：奥地利作曲家莫扎特5岁就创作了他的第一首乐曲，8岁就举办了独奏音乐会。“初唐四杰”之一的王勃10岁能作赋，年纪轻轻就写出著名的《滕王阁序》。除了才华早露之外，也有大器晚成的例子。例如：我国的画家齐白石，本来长期做木匠，40多岁才显露绘画才能，成为著名的国画家；我国明代医学家李时珍在60多岁时才写成《本草纲目》。

（四）能力的体力差异

能力的体力差异，主要表现在年龄、性别以及后天修为等方面均相同，而由于身体的生理素质存在差异，致使人的能力的发挥出现差异。我们耳熟能详的“身体是革命的本钱”，说的就是这个道理。

课堂互动： 良好的性格能弥补能力的不足吗？为什么？

互动要求： 学生结合所学知识进行独立思考，陈述自己的观点；也可以跟同学沟通后回答。

三、消费者的能力在营销活动中的作用

消费者的能力有差异，并影响其购买行为。消费者从事消费活动所需要的能力主要表现在对商品的认知能力、评价能力、选购商品时的决策能力及消费者对自身权益的保护能力等方面。

消费者在购物活动中的能力有差异，有的消费者购买能力比较强，能够比较轻松地买到自己满意的商品，营销人员只需要提供辅助帮助就行；但有的消费者购买能力比较弱，营销人员要讲职业道德，不能利用消费者的能力弱项推销伪劣商品，欺诈消费者。

模块小结

消费者个性心理特征可以从气质、性格、能力三方面进行探讨。气质是受先天影响的，主要分为胆汁质、多血质、黏液质、抑郁质四种类型；性格主要受后天影响，有的性格外倾，有的性格内倾，无论是哪种性格，都不影响一个人的成就；消费者在购物活动中的能力表现也会不同，营销人员不能利用消费者的能力弱项欺诈消费者。通过研究消费者气质、性格和能力，营销人员可以实施有针对性的营销策略。

思考与练习

一、单选题

1. 个性是具有一定（　　）的心理特征的总和。

A. 倾向性　　B. 特定性　　C. 特殊性　　D. 指向性

2. 个性就是个性心理的（　　）。

A. 别称　　B. 简称　　C. 意思　　D. 专称

3. 个性心理特征包括人的气质、性格和（　　）。

A. 努力　　B. 智力　　C. 能力　　D. 活力

4. 能力是指人顺利完成某种活动的一种心理（　　）。

A. 特征　　B. 特点　　C. 状态　　D. 过程

5. 有的人智商水平比较高，有的人智商水平比较低，这说明能力的（　　）具有差异。

A. 类型　　B. 年龄　　C. 水平　　D. 体力

二、多选题

1. 气质有哪些类型？（　　）

A. 胆汁质　　B. 多血质　　C. 黏液质　　D. 抑郁质

2. 下列属于个性特点的有（　　）。

A. 社会性　　B. 稳定性　　C. 独特性　　D. 多样性

3. 下列属于多血质气质类型的特点有（　　）。

A. 兴奋度高　　B. 活泼好动　　C. 不善交际　　D. 容易适应环境

4. 性格具有（　　）特征。

A. 态度特征　　B. 意志特征　　C. 情绪特征　　D. 理智特征

5. 理智型消费者的特点是（　　）。

A. 语调平和　　B. 语速慢　　C. 冷静　　D. 情绪化

三、判断题

1. 性格无好坏、对错之分。（　　）

2. 气质受先天的、遗传的因素影响比较大。（　　）

3. 气质不会影响性格的形成。（　　）

4. 胆汁质的人不善交际。（　　）

5. 黏液质的人做事容易粗枝大叶。（　　）

四、简答题

1. 试述四种气质类型的特点。

2. 试述针对不同气质类型的消费者的营销对策。

3. 试述针对不同性格的消费者的营销对策。

4. 消费者的能力有哪些差异？

能力培养与训练

一、营销思维训练

（一）案例分析

看戏迟到的四个人

买过票的消费者在赶到剧院时，被检票员告知：“你迟到了，节目已经开始了，不能再入场了。”这时，不同气质类型的消费者会有不同的表现。

第一种消费者：赶来之后，对于自己的迟到带有怒气，想要进去的心情十分迫切，当检票员坚持不让进时，通常会生气暴躁，与检票员发生争执。

第二种消费者：当匆匆赶来发现迟到时，通常会和检票员套近乎，变得熟络之后，再想办法进去看节目。

第三种消费者：当知道自己迟到了不能进的时候，会乖乖遵守检票员的要求，不进去观看，默默地回家。

第四种消费者：当匆匆赶来发现迟到时，会伤春悲秋，倍感伤心难过，感觉什么事情都不顺利。

[问题思考]

1. 上述四种消费者分别倾向于哪种气质类型？

2. 如果你要接待这四种消费者，你应该怎么做？

（二）气质类型测试

按照以下气质类型测试量表（见表 3-1）对自己的气质类型进行测试。你测试的结果是属于哪种气质类型？这种气质类型有什么特点？

先进行自我性格特点评价，再邀请一位你最信任的同学或朋友对你的性格进行评价，让他说说你的性格特点。

你对自己的性格评价与朋友的评价是否一致？如有差距，你认为差距的原因是什么？

表 3-1 气质类型测试量表

指导语：下面这些问题都和你在学校、家里的行为有关，请你回忆自己过去半年以来的表现，和下面的 60 种情形比较一下，每题后面有 5 个数字，它们的意思是：
“1”表示该题所说情况与你自己的情况完全不符合；
“2”表示该题所说情况与你自己情况的符合程度是 20%～30%；
“3”表示该题所说情况与你自己情况的符合程度是 50%左右；
“4”表示该题所说情况与你自己情况的符合程度是 70%～80%；
“5”表示该题所说情况与你自己情况的符合程度是 100%。
请你根据这个标准，在每题后面选择一个数字，并用一个圆圈把它圈起来。

情形	完全不符合←——→完全符合				
1. 遇到可气的事就怒气冲天，想把心里话全说出来。	1	2	3	4	5
2. 到一个新环境很快能适应。	1	2	3	4	5
3. 做事力求稳妥，不做无把握的事。	1	2	3	4	5
4. 讨厌那些强烈的刺激，如尖叫、噪声和危险镜头等。	1	2	3	4	5
5. 和别人争吵时爱先发制人，喜欢挑衅。	1	2	3	4	5
6. 善于与人交往。	1	2	3	4	5
7. 喜欢安静的环境。	1	2	3	4	5
8. 遇到陌生人感到拘谨。	1	2	3	4	5

续表

情形	完全不符合←→完全符合				
9. 羡慕那些善于克制自己感情的人。	1	2	3	4	5
10. 感兴趣的事情干起来劲头十足，否则就不想干。	1	2	3	4	5
11. 生活有规律，很少违反作息规律。	1	2	3	4	5
12. 遇到问题优柔寡断，举棋不定。	1	2	3	4	5
13. 做事有旺盛的精力。	1	2	3	4	5
14. 在人群中不觉得拘谨。	1	2	3	4	5
15. 遇到生气的事能很好地克制自己。	1	2	3	4	5
16. 遇到危险情况会感到非常恐惧。	1	2	3	4	5
17. 情绪高，做什么都有趣；情绪低，做什么都没劲。	1	2	3	4	5
18. 理解问题比别人快。	1	2	3	4	5
19. 能控制自己的感情，不发脾气。	1	2	3	4	5
20. 一点小事就引起情绪波动。	1	2	3	4	5
21. 对学习、工作有热情。	1	2	3	4	5
22. 讨厌那些需要耐心、细致的工作。	1	2	3	4	5
23. 能长时间做枯燥、单调的工作。	1	2	3	4	5
24. 爱看情感细腻、描写人物内心活动的文学作品。	1	2	3	4	5
25. 喜欢参加气氛热烈的活动。	1	2	3	4	5
26. 做事不沉着，缺乏耐性。	1	2	3	4	5
27. 走到哪里都能遵守纪律。	1	2	3	4	5
28. 经常感到闷闷不乐。	1	2	3	4	5
29. 喜欢坦率、大声地和别人谈话，不喜欢窃窃私语。	1	2	3	4	5
30. 疲倦时只要短时间休息就能恢复过来。	1	2	3	4	5
31. 不喜欢长时间谈论一个问题，喜欢动手做。	1	2	3	4	5
32. 心里有事宁愿自己想，也不愿说出来。	1	2	3	4	5
33. 认准一个目标就希望尽快实现，不达目的不罢休。	1	2	3	4	5
34. 能很快地忘掉不愉快的事。	1	2	3	4	5
35. 理解问题比别人慢。	1	2	3	4	5
36. 学习、工作一段时间后比别人更疲倦。	1	2	3	4	5
37. 做事有些莽撞，不考虑后果。	1	2	3	4	5
38. 喜欢讲笑话和滑稽有趣的事。	1	2	3	4	5
39. 老师讲新课时，希望他讲慢些，多重复几遍。	1	2	3	4	5
40. 做事情比别人花的时间多。	1	2	3	4	5
41. 喜欢运动量大的、剧烈的体育文娱活动。	1	2	3	4	5
42. 能同时注意几个事物。	1	2	3	4	5
43. 能很快地把注意力从一件事转移到另一件事。	1	2	3	4	5

续表

情形	完全不符合←——→完全符合				
44. 对不愉快的事情总是忘不掉。	1	2	3	4	5
45. 勇敢而精力充沛。	1	2	3	4	5
46. 愿做变化大、花样多的数学习题。	1	2	3	4	5
47. 认为墨守成规比冒风险强。	1	2	3	4	5
48. 喜欢复习学过的知识，重复做已经掌握的工作。	1	2	3	4	5
49. 喜欢参加各种活动并在活动中当领导者。	1	2	3	4	5
50. 情绪经常是乐观、开朗的。	1	2	3	4	5
51. 对学习一向持认真严谨、始终一贯的态度。	1	2	3	4	5
52. 腼腆、害羞、爱脸红。	1	2	3	4	5
53. 无意中常常出语伤人。	1	2	3	4	5
54. 假如学习枯燥无味，马上就会情绪低落。	1	2	3	4	5
55. 做事善始善终。	1	2	3	4	5
56. 遇事常常感到惊慌失措。	1	2	3	4	5
57. 遇到兴奋的事，比别人更容易失眠。	1	2	3	4	5
58. 反应敏捷，头脑机智。	1	2	3	4	5
59. 喜欢不太复杂但推理严密的数学题。	1	2	3	4	5
60. 老师讲新概念常听不懂，但懂了以后很难忘记。	1	2	3	4	5

计分方法：

（1）把 60 题的得分填入表 3－2。

表 3－2　气质类型测试量表计分表

气质类型	得分															总分
胆汁质	1	5	9	13	17	21	25	29	33	37	41	45	49	53	57	
多血质	2	6	10	14	18	22	26	30	34	38	42	46	50	54	58	
黏液质	3	7	11	15	19	23	27	31	35	39	43	47	51	55	59	
抑郁质	4	8	12	16	20	24	28	32	36	40	44	48	52	56	60	

（2）量表的常模。

我们每个人身上都可能表现出四种气质类型的某些特征，这四种类型是不能完全分开的，实际上，从巴甫洛夫对四种神经类型的特点描述中也可看出，四种类型之间有某种程度的交叉。因此，我们不能说“某个人绝对属于某种气质类型”，我们只能说“某个人在四种气质类型的某一种或某两种上表现比较突出”。

根据自己测算的分数，对照表 3-3，判断自己属于哪种气质类型。

表 3-3　气质类型测试量表常模

气质类型	很不明显	比较不明显	中等	比较明显	很明显
胆汁质					
男	15～40	41～47	48～54	55～61	62～75
女	15～41	42～47	48～54	55～60	61～75
多血质					
男	15～37	38～44	45～52	53～59	60～75
女	15～37	38～44	45～52	53～59	60～75
黏液质					
男	15～42	43～48	49～55	56～61	62～75
女	15～41	42～47	48～54	55～60	61～75
抑郁质					
男	15～43	44～49	50～56	57～62	63～75
女	15～44	45～50	51～56	57～62	63～75

(3) 根据常模对得分进行评价。

每个受测者都可以得到四个分数，即胆汁质分数、多血质分数、黏液质分数和抑郁质分数。

如果在这四个分数中，有一个达到了“比较明显”或“很明显”的水平，而其他三个分数都未达到这两个水平，我们就可以说，这个受测者在某一个气质类型上比较突出。例如：一个受测者（男，18 岁）得分分别是胆汁质 44 分、多血质 40 分、黏液质 43 分、抑郁质 58 分，前三个得分都处于“比较不明显”水平，而抑郁质得分处于“比较明显”水平，因此，可以说他的抑郁质特征最为突出。

如果受测者在两种类型上的得分都达到了“比较明显”或“很明显”水平，另外两种类型上的得分未达到“比较明显”或“很明显”水平，则可以说其属于两种类型的混合型。较常见的混合型有：胆汁质-多血质混合型，胆汁质-抑郁质混合型，多血质-黏液质混合型和黏液质-抑郁质混合型，而多血质-抑郁质混合型比较少见。例如：一个受测者（女，17 岁）得分分别是胆汁质 60 分（比较明显）、多血质 48 分（中等）、黏液质 54 分（中等）、抑郁质 57 分（比较明显），可以认为她属于胆汁质-抑郁质混合型，但胆汁质特征稍明显。

如果受测者的四个分数都没有达到“比较明显”或“很明显”水平，但是有三种类型的得分都达到了“很不明显”或“比较不明显”水平，第四种达到了“中等”水平，我们也可以认为其属于第四种类型。

如果受测者的四个分数都处于“比较明显”或“很明显”的水平，或者四个分数都达到“中等”水平，而且四个分数的绝对值差别很小（不超过 4 分），一般情况下，这是因为受测者本人错误的报告，这时，受测者应该认真地重新填写量表，或者由其周围的、熟悉受测者的人帮助受测者判断。例如：一个受测者（女，18岁）得分分别是胆汁质45分（比较不明显）、多血质49分（中等）、黏液质48分（中等）、抑郁质49分（比较不明显），我们就很难判断其属于哪种类型，一般而言这样的填写是无效的。

二、实战演练

［演练内容］

依托8种性格类型，小组任选一种性格类型编制情景剧剧本，要求突出消费者性格类型及营销人员接待技巧，运用针对性营销策略，最终完成交易。课下进行情景剧演练，课上按小组进行情景剧表演。表演流程：开场问候、介绍团队分工、情境模拟、进行总结、致谢。

［考核评价］

详见表3-4。

表3-4　考核评价

项目	评价标准	分数
内容完成	能按要求完成情景剧剧本，模拟剧本情境设计有创意、可操作性强	30
语言表达	口齿清晰、语言流畅、思路清晰	20
角色匹配	角色扮演能体现消费者性格特征，接待不同性格的消费者技巧有针对性	20
模拟自然	模拟真实，扮演真实自然，不能太合作或太不合作，能表现客户对于推销以及陌生人的防范心理	20
团队精神	分工协作，合作意识强，体现出团队精神	10
合计		100

模块四　消费者购买过程中的心理活动

消费者的购买行为是由一系列环节、要素构成的心理活动过程。在这一过程中，消费者需求是购买行为产生的前提，而购买决策最终起主导作用。深入研究消费者需求理论、购买动机理论、购买决策的程序和原则、购买行为的过程与类型，有助于全面把握消费者心理的特点与规律。

模块结构

- 消费者购买过程中的心理活动
  - 消费者的需要
    - 消费者需要的特征与类别
    - 消费需要对购买行为的影响
    - 需要层次理论
  - 消费者的动机
    - 动机的概念
    - 需要、动机和行为
    - 动机对购买行为的作用
    - 购买动机的特点
    - 消费者购买动机的类型及表现形式
    - 消费者动机的激发
  - 消费者的购买决策
    - 消费者购买决策内容
    - 消费者购买决策过程
  - 消费者的购买行为
    - 消费者购买行为的含义、特征和类型
    - 消费者购买行为的心理活动过程

学习目标

知识目标：通过本模块的学习，了解消费者需求理论中的需要、动机在消费者购买过程中的作用；掌握消费者购买过程中的心理活动。

能力目标：能够正确发现、认识消费者的需要和动机，能够有效针对消费者的购买决策和购买行为开展营销活动。

素质目标：能够从消费者需求出发，根据消费者的不同需要，做好消费动机的激发和诱导，满足不同层次消费者的需求，实现岗位价值。

案例导入

电脑店义举：帮老人下载歌曲，获 21 台电脑订单

这一幕发生在河南郑州某电脑店。这位老人想要找人为自己下载一些戏曲，这要是在以前，会有人专门做这样的生意，不过随着社会的发展，现在恐怕已经没有人认为“MP3 下载”依然是一门生意了，以至于这位老人转悠了大半个商场也没有找到可以为自己下载戏曲的人。老人在经过这家电脑店的时候犹豫了一下，但还是抱着试试看的心态走了进去。

其实这家电脑店也没有下载歌曲的业务，但是在了解了老人的需求之后，电脑店的员工想着自己刚好有空，于是就忙里偷闲，给老人下载了一些戏曲。下载好之后，老人非要付钱，但是被这位员工拒绝了。令这位员工没有想到的是，一周后这位老人又来了，还带来了一位年轻人。

电脑店员工以为老人又要下载戏曲了，不料老人说自己的孙子想要买一些电脑。令这位员工没想到的是，老人的孙子是为他的单位来采购电脑的，而且一次就是 21 台。21 台电脑，价值近 5 万元，这可是一笔不小的生意。

问题：是什么打动了这位老人？老人的购买动机是什么？

提示：无心插柳柳成荫，无意间的一个小动作也许会带来意想不到的收获。作为销售人员，无论是在销售，还是在人际交往中，如果想要让别人接纳你，第一印象十分重要，这就是首因效应。首先，这位店员愿意帮助一位老人做一些与业务无关的事情，就给消费者留下了良好的第一印象，消费者认为这位店员是个热心的人。其次，这位店员不仅帮助了消费者，而且在消费者愿意付费购买这份帮助的时候，没有要求回报，这种行为在消费者眼中就意味着可靠、值得信任。维系人与人之间的情谊，最要紧的不在于言语或行为，而在于“本性”——真诚友善。良好的第一印象加上值得信赖的品质，是这位店员打动消费者的主要原因。这位老人带着孙子来买 21 台电脑，是信任动机在推动她的行为。

单元一 消费者的需要

研究消费者行为，首先要回答人们为什么要消费，为什么要到不同的购物场所去购买不同的商品，怎样才能使消费者满意等，这就涉及消费者的需求和动机问题。消费者的需

求和动机是消费者行为的原动力，是影响消费者心理及行为的重要因素。不了解消费者的需求和动机，便无从理解消费者的心理，更谈不上预测和引导消费者的行为。

一、消费者需要的特征与类别

人是自然属性和社会属性的统一体，对自身和外部生活条件有各种各样的要求。某种生理或心理因素缺乏，就会导致生理或心理上的匮乏状态。当这种匮乏状态达到一定程度必须进行调节时，个体就会感到需要的存在，进而产生恢复平衡的要求。首先，是生理平衡。人体内必须不断补充一定的物质和能量才能生存，如食物、水、热量等。其次，是心理平衡。人的生理失调主要取决于有机体内部的刺激，而心理失调主要取决于有机体外部的刺激，这种外部刺激既有物质的，也有精神的。当心理失去平衡时，个体就会产生心理上的需要，如爱的需要、求知的需要、审美的需要等。可见，需要是个体缺乏某种东西时的一种主观状态，它是客观需要的反映。

人有需要，就必然去追求、去争取、去努力。因此，正如一些心理学家所说，需要是积极性的源泉，需要是被人感受到的一定的生活和发展条件的必要性，需要激发人的积极性，需要是人的思想活动的基本动力。

需要和需求在应用时容易被混淆，其实它们是分属心理学和经济学的两个不同的概念。首先，需求（Demand）是指市场需求，是既有愿望又有支付能力的需要，如果没有支付能力，则不能将需要称为需求；需要（Need）是指人们对某种东西感到缺失的一种心理状态。其次，需求是对应供给而言的，供需关系是研究市场经济的核心工具；而需要是一种心理状态。最后，需求是客观的；需要则是主观的，是对客观需求的一种主观映像，是一种主观意识。

（一）消费者需要的特征

随着社会生产、科学技术和文化艺术的不断发展，消费者的需要也将不断被激发和被推进。消费者的这些丰富多彩的需要，具有以下共同的特点：

1. 消费者需要的对象性

人们的需要总是指向某种具体的事物。换句话说，需要总是和满足需要的目标联系在一起。例如：人饿了就要吃东西，渴了就要喝水。需要一旦实现，总能给人带来生理或心理上的满足。离开了目标和对象，就无从观察和研究人是否具有某种需要。

2. 消费者需要的无限性

在消费活动中，消费者的需要是不会因暂时的满足而停滞或消失的。当旧的需要得到满足后，新的需要就会随之产生，如此周而复始，连绵不绝。因为新陈代谢，消费者对食物的需要会一直维持到生命的终结。由于社会的进步和消费者消费意识的改变，过去的消费环境、服务方式不再具有满足人们求新、求美的功能，这时，消费者就会对消费环境、服务方式等提出新的要求。消费者的这种不断发展变化的心理需要，是追求美好生活的原动力，并促使商品经营者在商品质量、品种，以及服务手段、方式上不断创新，推动着消费品市场不断向前发展。

3. 消费者需要的层次性

由于消费者在民族习俗、宗教信仰、性格气质、能力素质、文化程度、审美情趣、性别年龄、收入水平、消费目的等方面存在着差异，因此在消费品的需要及满足需要的方式等方面存在着多层次性，呈现因人而异的现象。不同的消费者对购物条件、服务方式、服务态度有不同的要求。与之相对应，商场经营的同类商品也应高、中、低档合理配套。另外，经营品种、服务项目要齐全和富有特色、接待服务方法要区别对象，不可千篇一律地以固定的模式接待所有的消费者，否则就不能满足不同层次消费者的不同需要。

4. 消费者需要的可变性

消费者需要的产生、发展和变化，同现实的生活环境、消费环境有着密切的联系。消费观念的更新、社会时尚的变化、人际交往的启迪、工作环境的改变、文化艺术的熏陶、广告宣传的诱导、消费现场的刺激、服务态度的感召等，都会不同程度地使消费者的兴趣发生转移，并不断产生新的消费需要。潜在的需要会变成现实的行为，未来的消费会提前寻求实现的途径，微弱的愿望会转化为强烈的需求。总之，消费者的消费需要是可以通过各种媒介，运用各种方法加以启发和引导的，并最终使消费者的消费需要发生变化。

5. 消费者需要的发展性

消费者的需要随着社会生产力的发展和物质、文化生活水平的提高而不断发展。这不仅体现在消费需要的标准不断提高上，而且体现在消费需要的种类日益复杂、多样上。消费者需要的发展性在现实生活中随处可见，例如：现在正在流行的某类时装，过了一段时间后就可能成为过时的商品而遭淘汰；人们原来的许多潜在需要，由于条件成熟已经变成了现实需要，当然同时会产生新的潜在需要。

同步案例

"结婚三大件"的历史变迁

"结婚三大件"的历史变迁详见图4-1。

问题：从我国各时代"结婚三大件"的历史变迁，思考我国消费者需要的变化趋势。

提示：不同年代的"结婚三大件"的变化证实了消费者需要的发展性特点。消费者的需要不是一成不变的，而是会随着环境改变、时间改变、条件改变而发生变化。因此，营销人员要善于发现消费者需要的变化趋势，继而把握消费主流。

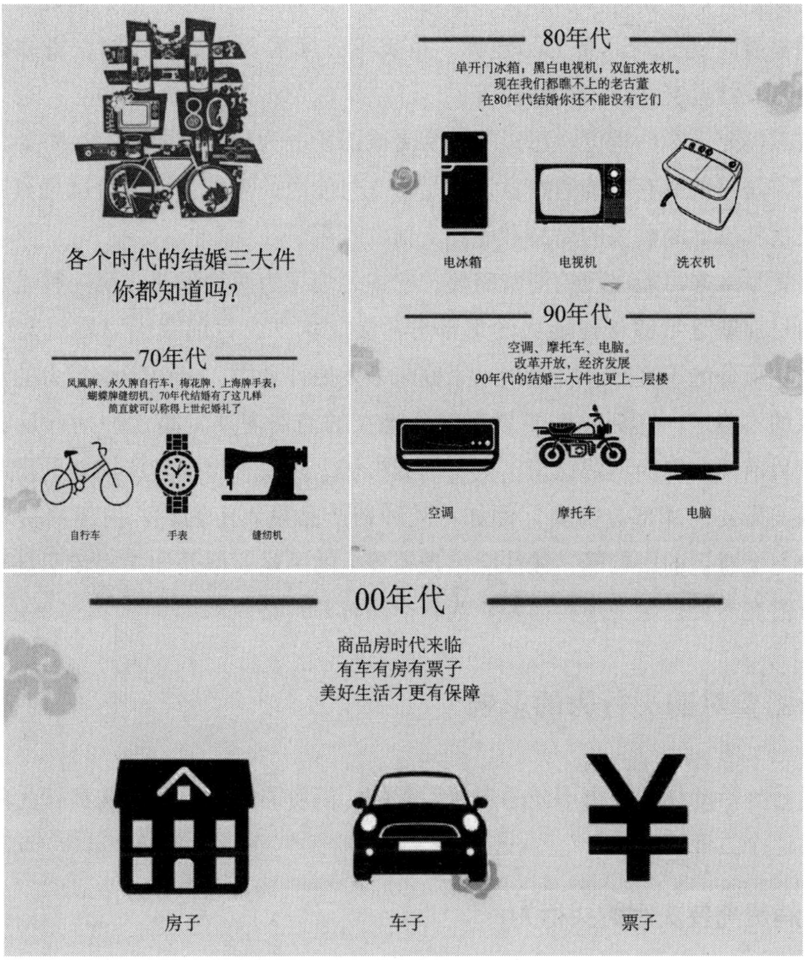

图 4－1 “结婚三大件”的历史变迁

（二）消费者需要的类别

消费者的需要可以从不同的角度来加以分类：

（1）按照需要的起源，可以把消费者的需要分为天然性需要和社会性需要。

天然性需要是人类最根本、最原始的需要，是人类为了维持生存所必需的衣、食、住、行等方面的需要。它同生理需要是一致的。

社会性需要是指人为了维持社会生活进行社会生产和社会交际而形成的需要。它是在人类社会历史发展过程中形成的，并且受到社会生产和社会生活条件的制约，是人类特有的高级需要。

（2）按照需要的对象，可以把消费者的需要分为物质需要和精神需要。

物质需要是人类对衣、食、住、行及社会交往中所需要的物质产品的需要。它是人类社会的基础，也是人的最基本、最重要的需要，既包括天然性需要，也包括不断发展的社会性需要。需要的满足是通过物质对象来完成的。

精神需要是人们对精神生活和社会交往中所需的有形或无形产品的需要。它是人类所具有的心理需要，是人对其智力、道德、审美等方面需要的反映，如获得知识、提高技能、寻找爱情、社会交往、陶冶情操等。

（3）按照需要实现的程度，可以把消费者的需要分为现实需要和潜在需要。

现实需要是目前具有明确消费意识和足够支付能力的需要。一般可以理解为消费者在进入商店之前就已计划购买的商品和愿意支付的费用。

潜在需要是未来可能出现的消费需要。它主要表现为两种形式：第一种是具有明确消费意识，但目前缺乏足够支付能力的那部分需要。例如：目前我国家庭对宽敞住房的需要，有相当一部分的家庭已经将它列入家庭未来发展计划中，但由于购买力的限制及对自己预期收入的不确定，这部分需要就表现为潜在的消费需要。第二种是有足够的支付能力，但由于目前消费者的消费意识不太明确或市场上还没有出现其所期望的产品，因此还没有形成现实需要的那部分需要。例如：某种新产品投入市场时，由于消费者对它不了解，再加上习惯意识的影响等，往往会出现销售上的困难，但是如果宣传引导得当，会很快把这部分潜在需要转化为现实需要，为新产品打开销路。

二、消费需要对购买行为的影响

人们的行为活动往往是由不同的需要引起的。消费需要对消费者购买行为的影响主要表现在以下三个方面：

（一）消费需要决定购买行为

消费者由于受内在或外在因素的影响，在产生某种需要时，会形成一种紧张状态，成为其内在的驱动力，这就是购买动机，它引发人们的购买行为。当购买行为完成、需要得到满足时，动机自然消失，但新的需要又随之产生，再形成新的购买动机，引发新的购买行为。由此可见，消费者的购买行为是在其需要的驱使下进行的。从这个意义上说，消费需要决定购买行为。

（二）消费需要的强度决定购买行为实现的程度

一般情况下，需要越迫切、越强烈，购买行为实现的可能性就越大；反之，需要不迫切、不强烈，购买行为就可能推迟甚至不发生。例如：对一个没有鞋穿的人来说，第一双鞋对他的使用价值最大，也许走进一家商店，只要看到能穿的鞋他就会买下来，而对鞋的式样、颜色、价格、质量等要求并不高。但买了鞋以后，他对鞋的需要就不那么迫切了，鞋的使用价值对他来说就不那么重要了，也许他还会产生买鞋的需要，但需要的迫切性大大降低，这时他要考虑价格、质量、式样等各方面的因素，因而购买行为就不容易实现。

（三）需要水平不同影响消费者的购买行为

发达国家的消费水平相对较高，消费者购买食品的费用在整个购买费用中所占比例比较小；而发展水平低的国家，情况正相反。这就是著名的恩格尔定律。其内容是：随着家庭收入的增加，人们在食品方面的支出在收入中所占比例就越小，用于文化、娱乐、卫生、劳务等方面的支出所占比例就越大。

课堂互动：2023 年春天，一句“青春没有售价，泰山就在脚下”，吸引了大量年轻人开启了特种兵式旅游。对于这种行为，你怎么看？

互动要求：学生结合所学知识进行独立思考，陈述自己的观点；也可以跟同学沟通后回答。

三、需要层次理论

人类的需要一直是心理学家研究的对象，并产生了有关需要的不同理论。其中，马斯洛的需要层次理论影响较大。美国人本主义心理学家亚伯拉罕·马斯洛（Abraham H. Maslow）于 1943 年提出了需要层次理论。这一理论几十年来流传甚广，是国外心理学家试图解释需要规律的主要理论。马斯洛把人类行为的动力从理论上和原则上做了系统的整理，提出了关于人类需要的最著名的理论之一。马斯洛把人的多种多样的需要归纳为五类，并按照它们发生的先后顺序分为五个等级，如图 4－2 所示。

在马斯洛看来，只有当低层次的需要得到满足之后，高层次的需要才能到来。但任何一个层次需要并不因为下一个高层次需要的出现而消失，只是在高层次需要产生后，低层次需要对行为的影响变小而已。各层次的需要呈现相互依赖与重叠的关系。

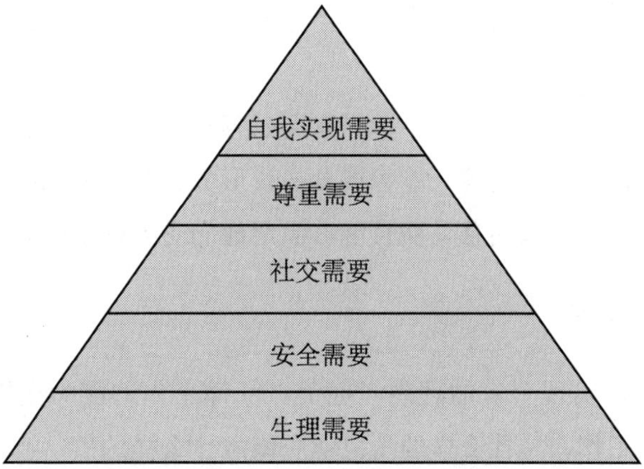

图 4－2 马斯洛的需要层次理论

（一）生理需要

这是人类最原始的基本需要，包括饥、渴、性和其他生理机能的需要，它是推动人类行动的最强大动力。马斯洛认为人的生理需要是最重要的，只要这一需要还没得到满足，他就会无视其他需要或把其他的需要搁置一边。

（二）安全需要

当生理需要得到满足后，人就会产生满足安全的需要，要求获得生命和财产安全，要求避免职业病的侵袭，希望解除严酷监督的威胁，要求避免意外事件的发生等。马斯洛认为整个有机体是一个追求安全的机制，人的感受器、效应器、智能和其他能量主要是寻求安全的工具。人们的这些需要在消费活动中处处可以表现出来。例如：人们买电器时首先要看它的安全性能是否可靠，外出旅游时希望有人身保险等。

（三）社交需要

马斯洛认为社交需要包括两方面的内容：一个是爱的需要，即人都希望伙伴之间、同事之间的关系融洽或保持友谊和忠诚，希望得到爱情；人都希望爱别人，也渴望别人的爱。另一个是归属的需要，即人都有一种归属感，都有一种要求归属于一个集团或群体的感情，希望成为其中的一员并得到关心和照顾。社交需要比生理需要更细致，它和一个人的生理特性、经历、教育、宗教信仰有关系。

（四）尊重需要

当社交需要得到满足后，人们还希望自己有稳定的地位，希望个人能力、成就得到社会的承认等。马斯洛认为，尊重需要得到满足，能使人对自己充满信心，对社会抱有满腔热情。但尊重需要一旦受到挫折，就会使人产生自卑感、软弱感、无能感，会使人失去对生活的基本信心。

尊重需要还同个体认为自己对这个世界有用的感觉有关，也与有关事物（如衣服、汽车、教育、旅游和接待重要人物等）能否提升自我形象有关。人们购买私人轿车、穿名牌衣服、住高级酒店，不仅令人羡慕，而且能够满足他们受人尊重的需要。

（五）自我实现需要

自我实现需要是指实现个人的理想、抱负，发挥个人的能力至极限的需要。也就是说，人必须做称职的工作，是什么样的角色就应该做什么样的事。音乐家演奏音乐、画家绘画、诗人写诗……这样才会使他们得到最大的满足。马斯洛还指出，为满足自我实现的需要所采取的途径是因人而异的。有人希望成为理想的母亲，有人希望自己的才华可以表现在体育上，还有人希望在绘画或发明创造上有所成就。简而言之，自我实现需要是指一个人最大限度地发挥自身潜能的需要。

马斯洛的需要层次理论对于企业理解消费者的行为、动机，针对消费者需要特点制定营销策略，具有重要价值。首先，它提醒我们，消费者购买某种产品可能是出于多种需要，产品、服务与需要之间并不存在一一对应的关系。其次，只有低层次需要获得充分满足后，高层次需要才会更好地得到满足。企业在开发、设计产品时，应重视产品的核心价值，也应重视产品为消费者提供的附加价值，因为前者可能更多地与某些基本需要相联系，后者则更多地与其高层次需要相联系，用产品的附加功能取代核心功能是注定要失败的。再次，越是涉及低层次需要，人们对需要的满足方式与满足物就越明确；越是涉及高层次需要，人们对满足这类需要的方式和满足物就越不确定。饿了要吃食物，渴了要喝水，对此，消费者十分清楚。但如何获得别人尊重、如何获得友谊、如何使生活更加美好，对于这一类高层次需要如何得到满足或以何种方式满足，消费者并不完全清楚。这实际上也意味着，越是满足高层次需要的产品，企业越有机会和可能创造产品差异。最后，越是高层次需要，越难以得到完全满足，原因在于，人们在满足需要的愉快体验中又会产生更高层次的需要。

课堂互动：马斯洛认为，人们低层次的需要得到满足后才能产生高层次的需要，需要的层次之间不能更换顺序，你赞同吗？说说理由。

互动要求：学生结合所学知识进行独立思考，陈述自己的观点；也可以跟同学沟通后回答。

单元二　消费者的动机

需要一经唤醒，就可以促使消费者为消除匮乏感和不平衡状态采取行动，但它并不具有对具体行为的定向作用。在需要和行为之间还存在着动机、驱动力、诱因等中间变量。例如：在饥饿的时候，消费者会为寻找食物而活动，但面对面包、馒头、饼干、面条等众多选择物，到底以何种食物充饥，则并不完全由需要本身所决定。换句话说，需要只是对应于大类备选产品，它并不为人们为什么购买某种特定产品、服务或某种特定品牌的产品、服务提供充分解答。而由于某种动机的作用，消费者可以在这些大类中选择更具体的产品。

一、动机的概念

动机（Motivation）这一概念由罗伯特·塞钦斯·伍德沃斯（Robert Sessions Woodworth）于1918年率先引入心理学，他把动机视为决定行为的内在动力。一般认为，动机是引起个体活动、维持已引起的活动并促使活动朝某一目标前进的内在动力。所以说，动机是推动人从事某种活动并朝一个方向前进的内在动力，它是个体的内在过程，行为是这种内在过程的表现。

二、需要、动机和行为

引起动机的内在条件是需要，引起动机的外在条件是诱因。人在需要产生后并不一定都会付诸行动，而会在有动机参与的条件下，把需要转化为行动。动机是为实现一定目的而行动的原因。

（1）需要只有处于唤醒状态，才会驱使个体采取行动，而需要的唤醒既可能源于内部刺激，也可能源于外部刺激。换句话说，仅仅有需要还不一定能导致个体的行动。

（2）需要只为行动指明大致的或总的方向，而不规定具体的行动线路。满足同一需要的方式很多，消费者为什么选择这一方式而不选择另外的方式，对此，需要并不能提供充分的解释。引进动机概念，正是试图从能量与方向两个方面对行为提供更充分的解释。

（3）不是所有的需要都能转化为动机，需要转化为动机必须满足以下两个条件：

第一，需要必须有一定的强度。也就是说，某种需要必须成为个体的强烈愿望，迫切要求得到满足。如果需要不迫切，则不足以促使人去行动以满足这个需要。

第二，需要转化为动机还要有适当的客观条件，即诱因的刺激，它既包括物质的刺激，也包括社会的刺激，有了客观的诱因才能促使人去追求它、得到它，以满足某种需要；反之，需要就无法转化为动机。例如：人处荒岛，很想与人交往，但荒岛缺乏交往的对象（诱因），这种需要就无法转化为动机。

可见，人的行为动力是由主观需要和客观事物共同制约决定的。按心理学所揭示的规律，需要引起动机，动机支配人们的行为。

（4）在有些情况下，需要只引起人体自动调节机制发挥作用，而不一定引起某种行为动机。典型的例子是人类的体温，虽然人类的体温只能在很有限的范围内变动，但它能自动调节，以适应高于体温（如洗热水澡）与低于体温（如冬泳）的环境。当然，人体均衡机制的调节幅度也是有限的，当均衡状态被大大地打破且超出了正常的调节范围时，人体内会自动产生需要恢复均衡的力量，动机也就由此而生。

（5）即使缺乏内在的需要，单凭外在的刺激，有时也能引起动机和产生行为。如饥而求食属一般现象，但是无饥饿之感时若遇美味佳肴，也可能使人顿生一饱口福的动机。

三、动机对购买行为的作用

购买动机是消费者需要与其购买行为的中间环节，具有承前启后的中介作用。动机对购买行为的作用可体现为以下几点：

（一）激发作用

购买动机能够驱使消费者产生行动。这是引起消费者购买行为的初始作用，这种作用能有效地引导消费者购买商品。动机会促使人产生某种活动。例如：张先生是个足球迷，他想要在世界杯赛期间观看足球比赛，所以买了一台电视机。

（二）选择作用

这是动机的调节功能所起的作用。因为消费者的动机是多种多样的，所以这些动机的目标可能一致，也可能矛盾。动机的选择作用可以引导消费者决定购买某种品牌的商品。

（三）维持作用

动机的实现往往也要有一定的时间，在这个过程中，动机始终都起着激励作用，直到行为目标实现为止。例如：消费者在购买冰箱的过程中，追求冰箱的外形好、功能多、效率高等动机对购买某个品牌的冰箱具有维持作用。

（四）强化作用

行为的结果对动机有着巨大的影响，动机会因良好的行为结果而使行为重复出现，使行为得到加强；动机也会因不好的行为结果而使行为受到削弱、减少以至于不再出现。这两种作用都是强化作用，前者叫正强化，后者叫负强化。正强化能够肯定行为、鼓励行为、加强行为，负强化则可以削弱行为、惩罚行为、否定行为。

四、购买动机的特点

（一）迫切性

购买动机的迫切性是由消费者的高强度需要引起的。例如，有人对骑自行车本身不感兴趣，但搬到新家后，上班远了，乘车又不方便，看到邻居骑车上下班很方便，就会产生迫切需要一辆自行车的想法。

（二）内隐性

内隐性是指消费者出于某种原因而不愿让别人知道自己真正的购买动机的心理特点。

例如：多年前，在某些尚未用上电的农村，一些家庭非要买电视机，美其名曰以后使用，实质上其真正的购买动机可能是为了显示自己的身价及富有程度，满足自己的虚荣心；有人家里铺了毛毯，其主导动机是显示优越感和高雅，但当别人问起为什么铺毛毯时，却回答说是为了居室清爽少尘。消费者的主导动机有时不是我们能观察到的，而是需要根据其行为和我们自己的经验推断出来的。

（三）可变性和可诱导性

在消费者的诸多消费需要中，往往只有一种需要占主导地位（即优势消费需要），同时有许多辅助性的需要。当外部条件具备时，占主导地位的消费需要将会引起主导动机，辅助性的需要将会引起辅助动机，主导动机能引起优先购买行为。一旦消费者的优先购买行为实现，优势消费需要得到满足，或者在消费者购买决策过程或购买行为过程中出现新的刺激，原来的辅助动机便可能转化为主导动机。

动机的形成取决于内在需要和外部环境两大因素。当环境发生变化时，动机也会发生变化。这就说明动机是可诱导的，我们可以通过改变环境来改变购买动机。

（四）模糊性

有关研究表明，引起消费者购买活动的动机有几百种，且最普遍的是多种动机的组合。有些动机是消费者意识得到的，有些则处于潜意识状态。这往往表现在一些消费者自己也不清楚自己购买某种商品到底是为了什么。购买动机的模糊性主要是人们动机的复杂性、多层次和多变性等造成的。

（五）矛盾性

当同时存在两种以上消费需要，且两种消费需要互相抵触、不可兼得时，个体内心就会出现矛盾。这时，人们常常采用“两利相权取其重，两害相权取其轻”的原则来解决矛盾。只有当面临两个同时具有吸引力或排斥力的需要目标而又必须选择其一时，消费者才会产生遗憾的感觉。

五、消费者购买动机的类型及表现形式

消费者动机理论要研究的中心问题，是消费者行为中的“为什么”问题。例如：消费者为什么购买某种商品，为什么选购了某种品牌的商品而不是其他品牌，为什么消费者对商品广告有截然不同的态度，为什么消费者经常光顾某些零售商店等。动机不同，消费者的行为表现就会不同。

（一）消费者购买动机的类型

根据性质的不同，消费者购买动机可以分为生理性购买动机和心理性购买动机。

1. 生理性购买动机

人类为了维持和延续生命，有饥渴、冷暖、行止、作息等生理本能。这种由生理本能引起的购买动机叫作生理性购买动机。它的具体表现形式有维持生命动机、保护生命动机、发展生命动机等。这种由满足生理需要而产生的购买动机驱使下的购买行为，具有经常性、重复性和习惯性的特点，所购买的商品大都是供求弹性较小的日用必需品。例如：消费者为了解除饥渴而购买食品饮料，是在维持生命动机驱使下进行的；为抵御寒冷而购买服装鞋帽，是在保护生命动机驱使下进行的；为实现知识化、专业化而购买书籍杂志，是在发展生命动机驱使下进行的。

2. 心理性购买动机

由人们的认识、情感、意志等心理过程引起的购买动机叫作心理性购买动机。它具体包括以下几种动机：

（1）感情动机。感情动机是指由人们的感情需要引发的购买欲望。感情动机可以细分为两种情况，一种是情绪动机，另一种是情感动机。情绪动机是由人们情绪的喜、怒、哀、乐的变化所引起的购买欲望。针对这种购买动机，商家在促销时就要营造消费者可以接受的情绪背景。情感动机就是由人们的道德感、友谊感等情感需要所引发的动机。例如：消费者为了友谊的需要而购买礼品用于馈赠亲朋好友等。

（2）理智动机。理智动机是指消费者对某种商品有了清楚的了解和认知后，在对这个商品比较熟悉的基础上所进行的理性抉择和做出的购买行为。拥有理智动机的消费者往往是那些具有比较丰富的生活阅历、有一定的文化修养、比较成熟的中年人。他们在生活实践中养成了爱思考的习惯，并把这种习惯转化到商品的购买当中。

（3）信任动机。信任动机是指消费者由于感情和理智的经验，对特定的商店、品牌或商品产生特殊的信任和偏好，重复地、习惯地前往购买的一种行为动机。信任动机具有经常性、习惯性。信任动机就是基于对某个品牌、某个商品或者某个企业的信任所产生的重复性的购买动机。

心理性购买动机比生理性购买动机更为复杂多样。特别是当经济发展到一定水平时，社会信息传播技术越现代化，消费者与社会的联系越紧密，激起人们购买行为的心理性购买动机就越占有重要地位。

课堂互动：在你的购买行为中，有过信任动机吗？你认为是什么原因形成了信任动机？

互动要求：学生结合所学知识进行独立思考，陈述自己的观点；也可以跟同学沟通后回答。

（二）消费者购买动机的表现形式

在实际的购买活动过程中，消费者的购买动机可以表现为求实购买动机、求新购买动机、求美购买动机、求名购买动机、求廉购买动机、求便购买动机、模仿或从众购买动机、好癖购买动机等。

1. 求实购买动机

这是指消费者以追求商品或服务的使用价值为主导倾向的购买动机。在这种动机的支配下，消费者在选购商品时，特别重视商品的质量、功效，要求一分价钱一分货；相对而言，消费者对商品的象征意义、所显示的个性、商品的造型与款式等不是特别强调。例如：在选择布料的过程中，当几种布料价格接近时，消费者宁愿选择布幅较宽、质地厚实的布料，而对色彩、是否流行等给予的关注相对较少。

2. 求新购买动机

这是指消费者以追求商品与服务的时尚、新颖、奇特为主导倾向的购买动机。在这种动机支配下，消费者选择商品时，特别注重商品的款式、色泽、流行性、独特性与新颖性；相对而言，商品的耐用性、价格等成为次要的考虑因素。一般而言，在收入水平比较高的人群以及青年群体中，求新购买动机比较常见。改革开放初期，我国上海等地生产的雨伞虽然做工细致、经久耐用，但在国际市场上，却竞争不过新加坡等地生产的雨伞，原因是后者生产的雨伞虽然质量很一般，但款式新颖、造型别致、色彩纷呈，能迎合消费者在雨伞选择上以求新为主的购买动机。

3. 求美购买动机

这是指消费者以追求商品欣赏价值和艺术价值为主要倾向的购买动机。在这种动机的支配下，消费者选购商品时特别重视商品的颜色、造型、外观、包装等因素，讲究商品的造型美、装潢美和艺术美。求美购买动机的核心是讲求赏心悦目，注重商品的美化作用和美化效果，它在受教育程度较高的群体以及从事文化、教育等工作的人群中是比较常见的。一项对近400名各类消费者的调查发现，在购买活动中首先考虑商品美观、漂亮和具有艺术性的人占被调查总人数的41.2%，居第一位。而在这中间，大学生和机关工作人员以及从事教育工作、文化艺术工作的人占80%以上。

4. 求名购买动机

这是指消费者追求名牌、高档商品，借以显示或提高自己的身份、地位而形成的购买动机。当前，在一些高收入群体、大学生中，求名购买动机比较明显。求名购买动机形成的原因实际上是相当复杂的，购买名牌商品，除了有显示身份、地位、财富和表现自我等作用外，还隐含着减少购买风险、简化决策程序和节省购买时间等多方面考虑因素。

5. 求廉购买动机

这是指消费者以追求商品、服务的价格低廉为主导倾向的购买动机。在求廉购买动机的驱使下，消费者选择商品以价格为第一考虑因素，他们宁肯多花体力和精力，多方面了解、比较产品价格差异，选择价格便宜的产品。相对而言，持求廉购买动机的消费者对商品质量、颜色、款式、包装、品牌等不是十分挑剔，而对降价、折扣等促销活动有较大兴趣。

6. 求便购买动机

这是指消费者以追求商品购买和使用过程中的省时、便利为主导倾向的购买动机。在求便购买动机支配下，消费者对时间、效率特别重视，对商品本身则不甚挑剔。他们特别关心能否快速方便地买到商品，讨厌过长的等候时间和过低的销售效率，要求购买的商品携带方便，便于使用和维修。一般而言，成就感比较高、时间机会成本比较大、时间观念比较强的人，更倾向于持求便购买动机。

7. 模仿或从众购买动机

这是指消费者在购买商品时自觉或不自觉地模仿他人的购买行为而形成的购买动机。模仿是一种很普遍的社会现象，其形成的原因多种多样：有出于仰慕、钦羡和获得认同而产生的模仿；有由于惧怕风险、保守而产生的模仿；有缺乏主见，随大流而产生的模仿。不管是何种缘由，持模仿动机的消费者，其购买行为受他人影响比较大。一般而言，普通消费者的模仿对象多是社会名流或其所崇拜、仰慕的偶像。电视广告中经常出现某些歌星、影星、体育明星使用某种产品的画面或镜头，目的之一就是刺激受众的模仿动机，促进商品销售。

8. 好癖购买动机

这是指消费者以满足个人特殊兴趣、爱好为主导倾向的购买动机，其核心是为了满足某种嗜好、情趣。具有这种购买动机的消费者，大多出于生活习惯或个人癖好而购买某些类型的商品。例如：有些人爱好收集古玩、古董、古书、古画，还有些人爱好喝酒、饮茶。在好癖购买动机的支配下，消费者选择商品往往比较理智，比较挑剔，不轻易盲从。

六、消费者动机的激发

相关链接

进滔赶烤

人们的基本需要及好奇心等是其产生消费行为的内在动力，也可以说是主观条件，但如果不具备一定的客观条件，人们的消费行为最终也不会发生。因此，从市场营销工作的角度来讲，不仅要了解消费者的消费行为产生的主观原因，还要了解影响消费者购买动机的外在因素及如何激发消费者的购买动机。

（一）影响消费者购买动机的外在因素

影响消费者购买动机的外在因素很多，这里主要介绍以下三个因素：

1. 商品本身的因素

由于具有不同的爱好、兴趣、个性和经济条件，因此，消费者在购买过程中所表现出来的购买动机也是多种多样的。但是，所有的动机都是在外部刺激之下产生的，并有一定的目标指向，这就是一定的商品和服务。不同特点的商品与一定的购买动机是有内在联系的，商品的功能直接决定消费者的购买动机。我们从消费者对商品的期望和要求可以看出他们的购买动机，从市场销售的各种商品的畅销程度也可以分析、判断出消费者比较集中的购买动机。商品功能（包括核心功能、附加功能和衍生功能）的设计原则就是要尽量满足目标市场上消费者的需要，受市场欢迎的商品一定与消费者的购买动机相吻合。

2. 影响消费者购买动机的社会因素

社会因素主要是指一个国家或地区的经济状况、文化因素及社会风气等。

首先，一个国家或地区的消费水平同这个国家或地区的经济水平成正比。只有当这个国家或地区的经济发达时，人们才有足够的购买力。因为任何人的消费行为都需要有一定的经济基础，有支付各种费用的能力。特别是对于一些高消费活动来说，这种经济基础就显得更重要。例如：对于一个旅游爱好者来说，当他的经济收入仅能够维持其基本生活需要时，那么他就不会有更多的财力去支付旅游的开销，也就不能产生外出旅游的动机。经济越发达、国民收入越高的国家或地区，外出旅游的人就越多；反之就越少。有关统计资料表明，当一个国家或地区的人均国民生产总值达到 4 000 美元时，国民将普遍产生国内旅游动机；达到 10 000 美元时，国民将产生国际旅游动机。

其次，文化因素可以影响消费者的购买动机。例如：文化背景、所受的教育程度不同，会影响消费者对不同品位商品的偏好。另外，随着新媒体在社会生活中的影响越来越大，其在指导消费、引领时尚方面时时激发着消费者的购买动机。

最后，社会风气也能影响人们的消费动机。同事、朋友、邻居的消费行为与经历往往能够相互感染，或者形成相互攀比心理，使人们产生同样的消费冲动，形成一种效仿消费行为。

此外，消费习俗、参照群体、思维定式、消费理念等社会因素都可以对消费者的购买动机产生影响。

3. 影响消费者购买动机的自然因素

在研究消费者的购买动机时，还有一个不可忽略的因素，就是自然因素。自然因素的范围很广，既有民族和种族因素，又有地理因素、性别因素、健康因素，甚至体型因素也会对购买动机产生影响。从地理因素来说，我国南方与北方相比，南方潮湿、温暖、四季变化不太大，而北方冬季较长、比较干燥、四季变化比较明显，因此，南、北方人在衣、食、住、行等消费方面存在一定的差异。健康因素也可以影响人们的购买动机。一般而言，身体健康的人或不受遗传病、地方病、职业病等威胁的人，其消费结构中用于保健、安全、药品等方面的费用支出较少，也较少有购买这方面商品的动机；反之，体弱多病或受到一些职业病威胁的人，其不仅在保健、药品等方面的费用支出较高，还要为此积蓄一笔资金，以备不时之需。

（二）消费者购买动机的激发

激发消费者的购买动机，就是要通过提高消费者的消费积极性，刺激消费者的兴趣，以促使潜在消费者积极地参与消费活动。因此，企业可以从以下方面入手，有效地激发消费者的购买动机。

1. 努力开发有特色的商品

根据弗雷德里克·赫茨伯格（Fredrick Herzberg）的双因素理论，当某种商品的质量、性能、价格等因素完全被满足时，消费者只能处于没有不满意的状态；而消费者真正对商品感到满意则来源于该商品具有的动机作用因素，如赋予商品某种情感、设计独特、风格优雅等。因此，企业在设计与开发新产品时，要注意突出商品的个性，努力做到以人为本，以商品本身的吸引力来打动消费者。

2. 利用广告宣传，向消费者传递信息

广告宣传是最常用的营销手段之一，特别适用于强化企业和消费者之间的沟通，高效率地向目标顾客传递有关企业和商品的信息。因此，在现代社会生活中，广告无处不在，无时不有。但无论广告包括什么内容，采取哪种形式，都要通过文字、图像、色彩、音乐等向消费者传递商品信息，使广告诉求引起消费者的兴趣，激发他们的购买欲望。

广告能否发挥作用、产生效果，首先，取决于它能否引起人们的注意。一般而言，强烈的声响、色彩对比鲜明或变化强烈的事物、反复不断出现的事物及诱发人感情的文字或事物，容易引起人们的注意。其次，企业通过商品广告激发消费者的购买欲望，要注意广告宣传的核心内容是什么。一般而言，广告宣传的核心内容主要包括商品性能、品牌形象、服务特色及价格优势等。例如：价格广告的核心是通过广告宣传有关商品价格的信息，激发消费者求廉、求实的动机，提高购买欲望。特别是针对价值较高的商品和价格心理敏感的消费群体，价格广告的促销作用十分明显。

3. 购物环境和营业员的服务水平对消费者购买动机的诱导作用

消费者都是带有一定动机和欲望走进商店的，但走进商店的消费者并没有全部实现购买。据日本三越百货公司的调查，进店的顾客只有20%发生购买行为。这是由于消费者的欲望有两种：一种是“意识的欲望”（现实需求），即消费者有明确的购买目标；另一种是“潜在的欲望”（潜在需求），即消费者没有明显意识到需要某种商品因而没有购买计划。有潜在欲望的消费者，常常由于外界的刺激，潜在的欲望被激发，由一个看客变为一个购买者。美国一家百货公司调查发现，在顾客的购买行为中，有28%来自“意识的欲望”，有72%来自“潜在的欲望”。使消费者在商店里完成由潜在欲望到意识欲望的飞跃，是扩大销售、提高效益的关键。实现这一飞跃，主要和营业员的仪表、神态、语言及服务等因素有关，也和购物环境、灯光装饰、商品陈列等因素有关。

（三）消费者购买动机的诱导

1. 消费者的购买动机具有可诱导性

在实际购买过程中，消费者的购买行为大都是在各种各样的购买动机共同驱使下进行的，是各种动机综合作用的结果。消费者所具有的各种购买动机既有主导动机，又有辅助动机；既有明显清晰的动机，又有隐藏模糊的动机；既有稳定的动机，又有偶然的动机等。消费者的购买行为就是在这种有意识和无意识购买动机的综合驱动下进行的。动机综合有两种基本方式：第一种是方向一致的动机综合，即多个购买动机方向一致，共同促进购买行为，它可以使消费者产生更为强大的购买商品的心理推动力量，强化购买行为。第二种是方向相反的动机综合，方向相反的动机综合对购买行为的作用表现为两个方面：一是方向相反的动机综合作用不平衡，占上风的动机一般能够决定消费者的购买行为；二是方向相反的动机综合作用平衡，外力的加入能够决定消费者的购买行为。由此可见，在关键时刻给消费者加上倾向购买的外力，可以强化消费者购买动机，促使消费者采取购买行为，即消费者购买动机具有可诱导性。

诱导性是指营业员针对消费者购买主导动机指向，运用各种方法和手段，向消费者提供商品信息资料，对商品进行说明，使消费者购买动机得到强化，对该商品产生喜欢倾向，进而采取购买行为的过程。消费者购买动机的可诱导性为企业扩大商品销售提供了可能，营业员的诱导可促使消费者的心理朝购买方向倾斜，有利于销售的实现。

2. 诱导消费者购买动机的方式

营业员利用消费者购买动机的可诱导性对其购买行为进行诱导，应遵守职业道德，遵守顾客至上、积极善诱、灵活多样的原则，并采取科学的诱导方式，强化消费者购买动机。主要的诱导方式有以下几种：

（1）证明性诱导。其具体包括实证诱导、证据诱导和论证诱导。1）实证诱导就是在购物现场向消费者提供实物证明的方法，如电视机当场播放给消费者观看，厨具当场操作示范等；2）证据诱导就是向消费者提供间接使用效用证据的方法，如向消费者提供已使用过该商品的消费者的资料，作为诱导消费者产生购买动机的证据；3）论证诱导是以口语化的理论说明取得消费者信任的方法，如介绍商品的成分、生产工艺、性能、使用方法等。

（2）转化性诱导。在买卖交往中，有可能出现针锋相对的局面，使买卖陷入僵局，这时就需要通过转化性诱导，缓解矛盾，缓和气氛，重新引起消费者的兴趣，使无望购买行为转变为现实购买行为。常用的转化性诱导方法有：1）先肯定再陈述，如先肯定消费者言之有理，使消费者从心理上得到满足，再婉言陈述自己的意见，这样会取得好的诱导效果；2）询问法，如对消费者提出的问题，利用反问的方式，提出询问的问题，请消费者再作考虑，启发消费者的购买动机；3）转移法，如面对消费者提出的一些难以回答的问题，可采取转换话题、分散注意的方法，间接地诱导消费者的购买动机；4）拖延法，如遇到消费者提出的问题无法准确、圆满回答时，先让消费者看商品说明书，以拖延时间让其充分、自由地考虑，以便产生诱导效果。

（3）建议性诱导。建议性诱导是指在证明性诱导或转化性诱导成功后，不失时机地向消费者提出购买建议，以达到扩大销售的目的的一种诱导方式。对消费者进行建议性诱导的关键是抓住提供建议的时机并提供与消费者需要一致的建议内容。

单元三 消费者的购买决策

消费者的购买决策是指消费者为了满足某种需求，在一定的购买动机的支配下，在可供选择的两个或者两个以上的购买方案中，经过分析、评价、选择，实施最佳的购买方案以及购后评价的活动过程。

一、消费者购买决策内容

在现实的消费行为中，消费者会遇到各种决策问题，包括购买主体（Who）、购买对象（What）、购买原因（Why）、购买地点（Where）、购买时间（When）和购买方式（How），也就是通常所说的“5W1H”。任何一次购买行为都具有这6个因素。

（1）购买主体（Who），即谁是购买者。购买主体是执行购买决策、从事购买的人，也是支出货币换取商品的人。依据年龄、性别、职业、收入等，可将购买主体划分为不同的类型。

（2）购买对象（What），即购买什么。购买对象就是指购买主体选择哪种规格、型号、颜色、式样、包装、价格、商标等的商品，这些商品往往是他喜欢且经常重复购买的商品。

（3）购买原因（Why），即为什么要购买。购买原因是购买主体的主导动机或真正动机的反映。消费者购买动机多种多样，或是兴趣爱好、生活必需；或是收入增加、商品调价；或是出于新奇；或是馈赠亲友。

（4）购买地点（Where），即到哪里去购买。购买地点也就是购买主体喜欢的、可信赖的，且经常光顾的商店。购买地点可以是专业商店、百货商店，或杂货店；可以是市中心的商场，也可以是附近街边的摊点；可以是淘宝，也可以是京东。购买地点与所购商品的性质、消费者居住区、商店的名声、经营商品的品种数、商店橱窗陈列布置、销售方式

（自选还是店员服务等）和营业员服务态度及交通便利情况等都有关系。

（5）购买时间（When），即什么时间购买。购买时间是指购买主体为了购买商品是选择早上、中午、还是晚上；一周的平日还是周末；一年的春季还是秋季，夏季还是冬季。购买时间与购买主体的工作性质和生活习惯有关，还受到商店的季节性、时令性的影响。通常，节假日的购买量、购买次数多一些。

（6）购买方式（How），即如何购买。购买方式是指购买主体购买商品时的货币支付方式，可分为邮购、函购、自己买、托人买、付现金、延期付款、分期付款等。

二、消费者购买决策过程

消费者的购买决策过程是指消费者在购买商品过程中所经历的步骤。在复杂购买行为中，消费者购买决策过程由问题确认、信息搜寻、方案评价、购买决策和购后行为五个阶段构成，也有人把这个过程叫作“消费者购买决策过程模型”，如图 4-3 所示。这五个步骤代表了消费者从认识商品需要到评估购买的过程。

图 4-3　消费者购买决策过程模型

（一）问题确认

购买决策过程始于购买者对某个问题的确认，即消费者意识到一种需要，并有一种解决问题的冲动。问题确认之后才是决策过程。问题确认是由消费者理想状态与现实状态之间的差异引起的。当对情境的希望与实际情境之间存在差异时，消费者就会产生某种需要。问题确认的诱因也就是引起期望和实际状态之间产生差异的原因，这些诱因受到内、外两方面因素的影响。这些因素具体包括：

1. 缺物品

当消费者必须补充某种物品时，问题确认就出现了。此时的购买决策通常是一种简单和惯例的行为，并且消费者经常选择一个熟悉的品牌或其忠诚的品牌解决这个问题。

2. 不满意

问题确认产生于消费者对正在使用的商品不太满意。例如：消费者也许认为自己的车已经旧了，样子过时了，也不符合目前身份了，该换辆新车了。

3. 新需要

消费者生活中的变化经常导致新需要。比较常见的是，一个人生活方式或工作状态的变化就可以创造出新需要。例如：人们搬家时会购置一些新家具；人在升职时会买一些更高档的服装以使自己显得更体面些。有时收入的增加也会提高个人的期望，消费者会考虑以前没有拥有过并从未期望过的商品。

4. 相关商品的购买

问题确认也可以由一种商品的购买而激发出来。例如：购买汽车会导致对其附属产品的问题确认，如坐垫、防盗器、汽车香水等。

5. 新产品

市场上出现了新产品并且这种新产品引起了消费者的注意，也能成为问题确认的诱因。例如：对汽车感兴趣的消费者，对汽车市场出现的新产品是非常关注的。每年的汽车展销会都会吸引大量的观众，他们就是为了一睹新产品的风采而来的。

6. 营销因素

营销因素也会导致问题确认。例如：不少汽车广告，是通过一些情境的设计，创造出一种不安全感，使消费者确认安全的需要，而消除这种不安全感的最佳方式就是购买广告推荐的产品。

（二）信息搜寻

消费者决策制定的第二步是搜寻信息。消费者一旦意识到一个问题能通过购买某种商品得到解决，便开始寻找制定购买决策所需的信息。

1. 信息来源

信息可以在内部、外部或内外部同时产生。内部信息搜寻是对记忆中原有的信息进行回忆的过程。这种信息很大程度上来自消费者以前购买某商品的经验。例如：购物时，消费者在货架上看到自己以前喝过的某品牌的饮料，就可能回忆起它是否好喝，是否受欢迎等。因此，对许多习惯性、重复性购买来说，使用储藏在记忆里的、过去所获得的信息就足够了。如果内部搜寻没有产生足够的信息，消费者便会通过外部搜寻来得到另外的信息。消费者外部信息来源可分为四类：

（1）个人来源，如家庭、朋友、同事、熟人。

（2）商业来源，如广告、推销员、经销商、包装、展览。

（3）公共来源，如大众媒体、消费者评价机构。

（4）经验来源，如产品的操作、检查与使用。

这些信息来源的相对丰富程度与影响程度随产品类别与购买者特征的不同而各异。一般而言，消费者最初的商品信息来源主要是商业来源，最有效的商品信息来源则是个人来源。

课堂互动：网络已经成为消费者搜寻信息的主要渠道，企业应如何做针对性的宣传？

互动要求：学生结合所学知识进行独立思考，陈述自己的观点；也可以跟同学沟通后回答。

2. 影响个人信息搜寻范围的因素

一是消费者对风险的预期。消费者在购买商品的时候，都会或多或少地感知到风险。一般而言，随着对购买风险预期的增加，消费者会扩大搜寻的范围，并考虑更多的可供选择的品牌。此外，对同一商品来说，由于个性不同，消费者所感知到的风险也不同，这会影响其搜寻信息的范围与努力程度。

二是消费者对商品的认识。消费者如果对潜在的购买行为了解很多，就不再需要搜寻更多的信息，且消费者了解得越多，其搜寻的效率就越高，花费的搜寻时间就越少。另外，一个有信心的消费者不仅对商品掌握足够的信息，而且对做出正确的决策也感到非常自信。

三是消费者对商品感兴趣的程度。信息搜寻的范围与消费者对某商品感兴趣的程度有相应关系，即对某商品很感兴趣的消费者会花费很多的时间搜寻信息。例如：消费者是一个汽车模型爱好者，为了购买一个新的汽车模型，他更愿意向专业人士请教，并比其他购买者花费更多时间和精力去搜集他感兴趣的汽车模型。

四是情境因素。在紧急情况下购买商品时，消费者对信息的搜寻能力是有限的。例如：车坏在半路上了，司机不大可能到处打电话去找一个最便宜的地方修车，而是会就近修车。

3. 消费者选择信息的过程

如果愿意的话，消费者会搜寻到大量有关某商品的信息，但不是在任何情况下都是信息越多越好。面对同样的情境，不同的消费者对同样的信息会有不同的理解，这是因为他们的个性、经验、需要等影响了他们对情境的知觉，进而影响了他们对信息的选择。

（三）方案评价

在这个阶段，消费者会使用记忆中存储的和从外界信息源获得的信息，形成一套标准。这些标准将帮助消费者评估和比较各种选择。当然，不同消费者使用的评价过程和评价标准也不尽相同，甚至同一个消费者在不同的购买情境下所经历的评价过程也不相同。这是因为消费者购买不同的商品，是为了满足不同的需要，因而他可以从不同的商品中寻求特定的利益。消费者将各种商品看作能不同程度地带来所寻求的利益，并进而满足某种需要的属性集。消费者所感兴趣的属性随商品的不同而各异。例如：汽车消费者对特斯拉感兴趣的属性可能是新技术的应用，而对奔驰感兴趣的属性则偏重于车的配置方面。

消费者在实际的购买过程中可能采用的方案评价原则主要有以下几个：

1. 理想品牌原则

每个消费者心目中都有一个对某商品的理想品牌的印象，并将这种理想品牌印象同实际品牌进行比较。实际品牌越接近理想品牌就越容易被消费者所接受。例如：消费者可以先给自己心目中的理想品牌打分，再给实际品牌打分，最后得出两者之间的差距。差距越大，表明实际品牌与理想品牌之间的差距越大，消费者的不满意程度也就越高。

2. 多因素关联原则

这一原则是消费者为商品的各种属性规定了一个最低可接受水平，只有所有这些属性都达到了规定水平时，该商品才被接受，而对于没有达到这一可接受水平的其他品牌的商品都不予考虑。运用这一原则，就排除了某些不必要的信息干扰，缩小了处理信息的规模。但是，这种方法所导致的可接受的品牌可能不止一个，因此，消费者还要做进一步的筛选工作。

3. 单因素分离原则

这种方法实质上是多因素关联原则的对立面。这种方法是指消费者只用一个单一的评估标准来选择商品。也就是说，消费者以一种属性去评价其所考虑的几个品牌的商品，并从中选出最符合其评价标准的那个品牌。

4. 排除法的决策原则

排除法的核心在于逐步排除以减少备选方案。在采用这种方法时，首先，要排除那些不具备所规定的最低可接受水平的品牌。其次，如果所有考虑中的品牌都达到了某一评估标准的最低要求，那么这一标准也要去掉，因为这种无差别的衡量对选择过程没有用处。总之，这种方法就是不断地以不同的标准加以衡量，再不断地排除，直到剩下最后一个为止。最后，这个品牌所具有的独一无二的特征被称为“独特优势”或“关键属性”。

5. 词典编辑原则

这种方法类似于编辑词典时所采用的词条排序法，即消费者首先将产品的一些属性按照自己认为的重要性程度，从高到低排出顺序，然后按顺序依次选择最优品牌。也就是说，消费者根据排序中第一重要属性对各备选品牌进行比较，如果在这个过程中出现了两个以上的品牌，那么消费者还必须根据第二重要属性甚至第三重要属性、第四重要的属性等进行比较，直到剩下最后一个品牌为止。

（四）购买决策

购买决策和真正的购买行为并不是一回事。在一般情况下，消费者一旦选择买哪一个品牌，就会执行这个决策并真正地购买。但在消费者即将购买时，也许会出现某些未预料到的情况，从而使消费者改变了购买意图。这时消费者就需要做出额外的决策，如什么时候买，在什么地方买，花多少钱及支付方式等。

消费者改变、推迟或取消购买行为在很大程度上是受到其所感受到的风险的影响。费用很高的商品一般都有风险。消费者经常遇到的风险有：

（1）功能风险。功能风险涉及商品的质量和服务优劣问题。在一般情况下，当购买的商品和享受的各种服务不能像预期那样满意时，消费者就遇到了功能风险。例如：消费者购买的车百公里油耗比购买时销售人员说的高许多。

（2）资金风险。这是指花费较多的金钱是否会买到较好的商品和享受优质的服务的风险。例如：消费者花 15 万元买了辆车，是否能像宣传的那样好，车有了问题是否能得到快捷、优质的售后服务等。

(3) 社会风险。这是指购买某种商品或享受某种服务是否会损害消费者的自身形象的风险。

(4) 心理风险。这是指购买某种商品或享受某种服务是否能增强个人的幸福感和提升个人的自尊心，或者反过来说，是否会引起个人的不满意或失望的情绪的风险。例如：个人买车，本来是为了享受生活，方便出入，实现自我，但没想到，车买了之后，经常出问题，就会令人不满意和失望。

(5) 安全风险。这是指消费者所购买的商品或所享受的某种服务是否会危害其健康和安全的风险。例如：消费者所购车的被动安全系统是否可靠等。

消费者对风险的知觉取决于许多因素。首先，消费者个人的特点（文化层次、智力水平、经济水平）不同，在同一情况下，不同的人会体验到不同的风险水平。其次，消费者的风险知觉还取决于他们购买的商品或服务的种类。例如：购买汽车、房子比购买彩电、冰箱的风险要大得多。

对消费风险的知觉会影响人们的消费决策。人们常常会在下列情况下感知到风险：

一是目标不明确。例如：有的人已经打算买车，可是买什么品牌的车，到哪家 4S 店去买，并没有做出决定。在这种情况下，消费者实际上已经感知到风险的存在了。

二是缺乏经验。例如：一个没有买过车的人，面对众多的 4S 店和各品牌的车，以及其提供的各种服务，常会感到不知如何选择才好。因此，自身经验的缺乏，也常使人们感知到风险。

三是信息不充分。缺少信息或相互矛盾的信息来源也会使消费者感知到风险。例如：如果对汽车的价格、质量、安全性等情况一无所知，消费者在做决定时就会犹豫不决。另外，对于同一汽车或同一 4S 店，自己和朋友做出了不同的评价甚至互相矛盾的评价，常常会使消费者感到无所适从，因而会很自然地感知到风险。

四是受相关群体的影响。每个人都生活、工作在家人、朋友、同事的周围，个体的行为一旦与相关群体的其他成员不一致，便会感到来自群体的压力。这种压力常会影响消费者的决策。例如：在买汽车时，家人比较看好比亚迪，自己却看好特斯拉。

（五）购后行为

消费者在做出购买商品或服务的决定之后，就进入了购后过程。消费者通过自己的使用和他人的评价，对购买决策进行再评价，来判断其购买是否满意。消费者对其购买活动的满意感（S），是其对商品的期望（E）和该商品可觉察性能（P）的函数，即 $S=f(E, P)$。若 $P=E$，则消费者感到满意；若 $P<E$，则消费者感到不满意；若 $P>E$，则消费者感到非常满意。

为什么使消费者满意非常重要？因为企业的销售业绩来源于两个基本群体，即新客户和老客户。吸引新客户通常比留住老客户花费更多，因此，维持老客户比招揽新客户更为重要。而维持老客户的关键在于令老客户满意。如果老客户满意，就会再次购买，并告知其他人该商品的优点。

同步案例

小李选车的故事

小李是郑州购车潮中的一位普通的已婚上班族，35岁，家庭月收入在2万元左右。以下文字真实地记录了2022年4月至7月间，她在购车决策过程中是如何受到各种信息的影响的。

小李周边的朋友与同事纷纷加入购车者的队伍。看着他们在私家车里享受美妙的音乐而不必用力抗拒公车的拥挤与嘈杂，小李不觉开始动心。另外，她的工作地点离家较远，加上交通拥挤，来回花在路上的时间要近3小时，于是她的购车动机越来越强烈。只是这时候，小李对车的了解仅限于坐车的体验、喜欢漂亮流畅的车身和闪亮有神的大灯。

1. 初识爱车

小李是在上司的鼓动下上驾校学车的。在驾校学车时，未来将购什么样的车不知不觉成为几位学车者的共同话题。

“我拿到驾照，就去买一部1.5plus自动挡的Polo。”一位MBA同学对Polo情有独钟。小李虽然也喜欢这一款小车的外形，但她怎么也接受不了自己会同样购买一款Polo，因为小李有坐Polo 1.5的体验，那一次是4个女生（在读MBA同学）上完课，一起坐Polo出去吃中午饭，回校时车从二七广场的地下车库开出，上坡时不得不关闭了空调才爬上高高的坡。爬个坡便要关上空调，实实在在地阻碍了小李对Polo的热情。此外，Polo确实有点小了，更适合20多岁的年轻女孩。

问问驾校的师傅吧。师傅总归是驾车方面的专家，“帕萨特，是不错的车”。小李又问周边人的用车体会，包括朋友的朋友，都反馈过来这样的信息：在差不多的价位上，开一段时间，还是德国车不错，帕萨特好。小李的上司恰恰是帕萨特车主，小李尚未体验到帕萨特的魅力，但上司的吐槽却听了不少。上司总说这款车是好车，但免不了大众的一贯作风：配置低。小李想，花近20万元，虽然行驶体验感好，但配置却和10万元的Polo一样，感觉还是挺别扭的。

不久，一位与小李差不多年龄的女邻居，在小区门口新开的一家马自达专卖店里买了一辆马自达阿特兹，便自然地向小李做了“详细介绍”。小李很快去了家门口的专卖店，并被展厅里的车所吸引。销售员热情有加，特别是有这么一句话深深地打动了她：“阿特兹各个方面都很周全，反正在这个价位里别的车有的配置，阿特兹都会有，只会更多。”此时的小李还不会在意动力、排量、油箱容量等抽象的数据。清清爽爽的配置，加上销售员正对心怀的介绍，令小李在这一刻已锁定马自达阿特兹了。

2. 亲密接触

小李回家征求先生的意见。先生说：油价这么高，为什么不买电动车？这个问题令小李买阿特兹的心动摇了。

但小李不死心，便想问问周边驾车的同事对阿特兹的看法。“阿特兹还可以，但是车比较单薄，噪声控制较差。”这位同事有多年的驾车经验，他的一番话还是有说服力的。

小李有种无所适从的感觉。知识分子的直觉让小李关心起了汽车杂志。随着阅读的试车报告越来越多，小李开始明确自己的目标，15 万元至 20 万元的价位，众多品牌的车都开始进入小李的视野。此时的小李已开始对各个车的生产厂家，每个生产厂家生产哪几种品牌，同一品牌的车不同的发动机排量与车的配置，基本的价格都已如数家珍：上汽通用别克君威、吉利领克 03、上汽大众帕萨特、北京现代菲斯塔、广汽本田雅阁、一汽奥迪 A3、东风日产天籁、马自达阿特兹、东风标致 508、威马 E.5、比亚迪秦 PLUS EV、广汽埃安 AION S Plus、小鹏汽车 P5……各款车携着各自的风情，在马路上或飞驰或被拥堵的时时刻刻，向小李展现着自己的风采。于是小李常用的文件开始附上各款车的排量、最大功率、市场参考价等数据，甚至 4S 店的配件价格。经过反复比较，小李锁定了比亚迪秦和奥迪 A3。

比亚迪秦简直是一款无懈可击的靓车！漂亮大气，配置适中，价格也不错，更省油，更安静，动力更好，造型动感……同事 A 此阶段也正准备买车，比亚迪秦也是首选。此外，小李频频进入车友论坛。随着对论坛的熟悉，小李很快发现，比亚迪秦的底盘设计并不是很好，它采用的是扭力梁式非独立悬架。行驶在平整的公路上感觉不出来，但只要路况稍微有些颠簸，车身摇晃感就比较明显。小李又犹豫了。还有奥迪 A3，美观、独特、优雅，并且是豪华品牌，1.4 TSI 发动机的强劲动力，活灵活现的试车报告，令人忍不住想说就是它了。何况在论坛里，小李发现奥迪 A3 除了因维修价格略贵而受到批评外，没有明显的缺陷。小李精心地收集着有关奥迪 A3 的每一个文字，甚至致电奥迪郑州 4S 店，追问其配件价格。销售员耐心的回答令小李对奥迪 A3 的印象分又增加了。

到此时，小李对电视里各种煽情的汽车广告却没有多少印象。由于工作、读书和家务的关系，她实在没有多少时间坐在电视机前。而地铁里的各式广告，按道理是天天看得到的，但受上下班拥挤的人群的影响，小李实在没有心情去欣赏。

只是“纸上得来终觉浅”，周边各款车车主的直接用车体验对小李有着一言九鼎的说服力。于是，小李开始致电各款车的车主。

朋友 C 已购别克君威，他说该车很好，设计动感，造型完美，年轻而富有活力，是款好车，值得购买，就是底盘略硬。（年轻化、个性化的车型）

同学 D 已购比亚迪秦，他认为比亚迪秦性价比较高，就是二手车贬值比较快。（舒适化，居家之选）

朋友 E 已购奥迪 A3，她说 A3 轻巧有质感，造型设计和舒适度都好，品牌也好，但维修保养有些贵，一次保养就要花上千元，维修配件的价格也不低。（轻奢型，时尚之选）

周边阿特兹的车主，雅阁的车主，等等，都成为小李的“采访”对象。

3. 花落谁家?

小李的梦中有一辆车，漂亮的造型，流畅的车身，大而亮的灯，安静地立在她的面前。但究竟花落谁家？小李已有了一个缩小了的备选品牌范围。“谜底”即将揭晓……

问题：

1. 小李选车属于哪一类购买决策？试运用消费者决策过程的五阶段模型分析小李选车所经历的相关阶段。

2. 结合消费者购车的影响因素，分析小李购车行为受哪些因素影响。

3. 如果你是小李，你会买哪款车？说出你的理由。

4. 如果你是汽车销售员，针对消费者的购买决策过程的不同阶段，你应采取怎样的营销策略？

提示：

请站在小李的角度，根据消费者购买决策过程及影响消费者购买决策的因素等进行分析。

单元四　消费者的购买行为

一、消费者购买行为的含义、特征和类型

消费者的购买行为是复杂的，其购买行为的产生受到内在因素和外在因素的共同促进、交互影响。市场营销人员必须认真研究，并能根据消费者的购买行为制定符合消费者需要的营销策略。

(一) 消费者购买行为的含义

消费者购买行为是指消费者为满足其个人或家庭生活需要而进行的一切活动，包括寻找、购买、使用、评价商品和服务等一系列的过程。

一个人在特定的刺激下产生需要，这种需要在一定的条件下便会成为一种内在的驱动力，即动机。消费者的需要和动机都是影响消费行为的内在因素。当有了动机，人们就要寻求满足需要的目标，并且在目标找到之后进行满足需要的活动和行为，即购买行为或消费行为。在目标达到后，消费者需要得到了满足，紧张状态也就解除了（见图 4－4）。但

并非到此为止，这时新的需要又产生了，另一种动机和行为又会开始。如此循环往复，就构成了消费者连续不断的购买行为。

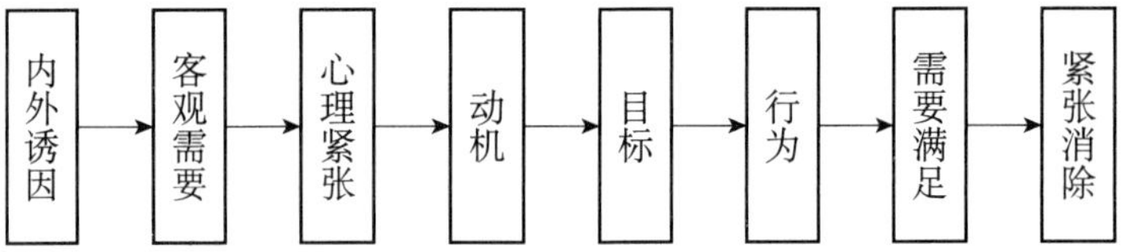

图 4－4　消费者的购买行为

（二）消费者购买行为的特征

企业要在竞争中适应市场、驾驭市场，必须掌握消费者购买行为的基本特征。消费者的购买行为具有以下特征：

1. 购买者多而分散

购买行为涉及每一个人和家庭，购买者多而分散。由于消费者所处的地理位置、闲暇时间不一致，因此购买地点和购买时间具有分散性。

2. 购买量少，多次购买

消费者购买是以个人和家庭为购买和消费单位的。由于受到消费人数、需要量、购买力、储藏地点、商品保质期等诸多因素的影响，消费者往往小批量、多批次购买。

3. 购买行为的差异性大

受年龄、性别、职业、收入、文化程度、民族、宗教等影响，消费者购买行为有很大的差异。

4. 大多属于非专家购买行为

绝大多数消费者缺乏相应的购买专业知识、价格知识和市场知识，尤其是对某些技术性较强、操作比较复杂的商品。在多数情况下，消费者购买行为往往受感情因素的影响较大。

5. 购买行为的流动性大

在社会主义市场经济较发达的今天，人口在地区间的流动性很大，这导致购买行为的流动性很大。消费者购买行为时常在不同商品、不同地区及不同企业之间流动。

6. 购买行为具有周期性

有些生活必需商品，如牛奶、蔬菜等，消费者需要经常购买、均衡消费；有些商品，如时令服装、节日消费品等，消费者需要季节性购买或节日性购买；而有些大件商品，如家用电器等，消费者则需要等商品的使用价值基本消费完毕才会重新购买。这些都表现为消费者购买行为的周期性。

7. 购买行为的时代特征和发展性

消费者购买行为受到时代精神、社会风尚及生活习俗的影响，而随着社会的发展和人们消费水平、生活质量的提高，消费需求也在不断向前推进和发展。例如：随着网络技术的普及，网络电视的消费逐渐流行起来。

（三）消费者购买行为的类型

1. 根据购买行为主体划分

（1）个体型购买行为。个体型购买行为即购买行为主体为个体的购买行为，其不仅指以个体方式实施购买行为，也指以纯粹个体方式完成购买行为的全过程。

（2）群体型购买行为。群体型购买行为是指以集体形式完成购买全过程的购买行为。它可以是家庭、朋友、夫妻购买，也可以是政府、企事业单位购买。

2. 根据购买行为特征划分

（1）理智型购买行为。理智型购买行为是指消费者在每次购买前对所购的商品进行较为仔细的研究和比较。此类消费者一般具有理性的行为准则和评价标准，较为冷静和慎重，感情色彩较少，善于控制自己的情绪，主观性较强，不轻易相信广告、宣传、承诺、促销方式以及营销人员的介绍，喜欢细心挑选。

（2）习惯型购买行为。习惯型购买行为是指消费者由于对某种商品或某家商店的信赖、偏爱而产生的经常、反复的购买，形成购买习惯。此类消费者对这些商品十分熟悉，体验较深，再次购买时往往不再花费时间进行比较、选择，注意力稳定、集中，行动迅速，容易促成重复购买。

（3）经济型购买行为。经济型购买行为是指消费者购买时特别重视价格，对于价格的反应特别敏感，善于发现别人不易觉察的价格差异。购买时无论是选择高档商品还是中低档商品，消费者首先考虑的是价格。有的消费者习惯于追求低价，唯有廉价商品才能使之得到满足；与此相反，也有的消费者喜好高档商品，相信“一分价钱一分货”。

（4）冲动型购买行为。冲动型购买行为是指消费者容易受商品的外观、包装、商标或其他促销方式的刺激而产生购买行为。此类消费者一般都是以直观感觉为主，从个人的兴趣或情绪出发，喜欢新奇、新颖、美观、时尚的商品，不大讲究商品的用处、性能，因而易受广告宣传、销售人员的劝说、卖场气氛、他人评价的影响，购买时不愿做反复的选择比较。

（5）疑虑型购买行为。疑虑型购买行为是指消费者在购买时表现得小心谨慎和疑虑重重。此类消费者在购买商品时一般决策较缓慢、费时多，常常是“三思而后行”，或犹豫不决而中断购买，或购买后疑心重重。

3. 根据购买目标划分

（1）全确定型购买行为。全确定型购买行为是指消费者在购买商品以前，已经有明确的购买目标，对商品的名称、型号、规格、颜色、式样、商标、价格等都有明确的要求。此类消费者进入商店以后，一般都是有目的地选择，主动地提出所要购买的商品名称，并对所要购买的商品提出具体要求，当商品能满足其需要时，就会毫不犹豫地买下。

（2）半确定型购买行为。半确定型购买行为是指消费者在购买商品以前，已有大致的购买目标，但具体要求还不够明确，最后购买需要经过选择比较才能完成。例如：消费者购买空调是原先计划好的，但购买什么品牌、规格、型号、式样等并没有明确计划。此类消费者进入商店以后，一般要经过较长时间的分析、比较才能完成购买行为。

（3）不确定型购买行为。不确定型购买行为是指消费者在购买商品以前，没有明确的或既定的购买目标。此类消费者进入商店主要是参观、游览、休闲，漫无目标地观看商品或随便了解一些商品的销售情况，感到有兴趣或合适的商品偶尔会购买，有时则直接观后离开。

课堂互动：目前，实体店受到网络的冲击很大，你认为未来实体店的发展前景如何？说说理由。

互动要求：学生结合所学知识进行独立思考，陈述自己的观点；也可以跟同学沟通后回答。

二、消费者购买行为的心理活动过程

消费者购买行为过程是指消费者从产生某种购买欲望到最终完成购买行为的全部行为过程。在消费的过程中，虽然消费者的购买动机不同，购买商品的种类、数量不同，所耗费的时间和精力不同，但消费者在购买过程中的心理状态一般都表现为以下八个发展阶段（见图 4－5）：

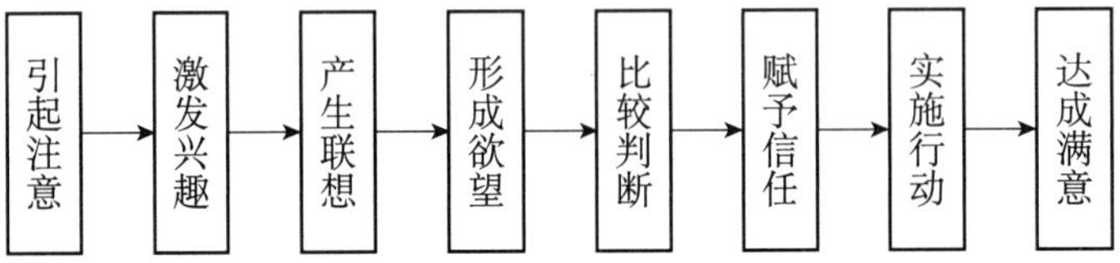

图 4－5　消费者购买行为心理活动过程

（一）引起注意

商店中鲜明突出的广告和装饰、新颖的商品包装、响亮的兜售吆喝、变化多端的商品功能展示等，都可作为刺激物引起消费者的注意。消费者无论是聚精会神地对预购商品进行观察、分析、比较、认识，还是漫不经心地浏览商品，都是注意状态的不同体现。

（二）激发兴趣

消费者在注意某种商品的时候，会伴随其他心理活动，如想象、比较、分析、判断等，并对某种商品的颜色、式样、味道、价格等方面做出反馈。消费者若认为该商品的功能、价值能适合或满足自己的物质或精神的需要，这种兴趣就会进一步强化，并引发消费者愉快的情绪体验，推动消费者购买行为的产生。

（三）产生联想

在购买活动中，消费者对某种商品产生了兴趣并有了一定的认识之后，会进一步激发联想。通过联想，消费者往往会获得更丰富的有关商品的知识和强烈的情绪体验。

（四）形成欲望

在购买过程中，由于联想的深化，消费者购买商品的欲望就会随着对该商品的认识及个人情绪的变化由潜伏状态转入活动状态，真正地起到推动消费者购买过程的作用。

（五）比较判断

面对琳琅满目的商品，消费者在产生购买的欲望后，会根据自己的观察及营销人员的介绍，对商品的特征、功能、外观、质量、价格等方面做出比较，并对商品的相关属性加以肯定或否定，为最终的购买决策提供依据。

（六）赋予信任

在购买过程中，消费者通过多方面的比较，对商品的特性有了较好的把握，确定了自己对某种商品的肯定程度，从而也就选定了自己所要购买的商品。消费者对该商品产生信任，即愿意把自己的购买欲望的实现寄托在这种商品、售卖商品的商店以及营销人员身上。其间，营销人员的接待技巧、服务语言、服务态度以及对商品知识的了解非常重要。

（七）实施行动

消费者经过比较、判断后，确信某一商品是自己所需的，并对这一商品产生信任时，就会果断地做出购买决定，并迅速实施购买行为。

（八）达成满意

在购买过程中，消费者买到了称心如意的商品，或是在购买过程中享受到了良好的服务，就会产生高兴、愉悦的情绪体验，即产生满意感。具有满意情绪体验的消费者，大多会成为这一商店或这一品牌的回头客。因此，企业的销售服务要努力为消费者创造满意的情绪体验，使消费者高兴而来、满意而归。但如果达不到令消费者满意的程度，则会产生相反的购后行为，即消费者会拒绝再次购买，并对其周围的人产生消极的影响。

模块小结

人的任何行为都是以需要和动机为基础的，需要是一种“缺乏感”，是一种不平衡的主观状态。需要既可以是生理需要，也可以是精神需要，但无论是哪种需要，都具有对象性、无限性、层次性、可变性和发展性等特点。根据马斯洛的理论，人类的需要可以划分为五个层次，这为企业提供了一个市场营销方面的启示。动机是行为的内在动力。动机对购买行为具有激发、选择、维持和强化的作用。

思考与练习

一、单选题

1. 由于消费者在文化程度、审美情趣、收入水平、消费目的等方面存在差异，因此其需要呈现因人而异的现象，这属于需要的（　　）。

A. 对象性　　B. 无限性　　C. 层次性　　D. 可变性

2. 按照马斯洛需要层次理论的划分，爱和归属的需要属于（　　）。

A. 生理需要　　B. 安全需要　　C. 社交需要　　D. 尊重需要

3. 消费者出于某种原因而不愿让别人知道自己真正的购买动机的心理特点，属于购买动机的（　　）特点。

A. 迫切性　　B. 内隐性　　C. 可变性　　D. 矛盾性

4. 购买某种商品或服务是否能增强个人的幸福感和自尊心，或者反过来说，是否会引起个人的不满意或失望的情绪，是指购买的（　　）。

A. 功能风险　　B. 资金风险　　C. 社会风险　　D. 心理风险

5. （　　）是指消费者在购买商品以前，已有大致的购买目标，但具体要求还不够明确，最后购买需要经过选择比较才能完成。

A. 全确定型购买行为　　B. 半确定型购买行为

C. 不确定型购买行为　　D. 疑虑型购买行为

二、多选题

1. 马斯洛将人类需要按由低级到高级的顺序分成（　　）五个层次。

A. 生理需要　　B. 安全需要　　C. 社交需要

D. 尊重需要　　E. 自我实现需要

2. 证明性诱导具体包括（　　）三种类型。

A. 实证诱导　　B. 证据诱导　　C. 论证诱导

D. 虚假诱导　　E. 实物诱导

3. 根据购买行为特征划分，消费者的购买行为类型主要有（　　）五种类型。

A. 理智型购买行为　　B. 习惯型购买行为

C. 经济型购买行为　　D. 冲动型购买行为

E. 疑虑型购买行为

4. 消费者的购买决策过程是指消费者在购买商品或服务过程中所经历的步骤。在复杂购买行为中，消费者购买决策过程由（　　）阶段构成，也有人把这个过程叫作“消费者购买决策过程模型”。

A. 问题确认　　B. 信息搜寻　　C. 方案评价

D. 购买决策　　E. 购后行为

5. 影响消费者购买动机的外在因素有（　　）。

A. 商品本身的因素　B. 社会因素　　C. 自然因素

D. 心理因素　　E. 性格因素

三、判断题

1. 消费者需要是指消费者生理和心理上的匮乏状态，即感到缺少些什么，从而想获得它们的状态。（　　）

2. 从消费者购买商品的原因和驱动力角度来说，消费者的购买动机可分为生理性购买动机和好奇性购买动机两大类。（　　）

3. 菲利普·科特勒曾经以消费者购买行为的介入度和各品牌间的差异程度为基础，把消费者的购买行为划分为复杂性购买行为、减少失调购买行为、多样性购买行为、习惯性购买行为四类。（　　）

4. 消费者在购买过程中的心理状态一般都表现为引起注意、激发兴趣、产生联想、形成欲望、比较判断、赋予信任、实施行动以及达成满意八个发展阶段。（　　）

5. 人的任何行为都是以需要和动机为基础的，需要是一种“缺乏感”，是一种平衡的主观状态。（　　）

四、简答题

1. 简要介绍马斯洛的需要层次理论。

2. 消费者购买行为过程中有哪些具体的购买动机？

3. 消费者的决策过程包含哪些基本步骤？

4. 消费者购买行为心理活动过程有哪些环节？

能力培养与训练

一、营销思维训练

俘获众多潜在消费者，比亚迪凭什么让消费者心甘情愿买单？

据中商产业研究院公布的数据，2024 年 1—11 月，比亚迪累计销量达 375.73 万辆，其中海外销量超 36 万辆，海外销量占比约为 9.6%。比亚迪在国内市场的销售占比较大，2024 年 1—11 月国内零售销量达 331.52 万辆，市场份额达 34.5%，在国产车型销量排行榜中表现突出，在前18名中占比达六成，在多个细分市场占据领先地位。比亚迪已在超过88个国家和地区销售，截至2024年8月，其海外市场销量已突破26.3万辆，同比增长率高达125%。

比亚迪的崛起不是偶然的。背后的逻辑印证了那句耳熟能详的话：机会是为有准备的人准备的，谁解决了消费者的痛点，消费者就会为谁买单。

1. DM-i解决了中国80%老百姓的出行痛点

中国80%的老百姓出行的痛点是什么？上下班高峰期的拥堵。拥有一辆省油的车，是老百姓的呼声。

比亚迪敏锐地发现了这个市场机会，在总结前几代DM技术经验的基础上，DM-i应运而生。比亚迪的研发团队通过“以电为主”的技术路线，颠覆了全球混动鼻祖——丰田THS严重依赖发动机驱动的技术路线，真的就将30～40公里时速的油耗从丰田THS的6升左右降到了3～4升。好东西都会被口口相传，DM-i就这样迅速火起来了。因为它解决了中国80%老百姓的出行痛点。

2. 800V高压快充，解决了充电效率的痛点

中国消费者在购买新能源汽车时，最大的痛点其实不是续航里程，而是充电效率。充一次电动辄40分钟，朝九晚五的上班族哪有那么多时间去充电？所以，比亚迪依靠自家核心的高压IGBT，很早就布局了800V高压快充。随着比亚迪800V高压充电平台的落地，或许在不远的未来就能实现充电10分钟就能充满。

3. 自主芯片技术支撑，底气十足

2022年，很多车企因为芯片荒，生产和销售出现异常，甚至不得不减产或者停产，而比亚迪却稳如泰山。因为比亚迪的新能源产业链完善、覆盖面广，而且在芯片研发和制造上布局很早，有深厚的技术底蕴。

[问题思考]

比亚迪满足了中国消费者什么样的需求？试分析比亚迪深受消费者欢迎的原因。

二、实战演练

[演练内容]

请结合本模块内容，借助周末到实体店进行调查，选取购买商品类别不同的3～5位顾客，完成调查表4-1，并进行课堂展示汇报。

思考：

(1) 这几位顾客的购买动机有什么不同？为什么？

(2) 这几位顾客的需要各属于马斯洛需要层次理论中的哪一层？营销人员应该采用何种策略去满足他们？

表 4-1　消费者购买行为调查

顾客	顾客身份	店铺名称	商品名称	购买原因（需要）	购买动机	评价	启示与思考
顾客 1							
顾客 2							
顾客 3							
顾客 4							
顾客 5							

[考核评价]

详见表 4-2。

表 4-2　考核评价

项目	评价标准	分数
内容完成	能按要求完成调查表，调查表语言规范、无错别字，观点正确	20
语言表达	口齿清晰、用词得当、意思表达准确、内容富有条理和逻辑性	20
现场感染	有较强的现场感染力，引起评委的共鸣	20
解决问题能力	具备分析问题、解决问题能力	20
启示有价值	启示有一定的借鉴价值	20
合计		100

模块五　影响消费者心理变化的因素

在不同国家、不同地区、不同种族及不同社会成员中，消费者行为表现出不同的心理特征。由于消费者行为本身是一种社会文化行为，受个体所处社会文化环境和个体心理差异的影响，产品是连接企业和消费者的直接桥梁，企业的多数行为，如设计、包装、命名等，都是建立在所拥有的产品之上的，因此，开发受消费者欢迎的产品是企业接近消费者的基础和前提。在影响消费者心理的诸多环境因素中，购物环境因素是最直接的，它对消费者心理的变化起着引导性的作用；而经济环境因素是决定性因素，从我国目前的情况看，经济环境因素主要包括经济发展规模和水平、社会供给总量、物价水平、货币供应量、通货膨胀、收入水平和税收水平等。

模块结构

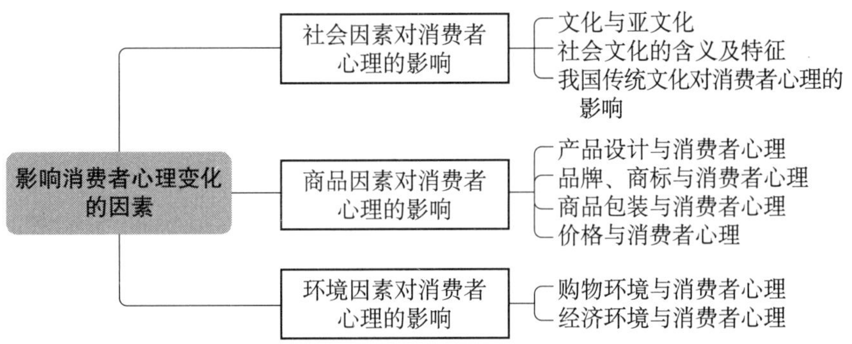

学习目标

知识目标：了解社会因素、商品因素和环境因素对消费者心理的影响，理解社会文化和社会阶层的含义，掌握产品、价格和购物环境对消费者心理的作用。

能力目标：能够根据社会文化和社会阶层的内容，针对不同消费群体采取有针对性的策略；能够运用产品设计、品牌、商标、包装、价格和购物环境等知识内容，在营销活动中正确满足消费者需求。

素质目标：能够理解并尊重各民族、种族的文化差异，并在营销实践中践行。

案例导入

辣条，为什么是卫龙？

自20多年前辣条诞生起，它就和“廉价”、“不健康”甚至“三无”等并不友好的词绑在了一起，尤其是之前的行业肃清，更是清退了一大批小作坊。但就是有一个品牌，硬生生把行业危机转化成自家的转型契机，稳稳地坐在了行业龙头的位置。它就是卫龙。

让我们来看看卫龙到底是怎样在辣条行业中脱颖而出，占据大半江山的。

1. 转变印象

小时候，家长都不让我们吃辣条。理由很简单：不健康，不卫生。但是卫龙为了转变人们的印象，不仅请专业摄影团队到车间拍摄照片，还邀请网络红人进车间直播。卫龙利用互联网的力量，用胜于雄辩的事实，一招破除辣条垃圾食品、三无产品的形象。在当下消费者追求少油、少糖、少盐的健康零食的今天，卫龙也紧跟时代消费潮流，研发出0反式脂肪、0防腐剂、0甜蜜素的美味健康辣条，在辣条界独树一帜，赢得了消费者的认可与肯定。于是乎，卫龙辣条不再是同其他辣条一样的低级食品，而是拥有现代化的辣条生产技术体系和质量管控标准，正儿八经的辣条界的“高才生”。

2. 产品设计改良

原来和卫龙齐名的辣条界巨头还有火爆鸡筋等。可这么多年过去了，火爆鸡筋还是只有火爆鸡筋，而反观卫龙，各种商品琳琅满目令人应接不暇，再也不是原来那只有一种包装、一种口味的辣条了。

3. 营销手段

从最初与暴走漫画的合作，微博段子手的炒作，天猫网站的不发货黑客事件，到苹果风，“国际奢侈品”，卫龙玩到仿佛忘记了自己只是“辣条”的现实，二次元、科技风，简直是信手拈来。在网络时代，食品营销如何进行？卫龙用亲身经历给我们上了一堂生动形象的课。

4. 拓展海外市场

近些年来，中国留学生数量不断增加，外国人到中国旅游的人数也不断提高。卫龙辣条被留学生带到国外，外国友人爱上了卫龙辣条，卫龙辣条也荣登美国奢侈食品榜。在BBC纪录片里，更有几位主持人都强烈推荐卫龙辣条，并且把卫龙辣条列为外国年轻人必须体验的中国小吃。

问题：请搜集相关资料，分析卫龙辣条如何能独树一帜。

提示：环境因素对于企业的影响有大有小，企业要善于分析环境因素，趋利避害发挥环境的积极作用。第一，食品行业特别是小零食行业的生产环境一直被消费者所诟病，卫龙与行业整体环境的脏乱差大不相同，通过改善自身环境从而脱颖而出；第二，消费升级的冲击，倒逼食品行业不但要生产口味丰富的产品，更要注重健康饮食的诉求，卫龙通过产品升级紧跟时代潮流；第三，互联网时代，产品的销售渠道发生了巨大的改变，传统渠道很难覆盖更多消费者，电商和直播渠道的兴起，让卫龙触网起飞；第四，卫龙升级产品包装，提升产品形象，针对南方地区的消费习惯开发甜味重的产品等；第五，卫龙善于借助互联网环境开展营销蹭热度，贴近产品目标消费群体。

单元一　社会因素对消费者心理的影响

一、文化与亚文化

（一）文化的含义

文化的概念有广义与狭义之分。广义的文化是人类在社会历史发展过程中所创造的物质财富和精神财富的总和，分为物质文化与精神文化。物质文化是指人们实际征服自然界的物质生产能力；精神文化是指人们的知识水平、民族习惯、地区风俗、行为规范、宗教信仰、价值观念、生活方式、态度体系、教育水平、家庭关系等。狭义的文化是社会意识形态以及与之相适应的制度等范畴。本单元研究的是广义文化对消费者心理及行为的影响。文化既是一种社会现象，也是一种历史现象，它以物质为基础。每一个社会都有与之相适应的文化，并随社会物质生产的发展而发展，随着新的社会制度的产生而产生。文化有其自身发展的客观规律，它的发展具有历史的连续性，新文化不可能脱离旧文化而产生。同时，文化一方面是社会政治和经济的反映，另一方面对社会政治和经济产生巨大的影响。

（二）亚文化的含义

亚文化又称为副文化，是指不占主流的或某一局部的文化现象。同属一种文化的人们又可以根据民族、籍贯、种族、宗教、年龄、性别、职业和社会阶层等不同标准划分为若干不同的亚文化群体。一种亚文化可以代表一种生活方式，它不仅包括与主体文化共通的价值观念，还包括自己独特的价值观念。每个亚文化群体都有自身的某些生活行为方式，成员往往非常认同。一般认为，亚文化对其成员的影响比主文化还要强，它赋予个人一种可以辨别的身份。因此，对文化与消费心理的研究主要是研究亚文化对消费者心理及行为的影响。

二、社会文化的含义及特征

(一) 社会文化的含义

社会文化是一种客观的历史现象，每一个社会都有与之相适应的社会文化，特定的社会文化对社会每个成员产生直接或间接的影响，从而使成员在价值观念、生活方式、风俗习惯等方面带有该文化的深刻印记。

社会文化对个人的影响非常巨大，主要体现在：（1）社会文化为人们提供了看待事物、解决问题的基本观点、标准和方法；（2）社会文化使人们建立了是非观念和行为规范。在通常情况下，社会结构越单一，文化对个人思想与行为的制约作用就越直接；社会科学水平越落后，文化对个人思想和行为的影响就越强烈。

(二) 社会文化的特征

在人类社会历史的进程中，虽然不同国家、民族都有自己独特的社会文化，但从整体来看，各种形态的社会文化又有某些共性。把握这些共性，有助于人们了解社会文化对消费者的影响和作用方式。

1. 共有性

文化是由社会成员在生产劳动和生活活动中共同创造的，它为全体成员所共有，并对该社会中每个成员都产生深刻的影响，使其心理倾向和行为方式表现出某些共同特征。就消费活动而言，它有利于使一定社会中的消费者产生共同的消费偏好，促使消费者的消费行为趋于一致，从而为企业采取有针对性的营销策略奠定基础。

2. 差异性

每个国家、地区和民族都有不同的文化，即使同一个国家、地区和民族的内部，也仍然存在许多文化差异，即有自己独特的风俗习惯、生活方式、伦理道德、价值标准、宗教信仰等，这些方面的不同构成了不同社会文化的差异。例如：同样是汉族人，北方人过春节吃饺子，南方人就没有这个习惯。社会文化的差异性要求企业在选定目标市场之前根据消费者需求的差异性进行市场细分，采取差异性的营销策略，以便满足不同消费者的需要。

3. 发展性

随着社会的发展，文化也在不断发展中。与之相适应，人们的价值观念、生活方式、消费水平和消费方式等也在不断发展变化。社会文化的发展性也成为市场需求变化的重要基础，它要求市场营销人员敏锐地观察并及时地发现文化发展变化的趋势，及时开发并向市场提供能满足这些变化需求的各类产品。

4. 适应性

社会文化的适应性是多种社会因素和自然因素综合作用的结果。因此，对于企业来说，文化及特定文化环境下的消费者心理与行为特性有其客观性和不可控性。企业唯有适应环境，适应消费者的特殊要求，才能使自己在激烈的市场竞争中立于不败之地，尤其是在不同的文化环境中从事营销活动时，必须积极主动地适应文化环境的要求，尊重消费者特有的风俗习惯、宗教信仰和消费偏好等，以免遭到失败。

三、我国传统文化对消费者心理的影响

我国的文化是以几千年来的小商品经济为基础、以宗法家庭为背景、以儒家伦理道德为核心的传统文化。在这种文化背景中繁衍生息的中华民族在价值观念、消费观念、生活方式上都有独特性。

相关链接

春节过后河南人和其他省份人民对账，牛奶和火腿肠都对不上

（一）注重伦理

我国的文化非常注重伦理关系，这是因为中国人非常重视人与人之间的关系，不同于西方重视人与神、人与自然以及人与物的关系。我国文化的核心是儒家文化，而儒家文化的伦理观念是从最基本的血缘关系中发展起来的。因此，我国传统社会的人际关系都是从夫妇、父子这些核心关系中派生出来的，社会以家庭为单位构成，相应的消费也是以家庭为单位进行。中国人非常看重家庭成员的依存关系，并以血缘为基础扩大家族关系，亲戚之间交往频繁、联系密切。因此，在消费行为中，商品和服务的口传信息沟通比正式的信息沟通渠道更为重要。同时，这种伦理关系造成了购买行为的互相影响，子女尊重父母的选择，而父母不仅要考虑自身的需要，还要考虑家庭中其他成员的需要。这导致消费行为具有沿袭性。父母喜欢的，子女也喜欢；家长赞成的，子女也赞成。

（二）讲究面子

讲究面子是中国人典型的文化心理特征。但在许多情况下，讲究面子被以讲究礼仪的说法所掩盖。我国的传统文化为丧葬嫁娶、待人接物规定了诸多的礼仪。讲究礼仪是必要的，但过于讲究礼仪就变成了要面子。中国人的要面子是多方面的，例如：亲朋好友来访，倾其所有，热情招待，花费越大，规格越高，越说明主人的热情，客人越有面子。这一典型的特点也直接反映在他们的消费行为上，销售人员只要能够很好地运用，必能获得事半功倍的效果。

（三）群体感强，注重规范

儒家文化注重中庸、忍让、谦和。这种文化教化的大多数中国人注意群体规范，喜欢与他人同步。这同西方强调个性、与众不同形成鲜明的对比。中国人往往把自己看作某群体中的一员，竭力遵守群体规范，言行举止力求与大家一致，避免突出个人，否则，就会引起别人的注意、议论。个人的言行举止成为公众注意的中心，这是大多数人最不喜欢的，也是极力避免的。这种文化意识使人们在消费方面喜欢随大流、赶潮流，消费行为趋于一致。

课堂互动： 尝试分析中西方文化的差异。

互动要求： 学生结合所学知识进行独立思考，陈述自己的观点；也可以跟同学沟通后回答。

同步案例

为了中东世界，可口可乐新包装连 Logo 都不要了

为了适应中东地区消费者的文化习俗，可口可乐在伊斯兰“斋月”期间推出了完全没有品牌标志的新包装。每年的 6 月 18 日到 7 月 17 日，也许你很难在中东地区找到熟悉的可口可乐标志了——为了号召人们关注世界范围内的种族歧视问题，可口可乐发起了“这个斋月，去掉标签”(Remove the labels this Ramadan) 活动（见图 5－1）。

图 5－1　可口可乐包装展示

在去掉了瓶身的品牌 Logo 与原料说明之后，罐装可口可乐的新包装上只留下了一条弧度优美的波浪形白色丝带。这既可以象征穆斯林女性的传统头饰，也可以说是对可口可乐经典弧形瓶线条的保留，让人还是能够一眼识别出这是可口可乐。瓶身上还写有一行字“只有罐子上才有标签，人不应该有”（见图 5－2）。

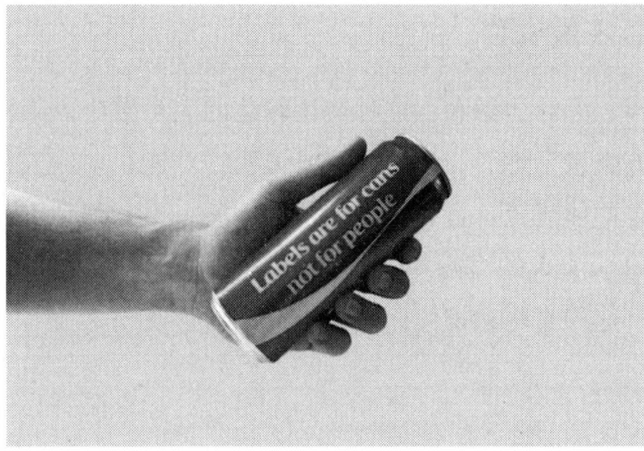

图 5-2 可口可乐包装上的文字

可口可乐希望通过此营销活动的开展，去除人与人之间的偏见，让产品成为人们沟通时打破隔阂的工具。

对于总是在产品包装上花样百出的可口可乐公司来说，这也是它第一次推出完全没有品牌 Logo 的包装。由于可口可乐品牌在世界的影响力，无论是此前火爆全球的昵称瓶、歌词瓶与台词瓶，还是在墨西哥为视障人士推出的盲文瓶，这样的包装改变不仅能促进产品销量的增长，也能够在世界范围内传递"平等、宽容"的价值观。

问题：可口可乐新包装为什么要去掉 Logo?

提示：企业要学会尊重不同的民族文化，首先要了解文化的差异，并尊重这种差异。可口可乐公司正是做到了这一点，借助于包装的变化来传递它的价值观。产品成为人们沟通时打破隔阂的工具，这一点是值得学习的。

单元二 商品因素对消费者心理的影响

一、产品设计与消费者心理

（一）新产品的概念

从营销学的角度看，整体产品包含五个层次，即核心产品、形式产品、期望产品、附加产品和潜在产品。在整体产品中，任何一个层次的更新和变革，都会使新产品区别于原产品，有了新的结构、功能、品种或增加了新的服务、给消费者带来了新的利益。这样的产品都可视为新产品。

从市场的角度看，新产品按改进程度可分为以下三类：

1. 全新产品

全新产品是指运用新技术或为满足消费者某种新的需要而发明的产品。无论是从设计原理、工艺流程、性能结构，还是从外观造型上看，全新产品都和原有产品不同，是发生了实质性变化的整体更新产品。这类新产品的上市，一般会引起消费者消费方式和心理需求的变化，使消费者改变过去的使用习惯和消费方式，建立全新的消费行为。例如：无线耳机、虚拟现实设备、口袋无人机等，就属于全新产品。

2. 革新产品

革新产品是指在原有产品的基础上采用新技术或新材料，使产品性能有了重大突破，或将原单一性能的产品发展为多种性能及用途的产品。这类新产品一般会给消费者带来新的利益和心理上的满足感，会使部分消费者改变消费行为和习惯，因而对消费者心理影响较大。例如：智能手表、一体式计算机等，就属于革新产品。

3. 改进产品

改进产品是指在原有产品基本用途不变的情况下，对其成分、结构、款式、规格等进行改进而生成的新产品。改进产品对消费者原有的消费心理与习惯影响较小。例如：手机屏幕由 3.5 英寸变为 4 英寸，后又变为 4.7 英寸，还增加了 5.5 英寸屏的选择，就属于改进产品。

（二）新产品购买者的类型

由于心理需求、个性特点及所处环境等的差异，不同消费者对新产品接受的快慢程度有所不同。美国学者埃弗雷特·罗杰斯（Everett M. Rogers）根据这一差异将新产品购买者划分为以下五种类型。

1. 革新者

任何新产品都是由少数革新者率先使用的，这部分消费者一般约占全部购买者数量的 2.5%。他们极富创新和冒险精神，收入水平、社会地位和受教育程度较高；多为年轻人，交际广泛且信息灵通；人数虽少但有示范、表率作用，因而是新产品推广的首要对象。

2. 早期购买者

这是继消费带头人购买之后，马上购买的消费者。这部分消费者一般约占全部购买者数量的 13.5%。他们大多是某个群体的意见领袖，思想活跃，喜欢评论，对新生事物感兴趣，对新产品有较为强烈的消费欲望；人数较少但有一定的权威性，对带动其他消费者购买有重要作用。

3. 早期大众

这部分消费者一般约占全部购买者数量的 34%。他们有较强的从众、仿效心理，但一般比较谨慎。这部分消费者由于数量较多，而且一般在产品成长期购买，因而是促成新产品在市场上趋向成熟的主要力量。

4. 晚期大众

这部分消费者一般约占全部购买者数量的34%。这部分消费者态度谨慎，对新事物反应迟钝，从不主动接受新产品，直到多数人采用新产品且反映良好时，他们才会购买。他们对于新产品在市场上达到成熟状态作用很大。

5. 守旧者

这部分消费者一般约占全部购买者数量的16%。这部分消费者是采用新产品的落伍者。他们思想保守，拘泥于传统的消费行为模式，社会地位和收入水平一般较低，在新产品过时后才会购买，或最终拒绝购买。

（三）新产品设计的心理策略

消费者整体经济水平和文化水平的提高，使其心理欲求在购买行为中所起的作用越来越重要。消费者是否购买某一新产品，常常取决于新产品能否满足其心理需求。因此，企业在设计新产品时必须适应消费者不断变化的心理。具体而言，企业应从以下五个方面进行研究设计：

1. 产品设计的指导思想必须适应消费的变化

设计和试制新产品的主要目的之一是满足市场不断变化的需求，适应消费群体的变化，以获得更好的经济效益。这些变化主要表现如下：

（1）习惯的变化。自给性消费减少，商品性消费增加；多层次、个性化使产品寿命周期缩短。

（2）消费模式的变化。随着消费结构的变化，当必要的生存资料获得满足后，消费者对发展资料和享受资料的需求增加。

（3）消费心理的变化。购买心理动机由求稳、求全、求廉、求实发展为随多、喜新、争胜、保值，又发展为求稳、求全、求廉、求实，如“抢购风”之后出现销售疲软现象。

2. 根据消费者的生理需求设计新产品功能

产品的基本功能就是产品的基本价值，是消费者购买新产品的出发点。满足消费者需求是在设计新产品功能时首先应考虑的因素。近年来，在产品功能设计方面出现了以下四种趋势：

（1）多功能。多功能即增加产品给消费者带来的功能利益。例如：多功能音响，能与计算机相连的数码相机，可以上网、拍照的手机等。

（2）自动化。自动化产品，如全自动洗衣机、洗碗机等智能型家用电器，为消费者快节奏的生活带来许多便利。

（3）绿色产品。随着环境污染的加剧，人们对无公害、无污染的绿色产品的需求明显增加。绿色装饰材料、无公害蔬菜等越来越受到人们的青睐。

（4）健康型产品。随着生活水平的提高，人们对自己和家人的健康更加关注。具有补充钙、铁、锌及维生素，有助于睡眠、帮助消化等功能的各种保健品，深受人们的喜爱。

3. 按照人体工学的要求设计新产品的结构

与人体生理改造和生命发展相适应的产品，可给人以安全感和舒适感，减轻人体疲劳，加速人体机能的恢复。因此，在设计新产品时，应当按照现代人体工学的原理，根据人体各部位的结构特征、生理机能以及使用环境等进行综合设计。例如：根据人们腿部的长度确定座椅的高度；根据人们腰部的特征确定靠背的形状和倾斜度；根据手臂的长短安置扶手。这样才能使人们姿势安稳、肌肉放松。

4. 根据消费者的个性心理特征设计产品的个性

消费者的个性特征对其购买动机有重要影响，因此设计新产品时还要考虑产品的独特个性，使新产品与众多同类产品有显著差异，即有明显的特点。这些特点具体表现如下：

（1）体现威望的个性。这是指体现消费者的社会威望或表现其个人成就，如高档手表、名牌服装、豪华轿车等。因此，在设计新产品时应选用上乘或名贵的原材料，产品款式应豪华精美，并保证一流的工艺和质量。

（2）标志社会地位的个性。某些产品是供社会某一阶层使用的，是这一阶层成员的共同标志。使用者可以借此表明自己属于该社会阶层或集团的身份。不同的社会阶层，其消费习惯及心理特征有明显的差别。因此，在设计新产品时，应当充分考虑特定阶层消费者的工作环境、经济收入、社会地位、消费习惯和消费心理。

（3）显示成熟的个性。在不同的年龄阶段，人们的生理与心理成熟程度不同。因此，在设计新产品时，应注意适应不同年龄阶段消费者的成熟程度，以满足其生理和心理需求。

（4）满足自尊和自我实现的个性。马斯洛的需要层次理论表明，当基本物质需要得到满足后，人们会产生精神需要。人作为社会中的一员，一方面渴望得到他人的认可和尊重，希望在社会交往中给人留下良好的印象；另一方面要求不断提高自身的知识水平和能力，充分发挥自身的内在潜力，以求得事业上的成功与个人价值的实现。为此，人们会刻意寻找有助于增强自我价值实现的产品，如装饰品、美容用品、学习用品及有助于提高某方面技能的专门用品等。在设计这类产品时，应根据其想要体现的消费者需要的层次，使产品充分迎合该层次消费者的需要。

（5）满足情感要求的个性。随着生活节奏的加快，消费者在强调产品实用性的同时，越来越注重情感消费，如表达友情、亲情，寄托希望、向往，追求情趣、格调等。某些产品，如工艺品、玩具等，因其设计新颖、造型别致、蕴含丰富的感情色彩，能够满足消费者的情感需要，因而受到消费者的青睐。这类产品的设计应强调新、奇、美、趣、雅等特点。

5. 适应时代潮流进行新产品的设计

时代潮流是一种反映多数人意愿的群众性、社会性行为趋向。在一种新的时代潮流中，大多数人都有向往、追求的意愿，因此在产品设计上也应体现流行时尚，以吸引更多的消费者。时尚产品的流行，既反映了社会文化和科学技术的进步，也反映了消费者渴望变化的心理倾向。有些消费者对具有特色的新产品极具热情，喜欢带头使用新产品，由此形成了时尚产品流行的源头。这部分消费者被称为“消费带头人”。他们首先购买和使用新产品，并引以为荣。他们的消费行为起到了宣传示范作用，引起了其他消费者的模仿购买，并逐步形成了消费流行高潮。因此，要满足消费者追求时尚流行的心理，产品设计应贵在“出新”，在设计时应当注意时尚产品流行周期逐渐缩短的趋势，并善于捕捉时尚源头、及时发现和把握流行趋向。

（四）基于消费者心理的新产品推广策略

新产品问世后，企业面临的主要问题是如何使消费者尽快认识、承认并接受新产品。消费者接受新产品要经历引起注意、激发兴趣、产生联想、形成欲望、实施行动等阶段。这几个阶段能否顺利发展，一方面与产品的质量、价格、性能等密切相关；另一方面与消费者在接受新产品过程中的各种心理因素紧密相连。为此，企业在推广新产品时，必须根据消费者的心理特点，制定相应的推广策略。

新产品推广的心理策略包括以下四个方面：

1. 遵循消费者接受新产品的心理过程，开展相应的推广工作

消费者接受新产品的过程是一个复杂的心理活动过程，大致经过“知晓→兴趣→评价→试用→采用”五个阶段。在不同的阶段，消费者心理活动也不同，企业应有的放矢地进行推广。在知晓阶段，消费者对新产品虽略知一二，但并未深入了解，尚无详细的信息，此时企业推广工作重点是全面详细地介绍新产品，说明新产品从功能到效用都能满足消费者的哪些需求，以激发消费者的兴趣。在评价阶段，企业应重点解释消费者对新产品所存有的疑虑，鼓励消费者先小量购买试用，亲身体会和验证新产品的质量、功效、用途。企业要注意跟踪服务，正确处理消费者的各种异议，并进行信息反馈，以利于根据消费者异议适当改进并完善新产品。在试用结束后，消费者如果对新产品比较满意，就会正式购买和重复购买，企业在这一阶段的工作重点是进一步提高消费者满意度，使该产品树立良好的品牌形象，让其成为新产品的义务宣传员，起示范消费的作用。

2. 瞄准革新者和早期购买者，发挥积极的消费示范作用

革新者和早期购买者虽然所占比例较小，新产品推广仅靠这类群体难以形成销售高潮，但是，他们的消费示范作用对中晚期购买者有很大影响力。企业要善于利用这种资源为企业服务，培养良好的消费示范者：一要注意在这个群体中优选影响力大、有一定威信的消费者进行重点培养；二要给予这类消费者更多的新产品知识，提高他们的满意度；三要加强与他们的沟通，既帮助他们解决异议，又帮助他们总结使用新产品的体会，增强兴趣，形成口碑宣传，引导消费舆论，加速新产品推广。

3. 重视新产品的潜在购买者，推动新产品进入销售高潮

新产品上市后，大多数购买者都是在普及初期和后期才会采取购买行动，他们是新产品的晚期购买者。在新产品投入市场阶段，他们处于潜在购买者的地位，是新产品推广的关键目标群体。企业要重视对潜在购买者的分析，包括购买次数分析、购买数量分析、购买者心理稳定程度分析、对新产品品牌态度分析。对潜在购买者的分析无论从何角度进行，企业都必须建立好顾客档案，加强市场调查研究，注重信息反馈等工作。

4. 注意灵活运用各种有效的推销方法

许多企业在长期的新产品推广中，总结出很多有效的推销方法，如示范表演法、样品试销法、合作推销法、印刷品推销法、网络推销法等。随着推销获得的发展，方法还会越来越多。因此，企业要根据新产品的特点、目标群体特征及分布状况，灵活选择行之有效的方法；同时要注意研究各种形式的科学组合，使多种方法进行优势互补，提高新产品推广的效果。

二、品牌、商标与消费者心理

（一）品牌和商标的概念

品牌是企业为商品设计的一组特殊化标志，是一种名称、标记或符号，或是它们的组合。企业使用品牌的目的是使消费者能够辨识自己的商品或服务，并使之区别于竞争对手。品牌同时代表了特定的质量保证，冠以某种品牌的商品同时代表了比较稳定的文化内涵，能够向购买者提供一组长期的、特定的利益和服务。

商标是一个法律意义上的概念，各国及国际组织对商标的定义不尽相同。我国对商标的定义为：商标是指生产者、经营者为使自己的商品或服务与他人的商品或服务相区别，而使用在商品及其包装或服务标记上的由文字、图形、字母、数字、三维标志和颜色组合或上述要素的综合所构成的一种可视性标志。世界知识产权组织（WIPO）对商标的定义为：商标是用来区别某一工业或商业企业或这种企业集团的商品的标志。国际保护知识产权协会（AIPPI）在柏林大会上曾对商标下的定义为：商标是用以区别个人或集体所提供的商品及服务的标记。法国政府则将商标的定义表述为：一切用以识别任何企业的产品、物品或服务的有形标记均可视为商标。

品牌和商标不能等同，商标是品牌重要的组成部分。但两者对企业的重要性是不言而喻的，且有异曲同工之妙。同时，品牌和商标对消费者心理的影响也是非常巨大的。

相关链接

品牌标识设计的原则

（二）品牌和商标的心理效能

1. 识别商品效能

品牌和商标通过特定的文字、图像、符号，使企业的某种商品区别于其他企业的同类

商品，有助于顾客在购买商品时分辨商品的制造商、经销商，从同类商品中确认自己所选择的厂商的商品。同时，品牌给顾客提供知觉线索，使其形成对商品质量、声誉、用途与价值的认识，建立起对企业及其商品的信任，促使企业保持、维护和提高商品质量及市场信誉。

2. 建立企业形象效能

品牌代表企业的经营特色与形象，知名品牌常能树立良好的市场形象，使顾客有深刻的感受与难忘的印象。这种感受和印象随时都在发挥影响，并逐步发展成为购买习惯，使顾客成为“铁杆顾客”；反之，若品牌给顾客留下不好的印象，企业将痛失顾客，最终失去在市场上的竞争力。

3. 质量保障效能

品牌、商标是商品生产与进入市场的通行证，使顾客对商品质量建立信心，顾客的利益得到保障。若商品发生故障，顾客在维修、更换零部件等方面都可获得便利，更有安全感。同时，顾客可以根据品牌、商标对商品质量实施监督。

4. 传播促销效能

品牌、商标作为企业及其商品的形象标志，可以充分发挥其促销效能。企业可以通过媒体或顾客之间的信息交流，不断扩大品牌的知名度、美誉度，使企业及其商品深入人心，引起顾客的品牌偏好，促使其实施追求品牌、认准老品牌等各种“认牌购货”的消费行为。

（三）基于消费者心理的品牌和商标策略

相关链接

品牌三要素

1. 品牌使用策略

企业可以在掌握消费者品牌消费心理的基础上，制定和实施正确的品牌使用策略。

（1）品牌化策略。没有品牌，企业就无法将自己与竞争对手区分开来，消费者也无法对产品形成明确的认知。因此，在大多数行业，企业会选择品牌化策略，即企业使用品牌，并相应地进行商标注册。随着市场竞争日趋激烈，一些过去认为无须建立品牌的行业，如农作物种植业和家禽饲养业等，也开始选择品牌化决策。

（2）一般的品牌策略。其具体包括以下四种策略：

第一，产品线扩展策略。产品线扩展是指企业在现有产品类别中增加新的产品项目，并以同样的品牌名称推出，如在现有产品线中增加新的口味、外观、样式、包装规格等。当消费者的需要发生变化或企业发现新的消费者需要时，进行产品线扩展可以获得更多的销售机会。此外，产品品种、花色、样式的增多可以刺激消费者的购买欲望，帮助企业对抗竞争者或在中间商那里占据更多的货架。当然，这一策略也面临一定的风险：1）可能导致品牌名称失去其特定的含义；2）销售收入不足以抵销开发和促销成本；3）虽然销售收入增加，但并未吸引竞争对手的顾客，而仅仅影响本企业产品。

第二，品牌延伸策略。品牌延伸策略是指企业利用现有的成功品牌推出新产品。例如：海尔通过推出高质量的冰箱创立品牌后，又以此品牌推出洗衣机、空调、计算机等产品。品牌延伸策略被认为是双刃剑，一方面能够借助已有品牌，降低新产品的促销费用，加快市场推广速度，使消费者很快认识、注意和接受新产品；另一方面将面临风险，即若推出的新产品不能令消费者满意，可能影响原有产品的销路，更为严重的是可能破坏品牌的市场知名度、美誉度和顾客忠诚度。

第三，多品牌策略。多品牌策略是指对同种产品采用两个或两个以上的品牌。宝洁公司最早开拓和实践了这一策略。例如：宝洁公司在我国推出的洗发水有多个不同的品牌，包括海飞丝、飘柔、潘婷和沙宣等。多品牌策略可以使企业占据更多的货架，且每一种品牌的产品承担的风险也相对较小；此外，通过品牌的不同定位，可以吸引、追求不同利益的消费者，增加消费者的选择。这一策略可能带来的问题是品牌之间的竞争在企业内部展开，而非期望的那样发生在与竞争者之间。

第四，新品牌策略。新品牌策略是指企业在推出新产品时，采用新的品牌名称。当原有品牌名称不适合新产品时，企业通过建立一个新的品牌，在公众心目中树立新的形象。这一策略可以避免原有品牌可能给新产品带来的不利影响。但建立新品牌成本较高，企业应事先考虑投入与产出。

（3）品牌的情感策略。一般的品牌策略能够改变消费者对企业的态度，而品牌的情感策略能够促使人们因为这样的感情而采取购买行动，即给消费者提供一个从一次购买到长期购买的理由。方便的零售服务和互联网的普及大大降低了顾客的搜寻成本，但竞争者也越来越擅长快速复制创新。因此，对企业来说，通过激发和满足顾客的情感需要来创造价值变得越来越重要。

情感策略的三个核心要素是信任、体验和精力。这三个要素不仅为企业提供了将产品从竞争对手的产品中清楚识别出来的机会，而且能够切实地促成大部分消费者的购买决定。

第一，信任。信任是指品牌获得的信任。一家企业长期信守诺言，会使消费者逐渐信赖该企业，仅仅看到企业的标志或听到企业的名字就觉得产品值得购买。

第二，体验。品牌建立在顾客对企业产品长期满意的体验之上。体验是顾客与品牌的相互作用，如在特定的零售环境中购物、浏览网站、参观工厂，以及使用产品和享受服务，这一切都会影响消费者对品牌的态度。每一次体验都存在满足消费者需要的机会，因此也是他们与品牌建立情感联系的机会。情境购买就是增强顾客体验的有效方式，如在商场中设置一个家居情境，能够使消费者如临其境，产生亲切感，从而刺激其购买欲望。

第三，精力。精力是指消费者为购买和使用产品所花费的时间和努力的总和。精力策略意味着为消费者提供方便和节省时间。在这一点上，互联网胜出一筹，一旦消费者登录相关网站并找到一件产品，只要用鼠标点击一下，就可以订购产品，并享受送货到家服务。此外，企业也可以通过免费送货、上门安装、维修服务等方式，节省消费者的精力。

2. 商标使用策略

商标与品牌一样对消费者行为有很大的影响，因此，企业不但要保证有成功的商标设计，还要巧妙地运用商标的功能。在使用商标时应注意以下三个策略：

（1）是否需要使用商标。对大多数企业来说，使用商标无疑会起到积极的促销作用，但是在现实生活中，并非所有的商品都要使用商标。因为一旦决定使用商标，企业就要投入大量的人力、物力、财力；不使用商标，企业则可以降低成本，更好地满足具有求廉心理的消费者需要。因此，企业应认真研究商标使用的必要性，在有些情形下，可以不使用商标。

商品本身并不因为制造商的不同而有不同的性质和特点，如电力、钢材、煤炭、木材等，它们属于无差别商品，只要品种、规格、型号相同，商品的性质和特点就相同。在这种情况下，商品可以不使用商标。一些日常生活必需品，如食盐、肉、蛋、蔬菜、水果等，消费者没有根据商标购货的习惯，因此也可以不使用商标。

（2）使用统一商标。统一商标是指企业生产的产品都使用同一商标，即同一商标的商品系列化。使用统一商标可以强化消费者的商标意识，缩短消费者认识新商品的时间，节约商标设计、制作和使用费用。特别是对于已经在消费者心目中树立良好形象的商标而言，使用统一商标策略易于使消费者产生信任感，促进购买行为的发生。但是统一商标的使用，有时不易突出新产品的性质和特点，如果其中某一两个产品质量不过关，还会影响全部产品的信誉，造成损失。

（3）使用独立商标。独立商标策略是指对不同的商品使用不同的商标。如果生产的产品种类多，产品之间又没有必然的联系，技术要求也不同，则企业可以考虑采用独立商标策略。这种策略可以有效地表达不同产品的性能和特点，使之适应不同消费者的不同习惯和不同心理要求，有利于维护其名牌产品的地位和信誉。

总体来说，品牌和商标往往同时出现，具有相似的作用和使用策略，并且很多时候会出现混同的情况，企业应综合两者之长，将它们的优势充分发挥出来。

三、商品包装与消费者心理

（一）包装的含义

商品包装泛指一切用于包裹、盛装、束缚、保护和装饰商品的容器、包装物和装饰物。一般而言，商品包装可以分为销售包装和运输包装。在现代经济生活中，包装已成为商品不可缺少的组成部分。包装直接影响商品的价格和销量，除了少数原材料类型的商品外，一般的商品都需要不同形式的包装。包装技术已发展成为专门的科学，并发展成为一个独立的工种和行业。

（二）基于消费者心理的包装设计策略

1. 根据顾客消费习惯设计

这是指根据顾客的消费习惯设计便于使用、易于识别的商品包装。

（1）惯用包装，即为使顾客易于识别和记忆，便于拆封或开启，遵从传统等心理要求来设计包装，如用透明塑料瓶来装饮料、食油、糕点等食品。

（2）分量包装，即为适应顾客的不同消费习惯、特点及家庭规模差异等，设计不同容量的包装，如饮料、食品，可有大小不同规格的包装供顾客自行选择。

（3）配套包装，即为适应顾客对某些商品消费的关联性、配套性的要求，将有关联的若干种商品组合在一起包装，如经常在超市看到的洗澡用品组合，把洗发水、沐浴乳、浴后乳液等沐浴所需产品一起销售。

（4）系列包装，即为使顾客易于识别、便于记忆，满足其信任名牌等心理需求，将同一企业生产的用途或花色各异、规格不同的同一品牌的商品，采用一致或类似的图案、色彩、形状的包装。系列包装常用于食品、护肤品、洗涤用品以及图书等方面的产品，如舒肤佳将各种香味和不同功能的香皂组合包装销售。

2. 根据顾客消费水平设计

这是指根据顾客的消费水平设计质量有别、价格各异的包装。

（1）等级包装，即根据产品质量的高、中、低档次分别设计与其价值相匹配、协调的包装，或分为精装、简装两种等级，以适应消费能力、社会地位不同的顾客的需求。如茶叶的包装，礼盒装茶叶和一般自用茶叶包装差别很大。

（2）名贵包装，即为了适应某些顾客特殊的需要，对价格昂贵的工艺品、艺术品采用专门制作的特殊包装，一方面体现出商品价值的不菲，另一方面使包装与产品艺术氛围相协调，并更妥善地保护商品。很多奢侈品的定制包装就体现了以上两点。

（3）礼品包装，即为适应顾客开展人际交往、参与各类礼仪活动中馈赠礼品的需要，使某些包装的色彩、图案、造型与喜庆、祝福等气氛相协调，制作精美程度超过一般常规的包装。这类包装新颖别致，漂亮美观，惹人喜爱，对体现情感有一定价值。

（4）简易包装，即为适应顾客日常生活消耗，满足勤俭节约、求廉、求实的需要而设计，成本低廉、结构简单、用后即丢，如食盐、肥皂、洗衣粉等低值易耗家庭用品的包装。

（5）复用包装，即为了节约社会资源，减少顾客的支出，或实现一物多用的要求，设计能重复使用或有多种用途的包装。如啤酒瓶、牛奶瓶，顾客可以退瓶给企业重复使用或自己收集用于其他方面。

3. 根据顾客消费心理特征设计

这是指为满足不同顾客消费心理需要特点而专门设计的商品包装形式，它要求构思新颖、造型独特、能激发顾客的情感，以达到促销目的。这类包装主要有以下四种：

（1）趣味包装。趣味包装是目前国际上较为流行的一种销售包装。这类包装主要在造型及装潢上用比喻、夸张、拟人等手法，别出心裁地构思设计，增加包装的趣味性及幽默感，以吸引顾客，达到促销目的。例如：有些饮料在包装上印有动人而富有诗意的爱情故事，饮料上市后，吸引了众多青年男女，许多人边喝饮料，边欣赏包装，产品销量极佳。

（2）怀旧包装。怀旧包装首先出现在经济比较发达的国家，近几年来，我国也出现了这类包装形式。它主要利用人们热爱大自然、返璞归真、怀念过去的心理，制造历史上曾经出现过的“旧式”包装形式。这类包装多采用自然原始材料，装潢粗糙、简朴，具有历史传统风格。例如：法国的一些调味品、酱料等食品，是用粗加工的木片盒、木罐、木筒、木丝编织盒包装，顶面只贴上一张印刷的报纸，上面印有几行说明文字，看起来像是几个世纪前的产品，以唤起人们对遥远年代的记忆。

（3）品牌包装。企业推出产品，要保持其较长的生命力，就必须创名牌。这就要求企业不仅在产品设计、命名上精心构思，而且要将商标设计与包装紧密结合，尽可能突出产品的个性和企业形象，给顾客留下鲜明的印象和好感。例如：可口可乐的品牌名称无论用哪种文字都使用红底白字，有一道波浪拦腰飘过，其精美的包装十分注重色彩与图案的协调，包装与产品名称、商标融为一体，让人很难分清商标与包装，目的就是突出可口可乐产品的整体形象。可以说，可口可乐产品能够畅销全世界，与其品牌化包装策略是分不开的。

（4）POP 包装。POP 是英文 Point of Purchase 的缩写，意思是“购买指南”。这类包装大多数采用“展开式”折叠纸盒形式，在盒盖外面印有精心设计的图案和文字，一打开，盒盖就与顾客视线形成 90°的图形画面，与盒内盛装的商品交相辉映、相得益彰，从而在销售现场给顾客直接施加影响，促进其购买。采用 POP 包装的商品多种多样，如食品、文教用品、化妆品、纺织品、五金产品、日用品、电器、水果、蔬菜等。

四、价格与消费者心理

（一）价格的心理功能

1. 衡量商品价值和质量的功能

消费者通常把商品价格同商品价值、质量联系起来，从而把价格的高低作为衡量商品价值和质量的标准。从理论上讲，消费者在选购商品时应以商品的价值为尺度判断是否购买。然而，人们常常会看到，有些内在质量相似的商品，由于包装、装潢不同，价格相差较多时，消费者宁愿购买价格高的商品；而对于一些处理品、清仓品，降价幅度越大，消费者的心理疑虑越重，越是不愿问津。类似现象的产生，正是由于价格的心理机制在起作用。消费者在选购商品时，总是自觉或不自觉地把价格同商品价值及内在品质联系起来，把价格作为衡量商品价值大小和品质优劣的标准。他们往往认为，商品价格越高，则商品的质量越好，价值越大；价格越低，则质量越差，价值越小。“好货不便宜，便宜没好货”便是消费者通常奉行的价格心理准则。

随着经济的飞速发展，新产品层出不穷，商品种类急剧增加，商品品质日益提高，消费者很难依靠传统经验，从使用价值上判断商品品质的优劣，因此，在心理上把商品价格作为衡量商品价值高低和品质优劣标准的现象会越来越普遍。

2. 自我比拟的功能

从消费心理学角度看，商品价格不仅能表现商品价值和商品品质，还能使消费者产生自我比拟的心理功能。这就是说，消费者在购买商品过程中，可能通过联想与心理活动，把商品价格的高低同个人的偏好、兴趣、个性心理特征等联系起来，有意或无意地进行价格比拟，以满足个人的某种社会性需要。

(1) 社会经济地位的比拟。在现实生活中，有些消费者只到大型百货店或专卖店购买高档、名牌或进口商品，以显示自己的社会地位和经济地位，获得一种心理上的满足。有些消费者则愿意到廉价商店购买优惠商品、折扣商品、过季降价商品，认为这类商品与自己的购买能力和经济地位相符，也能得到心理上的满足。

(2) 文化修养的比拟。有些消费者尽管对书法字画缺乏鉴赏能力，却要花费大笔钱购买名人字画挂在家中；有些消费者既不喜欢看书，也无意藏书，却买了大量昂贵的书籍。他们希望通过昂贵的名人字画或丰富的藏书来显示自己有很高的文化修养，从而得到心理上的慰藉。

(3) 生活情趣的比拟。有些消费者既缺乏音乐素养，又没有特殊兴趣，却购置钢琴或高档音响设备，为的是得到别人给予的“生活情趣高雅”的评价，获得心理上的平衡。

价格所具有的自我比拟的心理机制，同消费者自身的价值观、生活态度和个性心理特征直接相关，因而，它的表现形式往往因人而异、千差万别。但是，无论是有意识的还是无意识的，消费者都有一个共同点，就是他们都重视商品价格的社会价值。

3. 调节需求的功能

商品价格对消费需求的影响很大，价格的高低对需求有调节作用。一般而言，在其他条件既定的情况下，消费需求量的变化与价格的变动呈相反的趋势，即价格上涨时，消费需求量减少；价格下降时，消费需求量增加。同时，价格调节需求的功能，又受商品需求弹性的制约。不同种类的商品，需求弹性也不同。一般而言，生活必需品需求弹性较小，而非生活必需品需求弹性较大。

商品价格对市场消费需求的影响大致可归纳为两个方面：一方面，消费者对某种商品的需求越强烈、越迫切，对价格的变动就越敏感；反之亦然。另一方面，价格变动的结果可能使需求曲线向不同方向发展，例如：当某种商品价格上涨时，本来应起抑制购买、降低需求的作用，但由于消费者心理因素的作用，有时会出现“价格逆反”的现象，即“买涨不买跌”“买高不买低”。

通过以上分析可以看出，商品价格的心理功能比商品价格的一般功能要复杂得多。因此，企业既要认清商品价格的一般功能是商品价格的心理功能的基础，更要认清商品价格的心理功能对消费者购买行为的影响，以便使商品的价格最大限度地为消费者所接受。

课堂互动：人们的社会性消费需求所占比重越来越大，你是否认同？说说你的看法。

互动要求：学生结合所学知识进行独立思考，陈述自己的观点；也可以跟同学沟通后回答。

（二）消费者的价格心理反应

1. 消费者对一般价格的心理反应

（1）习惯性心理。对价格的习惯性认识是消费者在认识价格问题时经常发生的心理现象之一，即消费者在购买活动中对商品价格的认识心理活动。它既反映消费者的个性心理，也反映消费者对价格的知晓程度。它不但受客观因素（价格）的影响，也受消费者自身的知识经验、兴趣爱好、性格等个体主观因素的影响。

消费者对商品价格的认识，是从多次购买、使用、评价的活动中逐步体验并形成的对某种商品价格的习惯性。从心理学角度说，这是由于人们的神经系统反复通过一条路径，留下的痕迹逐步加深，变得越来越易于通过。因此，一些购买频率较大的日用商品，在消费者头脑中的印象逐步加深，并渐渐使消费者在购买中形成一种习惯。消费者对这种商品价格习惯后，在以后的购买中就易于接受，认为其是正常合理的价格。

价格的习惯性心理对消费者的购买行为有重要影响，消费者往往以习惯价格联想和对比价格的高低以及商品质量的优劣。同时，在已经形成的习惯价格的基础上，许多消费者对商品价格都有一个上限和下限的观念。如果商品价格超过上限，消费者会认为太贵，不合理；如果商品价格低于下限，消费者则会对商品质量产生怀疑。即使质量不变的商品，当其价格低于习惯价格时，如果不宣传说明，力图以低价取得有利竞争的地位，在降价的初期也是难以奏效的。

当然，价格的习惯性并非固定不变。许多商品价格的变动都会经历从不习惯到习惯的过程，这需要一定的时间。据日本学者的研究，商品价格上升后，所需的“恢复期”为半年至1年。据统计，日本国营铁路运费上涨1%，其后1年内，乘坐者减少80.2%，之后才又回到和超过原来的水平。可见，消费者在商品价格上升后，会在一段时间内减少对这种商品的消费，此后又恢复到正常的消费水平。但是习惯价格一旦形成，就不易改变。习惯价格的变动，不仅影响消费者的购买行为，影响企业在消费者心目中的形象，对社会的经济生活也会有一定影响。因此，对习惯价格的调整，要持慎重态度，事先应做好宣传和解释工作。

（2）感受性心理。感受性心理是指消费者对商品价格高低的感受和知觉程度。价格的高低是相对而言的。消费者对价格高低的判断往往是在同类商品中进行比较，或是在同一售货组中对不同类型商品进行比较而获得的。由于个体的感受、知觉能力和水平的不同，因此消费者对商品价格高低的判断结果就会有差异。一般而言，消费者常常会出现价格错觉，这是因为他们在判断商品的价格时除了考虑商品定价本身的因素外，还参考了商品的质量、大小、包装等因素，也受作为参照的其他商品价格的影响。例如：同样价格的商品，放在出售高档品的柜台上可能滞销，但放在廉价商品中，则会被认为“便宜”而畅销。当然，贵重品不能放在一般商品中，否则会降低它的特殊性而影响销售。有时消费者因急需某种商品而又求而不得，就往往不大计较这类商品的价格；当认为购买某种商品对自己是一种负担时，消费者就会觉得价格是昂贵的。凡此种种对价格的错觉，皆缘于消费者对价格感受不同而产生的价格心理。

（3）敏感性心理。价格的敏感性是指消费者对商品价格变动的反应程度。消费者对商品的价格在心目中都有一个大体的标准，这个标准是在长期的购买活动中，由于人们的意识、想象、习惯以及对商品品质的体验而逐步形成的。例如：对蔬菜、粮食、火柴、肥皂等日用品的价格，消费者认为价格应是低的，其价格变动幅度也应是小的，且这类商品的品质也容易体验，消费者往往有一定的购买习惯和使用习惯，因此，对这类商品价格的变动的敏感性就高，一旦这些商品的价格变动超过想象，就会引起消费者的强烈反应。面对耐用品、化妆品等，消费者想象中的价格标准较高，其价格变动幅度也比较大，故而对价格变动的敏感性也就低一些。

（4）倾向性心理。商品价格的倾向性是指消费者在购买过程中对商品价格的选择倾向。商品一般都有高、中、低档之分，它们分别表示商品的不同价格和质量。不同消费者出于不同心理，都会对其产生不同的倾向性。倾向于购买高价商品的消费者总认为，质量与价格密切相关，因此高价等于高质；倾向于购买低价商品的消费者则认为，价格不完全代表质量，只要经济实用就行，至于品牌、质量、价格等方面不太理想也无所谓。

消费者对价格的不同选择倾向，主要源于其经济地位、购买经验、消费方式以及对价格的知觉理解等方面的不同。

在我国当前的经济条件下，多数消费者由于受到收入水平和支付能力阻碍，比较倾向于选择中低档消费品。因此，企业在组织商品流通的过程中，应注意在商品的品种、规格、价格上适应消费者的心理要求，并针对消费者的不同价格倾向组织销售，使各类商品都能在较大程度上满足消费者的需要。

（5）逆反心理。在正常情况下，消费者总是希望买到物美价廉的商品，对相同价值的商品总是希望其价格越低越好。但是在某些特定的情况下，商品的畅销性与其价格会呈反向表现，即并非价格越低就越畅销。出现“买涨不买跌”的情况，就是消费者对价格的逆反心理所致。商品的主观价格是依据其客观价格而形成的，但是主观价格与客观价格经常会出现不一致甚至背离的情况，在顾客心目中常会产生这样的判断：商品的价格太高，或者商品的价格偏低。主观价格是构成商品形象的一个组成部分。对于一个有较高自我比拟意识的人来说，购买一件他认为价格偏低的商品会有失身份。例如：一件女式风衣刚开始的标价是168元，低于同等商品平均价格水平，但在商店挂了很久无人问津。当商家把价格改成680元时，很多消费者就会注意到这件风衣，很快这件风衣便以500元的价格出售了，就是因为消费者看到低价，会认为这件风衣可能是滞销货，或者存在质量问题，不愿意购买。

2. 消费者对调价的心理反应

调整商品价格是经常发生的现象。厂商调整价格的原因是多方面的，商品成本提高、技术含量增加、税收变化、竞争激烈、供求关系变化、商品处于生命周期的不同阶段等因素，都会引起价格波动。当然，价格变化也必然对顾客的消费心理和行为产生影响。

商品价格的变化必然影响顾客的切身利益，促使顾客对市场价格的变化给予关注，也会引起顾客心理与行为上的反应。通常而言，当某种商品价格上涨时，顾客会减少该种商品购买的数量和频次。如果此类商品是生活中必不可少的，顾客就只能减少其他商品的购买数量，或者购买同类商品中质量稍次一点的商品，或者购买可替代的商品。如果商品价格下调，顾客则可能增加该类商品的购买数量和频次，尤其当该类商品消费量有伸缩性时，这种情况就更显著。例如：香蕉价格从5元/斤下调至3元/斤，某顾客原想买5斤，现在可能买8斤。也有可能出现这样一种情况，即虽然该类商品的购买数量没有变化，但其他商品的购买量增加了。例如：大米价格从3元/斤下调至2元/斤，顾客每月仍然只买100斤，省下的100元用于买其他商品。

(1) 顾客对商品价格上调的各种心理反应。客观上，由于各种原因，价格变化时顾客心里会产生多种反应与行为。当商品价格上调时，顾客的工资收入未能调整，意味着其购买能力下降。然而，往往价格上调以后，反而会激发顾客的购买热情。其心理因素如下：

顾客存在储备心理，可能认为商品涨价，提示供应量减少，应尽量提早购买一些，今后市场脱销时会买不到这种商品。在短缺经济条件下，或者政局动荡、发生自然灾害时，顾客的这种心理状态表现明显。在政局稳定、经济增长的条件下，这种状态则不明显。

有的顾客在遇到商品提价时会认为，现在的提价仅仅是开始，以后价格还要进一步上涨，为了避免今后支出更多的货币，还是趁早多购进一些。这种心态在通货膨胀的经济环境中表现较多，以致出现抢购现象，加剧通货膨胀，给社会经济造成影响。

特殊商品如古玩、首饰、高档工艺美术品的提价，也会引发某些顾客增加购入，其目的是希望此类商品能得到保值、升值。

(2) 顾客对商品价格下调的各种心理反应。通常，在商品价格下调时，顾客的购买能力相对有所提高，本应增加商品的购买数量和购买频次，然而，有时顾客却做出相反决策，这种行为是由以下几种心理引起的：

有质量等级观念的顾客认为，商品降价是由于商品质量等级下降造成的，价低意味着质量差，还是不要买质量差的商品为好，顾客的这种心理在食品与耐用消费品购买上表现得尤为明显，有时，价格过低会损害某些顾客的自尊心和满足感；有趋时心理的顾客认为，降价商品是过时商品、冷僻商品，也可能是商家库存商品，厂商要出清存货，或者即将有更新款式的商品上市等，因此，他们不愿购买这种降价商品；有等待心理的顾客认为，目前商品价格还未降到最低点，日后将进一步下跌，他们宁可持币待购，待价格跌到自认为的最低价时，再实施购买；某些商品确实已经过时，即使价格一跌再跌也不能激起顾客的购买愿望，这是由于新产品、替代品已显示出明显的优越性，使原来商品处于被淘汰的地位。

（三）商品调价的心理策略

价格调整是市场活动中常有的事。调价的原因十分复杂，有主观因素，也有客观因素。但不管怎样，企业在调价时应充分考虑消费者对调价的心理反应，以便合理地运用商品调价的心理策略。

1. 商品降价的心理策略

企业在组织商品流通过程中，由于商品供过于求，或由于在装卸中受损，或由于保护不善而导致质量下降，或由于对市场预测不准而盲目进货，或因错过供应节令进入淡季等，凡此种种原因均可导致商品残损或积压滞销。为了加快商品流通，减少损失，企业往往被迫采用降价手段。降价策略若运用及时得当，不仅可以减少损失，还可以促进其他正常价格商品的销售；反之，不仅会造成巨大损失，还可能影响企业的信誉。

一般而言，为保证降价策略的成功，须注意以下两个原则：

（1）降价幅度要适宜。心理学研究表明，不是任何刺激都可以引起人们的感觉。灰尘落在皮肤上就不能产生触觉。刺激物只有达到一定的量，感觉才会产生。同样，降价幅度若较小，就无法激起消费者的购买欲望。例如：一些处于淡季的商品，若降价幅度过小，消费者将不屑一顾。但是，降价幅度也并非越大越好。因为价格是消费者用以衡量商品质量的主要依据，若降价幅度过大，就可能弄巧成拙，引起消费者的重重疑虑。通常，商品降价幅度以10%～30%为宜，若超过50%，消费者会怀疑该商品的使用价值或品质等。当然也有例外，一些非常昂贵的商品，降价幅度必定要超过50%，才会使消费者感兴趣，否则难以促销。

（2）保持价格的相对稳定性。由于消费者对降价商品的质量、卫生和安全等方面本就心存疑虑，若商品的价格一降再降，只会使消费者认为，商品的价格之所以连续下降，是因为质量太差、无人问津，从而对商品的信心丧失殆尽。因此，降价商品在一段时间内应保持其价格的相对稳定性，以促进销售。

2. 商品提价的心理策略

商品提价对广大消费者的经济利益总是不利的，消费者心理上自然会有一种不愉快的反应。然而在现实生活中，由于多种因素的影响，企业不得不提高商品的销售价格。但是企业在提价时，应充分了解消费者的心理反应，以便采取合适的提价策略。

对那些因商品价值增加（生产成本的增加、销售成本的提高）而造成的商品提价，企业要尽量降低提价幅度，同时要努力改善经营管理，减少费用开支。

对那些因商品紧缺、供不应求而造成的商品提价，企业要在遵守国家政策的前提下，从维护消费者利益出发，积极寻找货源，充分考虑消费者的心理承受能力，适当提价；切忌乘机大幅度涨价，以致消费者怨声载道。

对那些国家政策要求提价的，企业要多做宣传解释工作，尽快消除消费者的不满情绪，同时积极做好替代商品的经营。

对那些由进货渠道和环节造成的提价，企业要说明原因，并热情地为消费者服务，以取得消费者的信任和谅解。

商品提价事关重大，关系到消费者的利益和企业的声誉，稍有不慎，就会造成消费者心理上的伤害，给企业带来无可挽回的损失。因此，商品提价一定要充分考虑消费者的心理要求，严格掌握提价的幅度。

单元三 环境因素对消费者心理的影响

一、购物环境与消费者心理

购物环境包括地址、招牌、门面、橱窗、霓虹灯和周围环境等。购物环境是消费者购物之前首先要接触的内容，直接影响消费者对商店的第一印象。

（一）购物环境选址、建筑特色和周围环境与消费者心理

1. 购物环境选址与消费者心理

店址选择就是对商店建筑所处的地理位置的选择。商店所处的地理位置相当重要，地理位置的好坏，不但直接影响消费者购物活动的正常进行，也直接影响商店的经营效果和经济效益。因此，在布局商店以前，要充分考虑店址的选择问题。

（1）店址选择的意义。店址选择是关系商店的经营活动和消费者的购买活动能否正常进行的重要问题，因此，选择好的商店地理位置具有相当重要的意义。

1）有利于充分发挥商店的服务功能。商店是直接为消费者服务的商品销售机构，从

某种意义上讲，商店能否很好地为消费者服务，能否充分发挥商店的各项服务功能，与店址选择有很大的关系。

2）方便消费者购买并满足消费者的需要。消费者一般都有就近购买商品的习惯，特别是日常生活必需品，更希望在附近就能买到。如果商店地址距离消费者的住址较远，且比较偏僻，会给消费者购买商品带来很多不便。

3）有利于商店在平等条件下竞争。为了能在平等条件下参与市场竞争，商店就必须选择有利于自己发展壮大的建筑地址。

4）有利于经济效益的提高。店址地理位置好的地段，一般都是居住人口稠密和流动人口多的热闹繁华区。

（2）店址选择应遵循的原则。具体包括：

1）客流量大。店址应选择在客流量大的车站、码头、宾馆附近，这些地方的流动人口多，购买力强，商品销售量大，是开店不可多得的“黄金码头”。

2）人口密度大。人口密度大的地方一般是居民住宅区、繁华街道和工厂、学校附近等。在这些人口相对集中的区域开店，可以方便消费者购买，也可以给商店带来可观的经济效益。

3）交通便利。如果商店交通不方便，不仅直接影响消费者的购买活动，也影响商店的商品运输。因此，店址应选择在交通方便的街道两旁。

4）竞争对手少。一个区域的竞争对手少，有利于商店的生存和发展。如果该区域经营同类商品的店铺较少，且市场前景好，则其需求量就大。

2. 购物环境建筑特色与消费者心理

对大型购物中心、综合商场而言，首先，建筑设计要有特色、独具风格，才能吸引消费者；其次，内部大厅要明亮、宽敞、大气、个性。这样的环境既是消费者的购物天堂，也是人们休闲的好地方，还是可以游览参观的标志性建筑。

对小型零售场所而言，也要尽量装饰得别出心裁、风格独特。例如：世界各地经常见到的“大桶”可口可乐，实际上是外形设计得像可口可乐的小型售货亭；巴黎有一家水果店，整体外形是一个剥开的巨大橘子，开口就是商店的门，十分诱人；广州有一家售货亭，外形像一个牛奶瓶；有的儿童用品商店，外观像一个火车站，店内相应设计为一节节的车厢，新奇、独特，深受小朋友的青睐。

商店的建筑设计，即外观造型和建筑布局，要引起消费者积极的情感，给消费者以美的享受。现代化商场不仅是消费者购物的场所，而且是社交、休闲的去处，还是进行商业宣传活动的地方。因此，在建筑的布局上，要注意迎合人们的各种需要。如我国香港的新世界中心、太空城等商场，在建筑的布局上都采用环形设计，店铺和橱窗都围绕中央的活动中心，活动中心有时装表演台、溜冰场、茶座、酒吧等。这种现代化的商场设计理念，极大地满足了消费者的多种需求，吸引了大量的消费者。

3. 周围环境与消费者心理

周围环境主要影响消费者对营业环境的辨认，还可能影响消费者购物的方便程度，如营业环境周围的商业气氛、交通状况以及营业环境与消费者之间的地理距离等因素，都会对消费者构成影响。

（1）交通条件。交通条件无疑是影响营业环境最重要的周围环境因素。交通条件越好，消费者购买商品的困难越少；交通条件越差，消费者购买商品的困难越多。目前，大部分商店已为购买大件商品的消费者提供免费送货上门的服务，这是提高服务质量的一种方式。一般而言，商店要为所有消费者解决商品运输的问题是较为困难的。少数消费者拥有自己的交通工具，他们只需要商店提供交通工具存放的场地即可，不过这在商业密集的大城市及黄金地带确实是一个令人头痛的问题，要找一个停车位异常困难，因而便利的交通条件及充足的停车位能够对消费者的心理产生积极的影响。

（2）周围建筑物。商店周围的建筑物与商店外观的关系应该既相互协调、相互照应，又各具特色、各具风格。消费者在去商店，特别是去一个新的商店购物时，首先就是靠对建筑物的辨别来认识商店。如果商店周围所有的建筑物都是以相同的面孔出现在消费者的面前，就会给消费者辨认商店带来较大的困难，并使消费者产生厌恶、反感心理，影响对产品的购买。

（3）周围自然景观。大、中型商店内都比较嘈杂，加上人流量大，空气也不新鲜，很容易使人产生烦躁不安的心理，进而影响购买情绪。如果商店周围有比较优美的自然风景，如门前有旷地，种上一些名花、名草，再配以假山、喷水池和休息场地，让消费者在购买之余来这里观赏、休息，调节情绪，定会产生心旷神怡的心理感受。更多的人前来观光游玩，就可能在游玩之余进商店逛一逛，甚至买点商品，这无疑会给商店带来生意兴隆的繁荣景象。

（4）商圈的规模效应。当消费者在某一商店购买商品或消费时，他们可能同时在附近的营业场所游览、观光或消费，并可能产生购买行为，这样的购买行为就属于营业环境中的规模效应，也叫“马太效应”。例如：去北京王府井大街，就可能要去北京市百货大楼、新东安市场，也可能要去工美大厦、中国照相馆等地方，还可能顺便逛一逛内联升、瑞蚨祥等老字号。

（二）招牌设计与消费者心理

招牌是商店的名称，用来识别商店、招揽生意。在繁华的商业区或是一般的购物区，消费者往往首先浏览的是商店招牌，寻找可以实现自己的购买目标或值得逛游的商店。一块设计出色的招牌，往往能激发消费者美好的联想和想象。因此，具有高度概括力与强烈吸引力的商店招牌，对消费者在购买活动中的视觉刺激和心理活动的影响是十分明显的。

命名是招牌的首要问题。好的招牌命名要便于消费者识别和记忆，同时满足消费者喜庆吉祥、慕名等心理需要，以便吸引众多的消费者。招牌命名具体有以下六种做法：

（1）以商店主营商品命名，满足消费者求方便的心理。这种命名方式，通常能从招牌上直接反映商店经营商品的类别，如“南大门副食店”“廖记棒棒鸡”“内联升鞋店”等。

（2）以商店经营特点命名，使消费者产生信赖感。以商店经营特点命名，能反映商店的良好信誉和优质服务。例如：“真相照相馆”令人想到满意的照片；“精益眼镜行”让人觉得其服务和质量精益求精；“精时钟表店”使人联想到钟表的精准性。

（3）以象征高贵事物的词语命名，满足消费者求名、求阔心理。追求高级、华贵、高雅是某些消费者特有的心理倾向，我们把它称为求奢心理。随着经济的发展、人民生活水平的提高，现代消费者开始不断地追求名牌商品。此外，在这种心理的支配下，一些消费者对取了外文名字的商品情有独钟。

（4）以寓意美好的词语和事物命名，迎合消费者的喜庆吉祥心理。追求喜庆吉祥是我国各民族长期以来形成的一种重要的心理需要。

（5）以与历史名人或民间传说相联系的名称命名，通常能反映经营者的经营历史、文化服务经验和丰富学识，使消费者产生浓厚的兴趣和敬重心理，如“会仙楼”“杜康醉”“东坡酱肘店”等。

（6）以新颖、奇特的表现方式命名，引起消费者的好奇心理。引起消费者的兴趣、渴望、快乐、喜欢、满足等情感，最易诱发其购买商品的消费行为。例如：浙江宁波有一家汤圆店，招牌上画着一口水缸、一只白鸭、一只小黄狗，这个招牌引来许多好奇的顾客，使该店生意兴隆。

（三）门面装饰与消费者心理

门面装饰已越来越受到经营者的重视和消费者的注意。门面装饰除了以上所讲的商店招牌外，还包括对联、店门和颜色。

1. 对联

在我国，商店张贴或悬挂对联有着悠久的历史。利用对联做门面装饰，不仅能引起消费者的浓厚兴趣，而且能提高商店的名气和声誉。

（1）帮助消费者认识商店。有不少商业对联都是根据商店的经营特色来写的，消费者在驻足欣赏的过程中，便可知道该店的经营范围和基本宗旨。例如：北京海淀区的一家餐馆“天然居”使用的对联是“客上天然居，居然天上客”，消费者一看对联便可知道该店的经营范围和经营宗旨。

（2）博得消费者的好感。情真意切的商业对联能给人一种亲切感。例如：药店“但愿世间人无病，哪怕架上药生尘”的对联表达了卖药人不是为赚钱而卖药，而是为了人们身体健康而卖药。这样的对联不仅能博得消费者的好感，而且能达到招徕顾客的目的。

（3）给消费者以美感。对联是中华优秀传统文化的精华，被誉为“诗中诗”。例如：“美味招来云外客，清香引出洞中仙”（餐馆）、“茶香高山云雾质，水甜幽泉霜雪魂”（茶馆）等，这些对联构思精巧、意境深远、音韵和谐，文字巧美瑰丽，读之心旷神怡，令人赏心悦目，给人以美的享受。

2. 店门

店门是商店的面孔，也是商店形象的重要组成部分。店门的设计风格如何，对消费者第一印象的影响很大。由于消费者对商店具有很强的选择性，而选择商店的一个重要因素就是店门的美观程度。因此，如果店门的设计别具一格，就可以吸引消费者进店，哪怕不购买商品，也要进店来欣赏一番。店门设计应注意以下两个方面：

（1）设计风格。店门的设计风格不同，给消费者的心理感受也不同。例如：新颖独特风格的店门会给消费者一种与众不同的心理感受，简洁明快风格的店门会给消费者一种现代气息的心理感受，古老庄重风格的店门会给消费者一种古朴典雅的心理感受，民族特色风格的店门会给消费者一种地方情调的心理感受。因此，商店应根据自己的经营特色或产品特点等因素设计店门。

（2）店门开放度。店门的开放度与商店的经营品种直接相关，经营品种不同，店门的开放度也有所不同。例如：经营珠宝玉器、金银首饰、名人字画、古董以及工艺品类商品的商店，适合采用封闭型店门，这样既可以保护这些贵重商品，使其不受店外空气尘埃的污染，又可以满足消费者的安全心理需要。

3. 颜色

门是消费者进入商店的必经之路，门面装饰配以什么色调，直接影响消费者的心理感受，进而影响消费者是否进店。因此，商店门面装饰颜色的配置应与商店建筑风格相一致，与周围环境相协调，与消费者心理要求相符合，与经营特色相匹配。

店内的装饰颜色要以温和为主基调，既不能太艳丽，也不能太暗淡，冷暖色对比搭配要和谐，应给人一种舒服恬静、柔和的感觉。

（四）橱窗布置与消费者心理

橱窗是以产品为主体，通过布景、道具和装饰画的背景衬托，再配以灯光、色彩和文字说明，进行商品介绍和宣传的一种综合艺术形式。

商品橱窗对于消费者行为也具有重要影响作用，它可以激发购买兴趣、促进购买欲、增加购买信心，因此，企业必须根据所经营商品的特性和消费者行为的规律，精心布置商品橱窗，以期收到最佳效益。成功的橱窗宣传，应该力争做到以下七点：

1. 突出商品，提供信息

在橱窗里，消费者最关心的视觉对象是商品。大多数消费者观看橱窗的目的，往往就是观赏、了解和评价橱窗里陈列的商品，为选购商品收集有关资料，以便做出购买决策。因此，设计商品橱窗首先要充分显示商品、突出商品。

2. 掌握行情，优先快货

商店要密切注视市场需求的变化，经常更换陈列商品。越是引人注目、便利购买的位置，越要摆放畅销商品，新潮商品要有优先占用权，不宜让滞销品和残次品充斥橱窗。

3. 巧妙构思，整体设计

如果在橱窗中堆砌商品，会使消费者产生拥塞和杂乱无章的感觉，因此要适应消费者的审美趋势，运用多种艺术处理手段，生动巧妙地布置橱窗。具有强烈艺术感染力的商品橱窗不仅可以装点市容、美化商店，而且可以使消费者从中得到美的享受。

4. 色彩协调，格调相宜

橱窗的艺术形象主要是通过构图与色彩表现陈列内容与主题。一般应根据商品本身和季节的变化以及题材的要求，合理、灵活地运用色彩，处理好色彩之间的对比关系、冷暖色调的变化，给消费者以深刻的印象和悦目的感受。

5. 光线适宜，位置恰当

橱窗的灯光照明要有足够的亮度，光线要柔和而不刺目，聚光灯要照射橱窗的主部位和重点商品，彩色灯要注意与商品、背景的颜色协调。商品摆放位置一般以与消费视线高低相当为宜，过度俯视或仰视都会使消费者感到不舒服、不方便。

6. 适时应季，渲染节日

橱窗陈列随季节更替而变换，不仅有助于刺激消费者购买季节性商品的欲望，而且表明商店本身顺应时尚、反应灵敏。在各种节日前夕和节日期间，要在橱窗中突出节日特征，渲染喜庆气氛，创造意境，激发情感，以掀起节日购买商品的高潮。

7. 示范用途，方便选购

市场上的很多商品是由于顾客不了解其性质和如何使用而阻碍了销售，因此橱窗宣传要告知消费者有关商品知识，要展现商品使用状态，并通过生动具体的图文说明，解释商品用途和使用效果，使消费者不仅能清晰地观察到商品的外观，还能了解商品的性能、用途、使用方法、保管方法等，便于评价、比较和选择。

二、经济环境与消费者心理

在影响消费者心理的诸多环境因素中，经济环境因素是最主要的，它对消费者心理的发展、变化起着决定性的作用。从我国目前的情况看，这些经济环境因素主要包括经济发展规模和水平、社会供给总量、物价水平、货币供应量、通货膨胀、收入水平、税收水平等。

（一）经济发展规模和水平对消费者心理的影响

一国的经济发展规模和水平可以用该国一定时期人均社会总产值、国民生产总值和国民收入等经济指标来衡量，它们可以反映一个国家社会产品的丰富程度、劳动生产率和经济效率的高低，同时可以在很大程度上决定一个家庭（或个人）的经济收入规模和水平。

影响一国经济发展规模和水平高低的因素有很多，如生产力水平、经济政策、经济模式、经济体制、财政政策、货币政策、人文素质、科学技术、运用程度等。

在其他条件相同的情况下，一个国家经济发展规模越大、水平越高，其人均社会总产值、国民生产总值和国民收入就越多，社会产品就越丰富，则该国的社会消费和个人消费的规模就越大，水平就越高；相反，一个国家的经济发展规模越小、水平越低，其人均社会总产值、国民生产总值和国民收入就越少，社会产品就越贫乏，则该国的社会消费和个人消费的规模就越小，水平就越低。

（二）社会供给总量对消费者心理的影响

社会供给总量是指一定时期全社会提供或能够提供给市场的物质商品和劳务商品，以货币表示就是指一定时期能进入市场的各种商品的价格总额。它反映一个国家在某时期社会产品的丰富程度。当一国某时期社会供给总量较大或很大时，该时期全社会的消费水平就高、消费量就大；反之，当一国某时期社会供给总量较小或很小时，该时期全社会的消费水平就低、消费量就少。

但是，我们要清楚地认识到以下四点：

（1）社会供给总量不是把社会各物质生产部门生产的各种商品进行简单的算术相加，而是要区分清楚哪些是中间产品，哪些是最终产品，社会供给总量是以最终产品为主要依据的。

（2）对社会总产品的测算必须考虑到进口和出口因素，进口表示供给量增加，出口则表示供给量减少。

（3）社会供给总量的多与少主要由某个时期的经济发展水平（特别是生产力水平）决定。

（4）社会供给总量的多与少是一个相对概念，它是相对于社会需求总量而言的。

（三）物价水平对消费者心理的影响

物价是重要的经济杠杆之一，也是单位和个人选择消费对象和数量的重要参考指标之一。物价水平的高或低，直接影响各阶层和个人的消费欲望。一般而言，无论是生活必需品还是非生活必需品，物价水平较高或是很高，会极大地抑制消费；相反，无论是生活必需品还是非生活必需品，物价水平较低，会极大地刺激消费，扩大消费范围和消费群体。

物价水平的高低是由多种因素决定的，但最主要还是由该国的经济体制和经济发展模式、经济规律决定的。在计划经济时期，我国所有商品的价格都是由政府确定的，即计划价格，人们消费时没有选择权，不管价格究竟是高还是低，只能被动地认识它、接受它，物价水平也不具有准确性、真实性。而在社会主义市场经济时期，商品价格不再由政府来确定，而是遵循市场经济发展的自身规律，由市场来确定，即市场价格。在市场价格条件下，人们消费时具有更多的、更广的选择权和选择空间，价格更加真实和灵活，有利于人们去消费，而且消费得更多。从这个意义上讲，市场经济条件下的物价水平使消费的优越性比计划经济条件下的大得多。从心理学的角度看，市场经济条件下的物价水平比计划经济条件下的物价水平更适合人们的消费要求。

（四）货币供应量对消费者心理的影响

货币供应量是指财政部门、企事业单位和居民个人持有的现金和存款总量。现金是中央银行的负债，存款是商业银行的负债。因此，货币供应量也是由银行体系所供应的负债总量。

在某个时期，一个国家货币供应量的多少，从表面上看，取决于银行本身的操作，由银行强加给流通界；从实质上看，取决于社会再生产的若干因素，如经济发展规模和速度、企业和部门对贷款的需求等。当一国经济健康稳定增长，经济形势看好时，货币供应量就会相应增多，单位和个人持有的现金和存款增多，在这种形势下的消费也会随之扩大；相反，消费则会随之减少。总之，不同的宏观经济形势对货币供应量有重要影响，对消费也有重要影响。

（五）通货膨胀对消费者心理的影响

通货膨胀已经是现代经济中的一项“顽症”，经常困扰人们的经济生活。大多数的专家学者比较倾向于把通货膨胀表述为：由于货币供应过多，超过流通中对货币的客观需要量而引起货币贬值、物价持续普遍上涨的经济现象。由此可见，通货膨胀与物价上涨有直接联系，也就是说，通货膨胀的具体表现形式就是物价持续普遍上涨。

物价水平上涨多少才算作通货膨胀呢？一般认为，物价总水平上涨幅度在2%以内，不算通货膨胀，超过2%才算通货膨胀。通货膨胀可分为温和型通货膨胀、快速型通货膨胀、严重型通货膨胀等。

消费是社会再生产的一个重要的环节。对上一个再生产过程来说，消费是终点，而对下一个再生产过程来说，消费又是起点。因此，没有生产，消费无从谈起；没有消费，生产也不能继续。消费可分为生产消费和生活消费。生产消费的结果是再生产出新的产品，因此消费本身就是生产；生活消费的结果是产品的消失，它是生产的最终目的和产品的归宿，因此生活消费本身又提出新的要求，从而引出下一阶段的生产。

由以上分析可知，通货膨胀对生产消费和生活消费都会产生影响。在此，仅对通货膨胀对生活消费所产生的影响进行分析。在通货膨胀条件下，物价持续普遍上涨，对消费的影响体现在以下几个方面：

（1）作为中间手段的货币币值下降，人们通过分配获得的货币收入不能购买到等值的生活消费资料，实际上是减少了居民的收入，意味着居民消费水平的下降。

（2）看到物价的持续上涨，人们会存在“买涨不买跌”的心理，尽量提前购买商品或多储备一些商品，防止货币在手中贬值，这样就会增加消费。

（3）人们会寻找投资渠道，让货币增值，抵消通货膨胀的影响，投资的增加会减少消费。

此外，由于物价上涨的不平衡性，高收入阶层和低收入阶层所受的损失不一样，对不同社会阶层消费心理造成的影响也不一样，通货膨胀造成的市场混乱、投机分子的囤积居奇，又加剧了市场供需之间的矛盾，也会对消费者的心理产生影响。

（六）收入水平对消费者心理的影响

居民的收入水平是与一国的经济发达程度紧密联系在一起的。当一国的经济欠发达时，居民的收入水平就比较低；当一国的经济比较发达时，居民的收入水平就比较高。人们收入水平的高低又直接影响其消费的多少。例如：在改革开放以前，我国经济是比较落后的，那时的人们每时每刻都在为温饱而忙碌，收入非常有限，根本谈不上高消费，消费的规模、品种、档次、水平和方式等，都无法与今日相比。

（七）税收水平对消费者心理的影响

税收是国家为了实现其职能，按照法律预先规定的标准，强制、无偿地分配一部分社会产品，以取得财政收入的一种重要形式。从经济学原理中可以得知，税收是构成成本的一部分。税收水平的高低，或者说税额的多少，直接关系产品成本的高低、产品销售价格的高低，从而直接影响人们的消费。有些企业还会通过各种方式、各种手段把税收负担转嫁给消费者，这无疑会抑制消费。

通过以上分析不难看出，一个国家在某个时期制定什么样的税收政策，确定什么样的税收水平，以及税收政策、法律在执行中的状况如何等，都会对产品成本和销售价格的高低产生一定影响，对人们的消费自然也会产生一定影响。因此，从促进商品流通、刺激消费、拉动经济这个角度而言，国家制定的税收政策、税率水平，以向消费者倾斜为宜，而不能将税率定得过高，这样做有利于消费者，也有利于整个社会。但是，国家的税收水平也不能过低，这样会减少国家财政资金的积累，影响国家建设、经济建设、文化建设等方面对财力的需要。

模块小结

随着时代的发展，消费者的消费水平也在不断升级，消费者的消费心理也会不断发展变化。影响消费者心理变化的因素在各时代、各地区也有巨大的差异。在具体的营销实践中，关注消费差异、经济差异、文化差异都是实现商品顺利交易的重要要求。

思考与练习

一、单选题

1. 蒙古包、泼水节和吊脚楼属于亚文化中的（　　）。

A. 种族亚文化　B. 民族亚文化　C. 宗教亚文化　D. 地理亚文化

2. 企业利用现有的成功品牌推出新产品，属于（　　）。

A. 品牌延伸策略　B. 多品牌策略　C. 新品牌策略　D. 品牌的情感策略

3. 在其他条件既定的情况下，消费需求量的变化与价格的变动呈相反的趋势，即价格上涨时，消费需求量减少，这属于价格心理功能的（　　）功能。

A. 衡量商品价值　B. 自我比拟　C. 衡量商品质量　D. 调节需求

4.（　　）主要在造型及装潢上用比喻、夸张、拟人等手法，别出心裁地构思设计，增加包装的趣味性及幽默感，以吸引顾客，达到促销目的。

A. POP 包装　B. 品牌包装　C. 怀旧包装　D. 趣味包装

5. 品牌代表企业的经营特色与形象，知名品牌常能树立良好的市场形象，使顾客有深刻的感受与难忘的印象，这属于（　　）。

A. 质量保障效能　B. 传播促销效能

C. 建立企业形象效能　D. 识别商品效能

二、多选题

1. 社会文化的特征主要包括（　　）四个方面。

A. 共有性　B. 差异性　C. 发展性

D. 适应性　E. 独特性

2. 从市场角度看，新产品按改进程度可分为（　　）三类。

A. 时代产品　B. 半新产品　C. 全新产品

D. 革新产品　E. 改进产品

3. 店址选择应遵循的原则主要包括（　　）四个方面。

A. 高层建筑多　B. 客流量多　C. 人口密度大

D. 交通便利　E. 竞争对手少

4. 从营销学的角度看，整体产品包含五个层次，即（　　）。

A. 核心产品　B. 形式产品　C. 期望产品

D. 附加产品　E. 潜在产品

5. 消费者通常把商品价格同商品价值、质量联系起来，从而把价格的高低作为衡量商品价值和质量的标准。这就是价格的心理功能，主要包括（　　）。

A. 展示商品的功能　B. 促进消费的功能　C. 调节需求的功能

D. 自我比拟的功能　E. 衡量商品价值和质量的功能

三、判断题

1. 随着社会的发展，人们的价值观念、生活方式、消费水平和消费方式等也在不断发展变化，但是社会文化是不会变化的。（　　）

2. 商店能否很好地为消费者服务，能否充分发挥商店的各项服务功能，与店址选择没有关系。（　　）

3. 无论是生活必需品还是非生活必需品，物价水平较低，都会极大地刺激消费，扩大消费范围和消费群体。（　）

4. 一般而言，在其他条件既定的情况下，消费需求量的变化与价格的变动呈相反的趋势，即价格上涨时，消费需求量减少；价格下降时，消费需求量增加。（　）

5. 通货膨胀是由于货币供应过多，超过流通中对货币的客观需要量而引起货币贬值、物价持续普遍上涨的经济现象。（　）

四、简答题

1. 简述新产品推广的心理策略。

2. 简述品牌和商标的使用策略。

3. 简述消费者的价格心理反应。

能力培养与训练

一、营销思维训练

百岁山怎么就成了“贵族”？

百岁山的广告从不强调自己的水有多纯净、水源有多优质，重点只有“贵族”。

1. “水中贵族”，看不懂的广告演成了连续剧

2013年，百岁山第一次打出“水中贵族”的广告，推出了第一支没有人看懂的广告。饮用水品牌做广告宣传，最喜欢拿来宣传的卖点就是“水源地”，以展现自己生产的水好、纯净、天然。而百岁山的广告脱离了产品功能层面，它不强调自己的水有多纯净、水源有多优质。在百岁山的广告中，重点在于只有“贵族”，其广告的“贵族精神”也展现得十分明显。

在百岁山的广告中，永远缺不了的元素就是城堡。片中演员、服装和道具展现了地道的欧洲风情，令整支广告片流露出欧式贵族般的气质。很多人也认为这些故事和矿泉水本身并没有太大的联系，都表示看不懂广告讲述的故事情节，并且广告没有旁白，只在最后很突兀地来了句“水中贵族百岁山”，让人一脸懵。自第一支广告引起大众热议后，百岁山先后拍了四支系列广告，有点连续剧的感觉。

2. 体育营销、海外建厂，顶级流量带出“贵族”感觉

令人意外的是，短短几年内，百岁山异军突起，这是为什么呢？原来，百岁山的水经常出现在世界互联网大会、高端论坛以及体育赛事上，配合着很多名人的造势，久而久之，让消费者对其印象有所改观。

百岁山的成功与其差异化的体育营销策略不无关系。作为运动时的最佳水分补给，天然矿泉水与体育赛事绝佳契合。近几年，越来越多的中国企业开始走向海外，借国际级重大赛事和顶级俱乐部，为自己的品牌发声。其中，百岁山就是典型的例子。与尤文图斯俱

乐部的合作还促成了百岁山在海外建厂生产、销售。2018年10月，海外版的百岁山在意大利阿尔卑斯山脉下正式投产。而百岁山与尤文图斯签订了数年的全球合作协议，并且成为“斑马军团”全球唯一指定用水。

当费德勒、C罗等全球知名球星手里拿着百岁山的画面频频出现时，你心里也就默认百岁山是“水中贵族”了，百岁山也因此赢得了一大批热爱体育的年轻化群体的认可。

3. 就贵一元钱

根据尼尔森公司2018年的调查数据，在矿泉水品牌中，农夫山泉、华润怡宝市场份额分别位居第一、第二，百岁山则以10.1%的市场份额成功超越康师傅，挤进中国矿泉水品牌销量的前三。

不少人会惊叹，有点小贵、不做“水源营销”、自称“水中贵族”的百岁山，怎么就一举超越了康师傅，坐上了第三的宝座呢？

如今市面上大多数矿泉水售价都在2元左右，而百岁山在这个价格的基础上贵了1元。而百岁山本身的包装设计，容易让消费者一眼记住。百岁山瓶身选用的是立式圆筒型容器设计，中间的沟槽则选用了加强圈的设计理念。另外，手感的关键因素是瓶型的体重，百岁山瓶子的塑料明显要比其余品牌的更厚实。

还有一个有趣的现象：2元的怡宝比农夫山泉多5毫升，3元的百岁山则比一般水多20毫升。这种容量的“小心机”也会给消费者带来潜在的消费暗示。

而为了保护“百岁山”高端的品牌形象，景田公司还向下延伸出“景田饮用纯净水”这一低端产品。景田饮用纯净水的价格和农夫山泉处于同一区间，且主要针对的是桶装水市场。细分化的营销策略，带动两条线上的产品同时发力，且均获得了不错的成绩。

给水赋予了文化内涵的百岁山的“走出去”战略为其赢得了不少海外市场份额。虽说百岁山是“外国人最爱的中国矿泉水品牌”，但是其能否成为中国版的“依云”，在国际市场叱咤风云，还有待时间检验。

[问题思考]

“水中贵族”百岁山是如何把握消费者心理，在竞争激烈的饮用水市场做大做强的？

二、实战演练

[演练内容]

选择某一大类商品中3～5个具体商品作为分析对象，选择当地某一超市，到该类商品货架前，观察分析商品的名称、价格、商标、包装和货架位置等信息，填写调查表5-1，并进行课堂展示汇报。

思考：

(1) 商品的名称、价格、商标、包装和货架位置对消费者心理的影响有哪些？

(2) 策略是否符合消费者心理？

(3) 你有什么改进建议？

表 5-1 商品因素对消费者心理的影响调查

商品	商品名称	价格	商标	包装	货架位置	启示与思考
商品 1						
商品 2						
商品 3						
商品 4						
商品 5						

[考核评价]

详见表 5-2。

表 5-2 考核评价

项目	评价标准	分数
内容完成	能按要求完成调查表，调查表语言规范、无错别字，观点正确	20
语言表达	口齿清晰、用词得当、意思表达准确、内容富有条理和逻辑性	20
现场感染	有较强的现场感染力，引起评委的共鸣	20
解决问题能力	具备分析问题、解决问题能力	20
启示有价值	启示有一定的借鉴价值	20
合计		100

模块六　不同消费群体的心理分析

人是社会化的人，是群体中的人，人不仅不能脱离社会群体，而且社会群体对人的行为有明显的影响。不同的消费者群体就有不同的消费心理，消费者需求的多样性和差异性是市场细分的客观基础。对于企业来说，选择好目标消费群体尤为重要。社会生产力和生产关系也会影响消费心理，研究各个消费者群体的心理，有利于企业充分利用自身资源，制定有效的市场营销策略。

模块结构

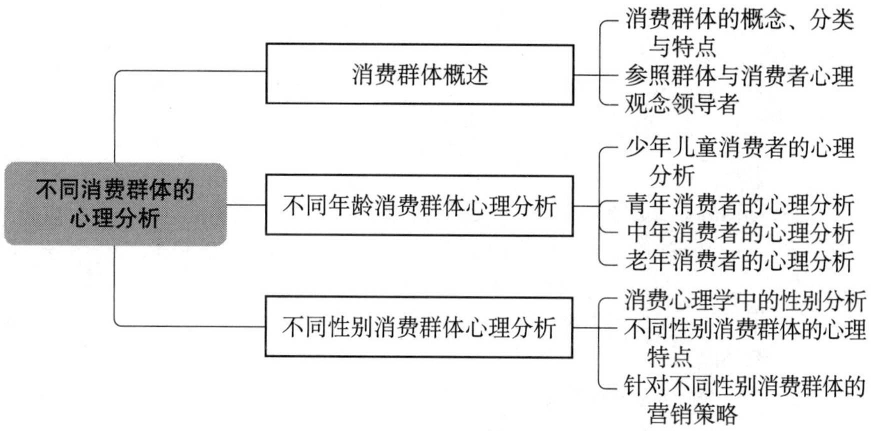

学习目标

知识目标： 了解消费者的年龄与行为特征；掌握消费者年龄对消费行为的影响。

能力目标： 能够正确认识不同年龄段消费群体对消费行为的影响；能够根据不同年龄段的消费心理特征制定营销策略。

素质目标： 通过对不同年龄段的消费心理分析，树立正确的营销观念，培养不同年龄段的价值取向和消费理念。

案例导入

老年群体的保健品陷阱

在外地工作的李先生回家探望80岁的父亲，没想到家中床上、桌上、阁楼上堆满了五花八门的保健品。李先生问父亲是怎么回事，父亲回答说："这是我最近一个月来买回家的保健品，总共花费了3万多元。"李先生问父亲为何要买这么多保健品，父亲说："这些都是'专家'卖给我的。穿白大褂的专家介绍说，这些保健品对老年人的慢性疾病，尤其是心脑血管疾病，可以起到很好的治疗作用。而且商家推销人员体贴入微，每天打电话嘘寒问暖，有急事可以马上上门服务，比亲人还亲。购买这些保健品，可以治疗我的高血压、冠心病和糖尿病。"但李先生仔细查看这些保健品的外包装后发现，一些产品虽然有保健品的标志，上网查询却找不到相符的结果，另外一些则根本没有相关标志，只是普通的食品。购买、食用这些产品根本不可能治疗疾病。万一老人误认为这些产品有效而放弃吃药，则有可能造成更为严重的后果。

其实，像李老先生那样热衷于购买保健品的老年人并不在少数。

问题：老年人为何容易与保健品"结缘"呢？老年消费群体在购物时应该注意哪些陷阱呢？

提示：老年人容易被不法保健品销售人员"忽悠"。除老年人认知能力相对较低，经不起经销商的花言巧语之外，寂寞的老年人缺少亲情关爱，也是一个重要的原因。

很多独居老年人由于缺少交流，加上患有多种慢性疾病久治未愈，往往会寻求亲情安慰，同时想方设法寻找疾病的"根治"方法。因此，各种"关心"和所谓的"治病秘方"或"治病偏方"会令老年人心动。一些保健品经销商就是利用老年人的这些心理，设置陷阱，使老年人甘心情愿掏钱购买"天价"产品。有些老年人甚至达到如痴如醉的地步，成天泡在推销场所，以寻求与其他老年人相聚的乐趣和经销商发放的福利，最终成为这些高价产品的"俘虏"。

老年人不单在生活上需要家人的照顾，更需要在精神上得到慰藉。但是，从客观情况来看，有些子女在外地工作，也有些子女要照顾自己的下一代或第三代，因此很少能够"常回家看看"。其实，作为家人，应该在生活层面、精神层面多关心老年人，而不是只给他们提供物质上的满足。此外，老年人自己也应自立自强，多参加社会活动，有事情多与晚辈联系，不轻信广告宣传和陌生人的话，以免上当受骗。

作为营销人员，更需要真诚对待消费者，不能利用消费者辨别能力的弱势去欺骗他们，更不能销售假冒伪劣商品。

单元一　消费群体概述

一、消费群体的概念、分类与特点

（一）消费群体的概念

群体或社会群体是指两个或两个以上社会成员在长期社会交往过程中，在相互作用与相互依存的基础上形成的集合体。群体的规模可以比较大，如几十人组成的班级，也可以比较小，如经常一起逛街购物的几个好朋友。群体成员之间一般有较经常的接触和互动，因而能够互相影响。

消费群体的概念是从社会群体的概念中引申而来的。消费群体是指具有某些共同消费特征的消费者所组成的群体。消费群体的共同特征，包括消费者的收入、职业、年龄、性别、居住分布、消费习惯、消费爱好、购买选择、品牌忠诚等因素。同一消费群体在消费心理、消费行为、消费习惯等方面具有明显的共同之处。

（二）消费群体的分类

1. 正式群体和非正式群体

正式群体是指通过确定的加入程序方可取得成员资格的群体，其有固定的组织形式、明确的组织结构、完备的组织章程、经常性的群体活动等，成员的角色与地位、权利与义务，都是界定明显的，如学校、机关、合法成立的政党、社团等。

非正式群体是指那些无正式规定、自发产生、结构松散、一般为完成某项任务或临时性任务或兴趣相同的人组成的群体，如旅游团、参观团、考察团，以某种共同的兴趣或爱好所组成的协会或不固定的组织等。

2. 自觉群体和回避群体

自觉群体是指按年龄、性别、民族、职业等因素自动划分的群体。这类群体在生活中并非客观存在，往往是为了统计或分析的需要而划分的，但它对消费者有很大的影响，个人会意识到同类群体的特征，约束自己的消费行为，以达到心理上的趋同，如“80后”“90后”“00后”群体等。自觉群体对增强消费者的趋同心理和从众心理具有明显的影响，能够促成消费者行为的统一化和规范化。

回避群体是指消费者极力避免归属的、认为与自己不相符的群体。这有两种情形：第一种是虽然有群体成员的资格，但因不同意群体价值观的行为标准，从而表现出与群体消费行为的偏离；第二种是不具有群体成员的资格，也不同意群体的行为标准和价值观，从而极力排斥群体对自己的影响。消费者对回避群体的消费行为持反对态度，且极力排斥其对自身的影响。

3. 所属群体和参照群体

所属群体是指一个人实际参加或归属的群体。这种群体既可以是正式群体，也可以是非正式群体。所属群体对消费者的影响是直接的、显现的和稳定的。例如，60 岁以上的人，无论自身的心理状态如何，年龄因素使其成为老年人群体中的一员。在现实生活中，家庭是最基本、最重要的所属群体，学校、工厂、机关等均是重要的所属群体。

参照群体是指对个人的行为、态度、价值观等有直接影响的群体。虽然个体并不一定是该群体的实际成员，但该群体对个体行为的影响是很大的。参照群体，也可以说是消费者做出购买决策时的比较群体，或是个人心理向往的群体，也称渴望群体。参照群体的标准和规范会成为消费者的行动指南或努力达到的目标，对消费者的行为具有很强的示范作用，使其产生模仿行为。

课堂互动：在购买服装时，影响决策的有哪几种群体？在这些群体中，你充当了什么样的角色？

互动要求：学生结合所学的知识进行思考，陈述自己的观点；也可以跟同学沟通后回答。

4. 首要群体和次要群体

首要群体，也称主要群体或主导群体，是指由关系极为密切的消费者组成的群体。首要群体对其成员的消费心理和消费行为都有十分重要的制约作用。例如，家庭、亲戚、朋友、单位同事等均属于首要群体。

次要群体，也称次级群体或辅助群体，是指对成员的消费心理和消费行为影响相对较小的群体，通常是由具有某种共同兴趣、需要或追求的消费者组合而成的。

（三）消费群体的特点

1. 年龄和性别

不同年龄和性别的消费者在消费需求和偏好方面存在差异。例如，年轻人更注重时尚和潮流，而中年人更注重实用和品质。

2. 收入和教育水平

收入和教育水平也会影响消费者的消费行为。一般来说，高收入和教育水平的人更注重品质和品牌，而低收入和教育水平的人更注重价格和实用性。

3. 社会和文化背景

消费者的社会和文化背景也会影响他们的消费行为。例如，不同的宗教信仰、民族文化和价值观等会对消费者的需求和偏好产生影响。

4. 个性特征和心理需求

消费者的个性特征和心理需求也会影响他们的消费行为。例如，有些人更注重自我实现和个性化，而有些人更注重社会认同和归属感。

二、参照群体与消费者心理

（一）参照群体对消费者的影响

大多数人都会选择一些群体作为参照群体。参照群体对群体内成员会造成规范性影响、信息性影响、功利性影响及价值表达影响。

1. 规范性影响

群体规范是指群体所确立的、每个成员必须遵守的行为准则。消费群体的内部规范，有成文的和不成文的两种形式。成文的群体规范，包括规章制度、法律等行文准则；不成文的群体规范也很多，如某一年龄阶段的消费群体的心理特征、某一地区或民族的消费风俗习惯等。群体成员的态度和行为，如果符合群体规范，就会受到群体的肯定；如果成员偏离或破坏其准则，群体就会运用各种方法加以纠正。当然，群体规范也会发生变化。而且，参照群体对成员行为的影响不是一成不变的。随着形势的变化，影响既可以是主动的，也可以是被迫的。也就是说，成员既可以主动模仿别人的行为，也可能在群体压力下不得不采取某种行为。后一种现象在社会心理学中又被称为从众现象。所谓从众，就是群体成员放弃自己的判断而采取与大多数人一致的行为。

2. 信息性影响

参照群体对信息的影响是指将关于消费者本人、他人、物质环境等方面的有用信息传达给消费者。对消费者来说，信息既可以直接获得，也可以通过间接的观察而得到。而且，消费者对信息的获得，既可以是他有意识地主动寻求来的，也可能是他在偶然的情况下或不经意间听到的，还有可能是参照群体的成员或者观念领导者热心的推荐或劝说的结果。

3. 功利性影响

消费者为了获得赞赏或避免惩罚而采取的消费行为，就是所谓的功利性影响。当消费者认为参照群体能够控制奖励和惩罚，并且他本人也希望得到相应的奖励或避免某种惩罚的时候，这种功利性影响就出现了。比如，为了得到朋友们的赞同，你会专门购买某一品牌的化妆品或摩托车。还有，一些口香糖或洗发水在广告中显示人们会不喜欢别人身上的异味或肩头上的头皮屑，以此来向人们推销某种产品。

4. 价值表达影响

参照群体对价值表达的影响表现在它能影响人们的自我认同感，这是以个体对群体价值观和群体规范的内化为前提的。在这种情况下，即使没有外在的奖励与惩罚，个体也会按照群体规范来行事，因为群体的价值观已经成了个体自身的价值观。

相关链接

化妆品爱找男明星代言

（二）参照群体在营销中的运用

1. 名人效应

名人效应是指名人的出现所达成的引人注意、强化事物、扩大影响的效应，或人们模仿名人的心理现象的统称。名人是人们生活中接触比较多且比较熟悉的群体。参照群体会对公众，尤其是对崇拜他们的受众，具有巨大的影响力和感召力。对很多人来说，名人的生活模式代表了一种理想化的生活模式，因而在其出现的时候达到事态扩大、影响加强的效果，这就是名人效应。研究发现，人们对用名人代言的产品广告较不用名人代言的产品广告评价更正面、更积极，这一点在青少年群体上体现得更为明显。当然，名人效应的应用是很普遍的，在广告方面，几乎大部分的广告都在利用名人效应，受众将对名人的喜欢、信任甚至模仿转嫁为对产品的喜欢、信任和模仿，这是典型的利用名人效应的方法。例如：可以用名人作为产品或企业代言人，即将名人与产品或企业联系起来，使其在媒体上频频亮相；也可以用名人做证词广告，即在广告中引述广告产品或服务的优点和长处，或介绍其使用该产品或服务的体验；还可以采用将名人的名字印于产品或包装上等做法。

2. 专家效应

专家是指在某一专业领域受过专门训练，具有专门知识、经验和特长的人。医生、律师、教师等都是各自领域的专家。专家所具有的知识和经验，使其在介绍、推荐产品时较一般人更具权威性，从而产生特有的公信力和影响力，可引导和坚定公众的选择，成为公众依赖的对象。在运用专家效应时，一方面，应注意法律法规的限制，如有的国家不允许医生为药品做广告；另一方面，应避免公众对专家的公正性、客观性产生怀疑，如不应在广告中弄虚作假，用普通人假借专家名义来推荐产品。

3. 普通人效应

用普通人的证词、证言来宣传企业的产品，是广告中常用的方法之一。由于出现在荧屏上或画面上的证人或代言人是和潜在顾客一样的普通消费者，这会使受众感到亲近，从而使广告诉求更容易引起共鸣。宝洁、大宝等都曾运用过“普通人”证词广告，效果还是不错的。还有一些企业在电视广告中展示普通消费者或普通家庭如何用广告中的产品解决其遇到的问题，以及如何从产品的消费中获得乐趣等。这类广告由于贴近消费者，反映了消费者的现实生活，因此可能更容易获得认可。

4. 经理型代言人效应

一个企业的经理或一个企业家本身就是企业的符号或缩影，因此，在广告中用经理或企业家做代言人也是一种聪明的选择。例如，20 世纪 70 年代，美国克莱斯勒汽车公司总经理李·艾科卡（Lee Iacocca）曾为本企业做广告，获得了很大成功。我国很多企业也采用创始人、董事长、总经理或产品发明人的名字和图像来代言企业的产品和品牌。例如，聚美优品 1 分多钟的广告镜头中，“创业者”陈欧的一段自白直白而坚定，一句“哪怕遍体鳞伤，也要活得漂亮”，瞬间使当下的年轻人得到了共情，陈欧也迅速火遍全网。

经理或企业家这一形象所代表的内容极其丰富，它代表了一种成功，代表了一种冒险、创新精神等。因此，社会公众对他们的敬佩甚至敬仰的心理往往会投射到其代言的品牌上，使他们成为引导个人消费的“意见领袖”。因此，在有些情况下，经理或企业家代言甚至比艺人代言更可信、更可靠、更具有号召力，能产生更好的传播效果。

三、观念领导者

参照群体中经常包括观念领导者（或称意见领袖），其是指那些经常能影响他人的态度或意见的人。从营销的角度看，观念领导者是指在非正式的产品沟通中，就某一特定的产品或服务能够提供建议与信息的一群人。显然，说服这些人购买他们的产品或服务对营销人员来说是非常重要的。很多在今天成为人们生活一部分的产品或服务最初就是受到了这些有影响力的观念领导者的推动。

观念领导者通常是最早出于纯粹的好奇心而使用新产品或服务的人。观念领导者一般有以下几个方面的特征：

（一）人格特征

观念领导者通常是社区的活跃分子，不甘寂寞。而且，观念领导者一般都比较率性，具有公开的独特的个性。这让他们更可能以与众不同的方式去尝试那些未知的而又让人感兴趣的产品和服务。此外，观念领导者通常具有高度的自信心，可能比一般人更健谈与合群，因而他们更具有影响力。

（二）独特的产品知识

观念领导者最大的也是最明显的特征，就是对某一类产品比群体中的其他人有着更为长期和深入的介入。由于某些原因，有的人对某类产品或活动有更多的知识和经验，因而在其他人看来，他在这方面更有权威。因此，观念领导者通常是与特定的产品或活动相联系的。

一位资深 IT 记者说：“尽管我一年到头也不会买一台电脑，但每年找我推荐买哪种电脑的人却数不胜数!”这样的情况并不特殊，如果把观念领导者仅仅当作普通的用户来看待，那么他的传播价值很低；但如果考虑到他对采购的影响，那么他的传播价值可能是普通用户的千倍、万倍。

(三) 丰富的市场知识

观念领导者虽然通常是和某种产品或活动相联系的，但也有这样一些人，他们似乎了解许多产品、购物场所和市场的其他方面的信息。他们一般也愿意与人讨论产品或服务，主动向他人介绍关于产品或服务的大量信息。

单元二 不同年龄消费群体心理分析

一、少年儿童消费者的心理分析

一般而言，从出生到 14 岁的消费者属于少年儿童消费者群体。其中，0～10 岁被称为儿童，11～14 岁被称为少年。从世界范围来看，年轻人口型国家中，少年儿童占人口比例最大，为 30%～40%；老年人口型国家中，少年儿童比例较低。根据第七次全国人口普查结果，我国少年儿童占人口比例为 17.95%，但是以少年儿童为主的消费群体的消费能力却惊人强大，究其原因，主要是中国的家庭大多以孩子为先。

(一) 儿童消费者的消费心理特征

儿童的心理发展可分为婴儿期、幼儿期、童年期。在这三个阶段中，儿童逐渐有了意识倾向、认知能力、兴趣爱好、意志情绪等心理现象。这些心理表现在消费中有以下特征：

1. 儿童的天真好奇心理

儿童具有天真的心理特点，他们纯情、幼稚，有童话般的幻想色彩，因此，他们在购物时也就表现出天真好奇的消费心理。他们的需求标准往往是成人难以理解的，如一些制作精美的商品引发不了儿童的食欲和兴趣，而那些制作简单的商品却因为包装内附有各种不同的小玩具而倍受他们青睐。

2. 消费的直观心理

儿童对外界事物的认识主要是直观表象的形式，缺乏逻辑思维，他们只关注商品的直观形象，而不注意商品的品牌和生产厂家、比较商品的质量和性能等。一般而言，儿童对事物的认识主要由直观刺激引起，对商品的注意和兴趣主要来自商品的外观，如商品的图案、色彩、造型、声响等。这个特点在低龄儿童身上表现得更为明显，他们最容易被结构简单、色彩明快鲜艳、能活动、带声响的玩具所吸引。另外，由于儿童的商品知识及消费经验较少，生活范围局限性很大，不了解市场商品的营销情况，很难辨认出商品的好坏，也不在乎商品使用的社会效应，因此儿童的商品认识有很大的模糊性和表面性的特点。

3. 消费的模糊心理

相关链接

好奇心的差异

儿童没有太多的生活知识和经验，不熟悉购物活动，缺乏选购能力，内心却有着较强的购物欲望，尤其受到电视媒体的影响，或看到同伴拥有了某种物品，所表现出的欲望就更为强烈。因此，在购物时，儿童在琳琅满目的货架前表现出犹豫不决、捉摸不定、左顾右盼等不稳定的复杂的心理活动，并在很大程度上受外界因素的调节和支配。

4. 消费的依赖心理

由于儿童的购买能力还没有完全独立，在购买商品时往往缺少自己的主见，因此，他们表现出很大的依赖性，而且年龄越小，依赖性越大。他们只知道要购买商品，而不考虑为什么要购买。这时，老师、父母对他们的购买决策有重要的影响。在学习用品上，通常老师的建议更具影响力；而在生活上，父母的建议显得更为重要。

5. 消费的可塑心理

由于儿童处于认识事物的学习阶段，易于接受新生事物，同时他们的思维批判性尚未发展成熟，对老师、书本知识和传播媒体的观点往往深信不疑，因此在消费心理上，他们容易被那些动人的推销宣传说服和左右。

6. 使用商品的模仿性

一般而言，儿童的自我意识水平较低，对自己的心理活动、行为的认识与调节能力都处于低级水平。他们对自己、他人以及外界事物的认识往往以别人的行为、思想作为指导，本身缺乏独立的判断分析能力，在行为上表现出很大的模仿性、从众性。在消费活动中，儿童购买欲望的强弱或对商品好坏的认识，受他人的消费行为及评价的影响很大，且都来自对周围其他人的模仿，年龄越小，模仿性越强，特别是在学龄前期，别的小朋友拥有某件玩具或用品，常常会诱使儿童产生消费欲望，并以此作为其向父母要求购买的理由。当然，随着年龄的增长，儿童的模仿性消费逐渐被有个性特点的消费所代替，购买行为也开始有一定的动机、目标和意向。

儿童天性活泼好奇，尤其善于模仿，最易被同龄人和生动迷人的推销宣传所左右。入学前，儿童的生活圈子较小，由于自身条件限制，购买自主性低，其消费受家庭影响较大。入学后，随着与社会接触的时间、空间的增加，一大群同辈群体相互影响，同伴间进行广泛的信息交流，由于心理与生理的相似性，学龄儿童更乐于接受学校、同学、朋友、教师、书籍等社会因素的影响。

（二）少年消费者的消费心理特征

1. 喜欢与成人比较

少年在主观上渴望同成人一样独立地处理自己的消费，尽量争取自己独立的消费行为，以实现自己的消费个性，满足自己的生活习惯、兴趣爱好等需要。

2. 独立购买意识逐渐形成

由于社会阅历的增加，少年在消费中有意识的思维和行为增多，能较自觉地进行比较、分析、鉴别等抽象思维活动，对所想购买的商品做出一定的判断，从而对某种商品产生较稳定的认识，并逐渐形成自己的购买习惯。

3. 消费意识方面的矛盾性增强

一方面，受家庭的影响，少年的消费活动受到限制；另一方面，由于对社会的接触、参加的集体活动逐渐增多，少年的独立性和自主性增强，消费观念和消费决策逐渐转向受集体、群体及同龄人的影响。

4. 为满足成长性需要的消费所占比重增加

少年正是成长的年龄，无论是受教育、兴趣爱好、体育运动还是升学方面，都是非常关键的时期，因此为了满足成长性需要，家长会投入更多的消费。例如：为更好地增强体质购买运动器材；为学习知识购买书籍、文具以及参加各种学习培训班等。

相关链接

香港迪士尼乐园再推出卡通主题酒店

（三）少年儿童消费品市场的特点

与成人消费品市场相比，少年儿童消费品市场呈现以下不同的特征：

1. 市场差异小

消费者购买行为首先受个人因素的影响。成人消费者由于职业、文化水平、个性、爱好、价值观等的不同，对商品需求的差异性较大，成人消费品市场本身就呈现很大的差异性。因此，厂商常常需要将此市场按不同因素进行细分。少年儿童消费品市场却不同，市场主体主要是少年儿童，尽管由于家庭经济条件的不同和父母对少年儿童行为的影响，少年儿童的购买动机也呈现某些差异，但总体来说，少年儿童由于其文化程度、社会经验等的限制，对商品选择的差异性较小。因此，在少年儿童消费品市场上可以运用相同或相似的产品、定价、渠道和促销策略，以达到降低成本、获取最大效益的目的。

2. 形式产品重于实质产品

在现代社会化大生产和商品经济条件下，产品是一个日益复杂的整体概念，它包含三个层次：（1）实质产品（核心产品），指产品的基本效用和用户购买产品所追求的利益；（2）形式产品，包括产品的品质、特征、品牌、形态、包装等；（3）延伸产品，主要指一系列的售前、售中、售后服务。对少年儿童消费品市场来说，形式产品重于实质产品。少年儿童的购买行为主要受感情动机的影响，表现出冲动性和不稳定性，求新、好胜、好奇等都可以促成其购买行为，如服装上的奇特口袋，食品袋里赠送的小玩具，童车外表模仿动物外形的喷漆花纹等，都可能引起其强烈的购买欲望。因此，少年儿童消费品应强调产品功能多样，外观造型奇特，包装精美，符合少年儿童求新、求奇、求美、好动的心理特点。这样的商品放在超级市场的货架上，才能引起少年儿童浓厚的兴趣。

3. 广告的促销作用强

相关链接

麦当劳与海尔的形象营销

广告对商品的促销作用早已被厂商所认识，许多厂商不惜花重金做各种各样的广告。广告对少年儿童消费品的促销作用较成人消费品更为突出。这主要是因为少年儿童的消费行为转移性强，容易受外界影响。厂商影响少年儿童消费行为的最基本的手段就是广告，尤其是电视广告。电视广告对少年儿童消费行为的潜在影响是由广告的性质所决定的。电视广告通过活泼的形象、鲜艳的色彩、悦耳的声音、诱人的画面，使儿童感受到无穷的乐趣。因此，一些新的少年儿童消费品要打开市场，广告的反复刺激是一种有效的途径。

4. 少年儿童越来越具有购买权

有关社会调查资料表明，少年儿童在购买小食品、饮料、服装、玩具、文具等方面拥有绝对的权利，同时，对于一些大件商品，如自行车、家用健身器等，也拥有相当大的购买权，他们对父母的购买行为产生着越来越大的影响。在我国，少年儿童这一购买者角色的作用尤为突出。一方面，我国少年儿童数量多，形成了一个庞大的消费群体。另一方面，子女是我国家庭的核心，是家庭的“小太阳”，家庭中很大一部分消费支出都花在他们身上。随着我国经济的发展和人们的购买力的增强，之前几乎百分之百掌握在大人手中的购买权如今已有不少掌握在少年儿童手中。此外，少年儿童手中的零用钱也越来越多。从前，父母给孩子零用钱，会要求他们积蓄起来直到有需要和懂得怎么花时才动用；现在的社会是商品经济社会，许多家长给孩子零用钱的目的是让他们学会消费，尽早适应社会。因此，如今的少年儿童已没有或很少有以往的传统的节约观念，他们在购买商品时也很少考虑价格。随着物质条件越来越好，少年儿童的购买能力将越来越强，这也是促进少年儿童消费品市场繁荣的重要原因。

课堂互动：你小时候玩过什么玩具？对于玩具的购买你是否有话语权？

互动要求：学生结合所学知识进行独立思考，陈述自己的观点；也可以跟同学沟通后回答。

（四）针对少年儿童消费者的营销策略

少年儿童构成了一个庞大的消费市场，企业应根据少年儿童的消费心理特点，采取相应的营销策略，刺激其购买动机，满足他们的消费心理需要。

1. 区别购买对象与消费对象，采用不同促销方式

3 岁以前的儿童属于婴儿，一般是由家长作为其消费品的主要购买者，因此，商品的设计要考虑婴儿的使用需求，而促销、宣传、价格等策略则需要考虑父母的心理状态。3 岁以后的少年儿童会参与商品的选购活动，商品的设计、广告宣传等营销活动就需要考虑他们的心理特点，从而吸引他们的注意。这是一个非常特殊且多元化的群体，他们对产品的需求和偏好各不相同。为了更好地满足 3 岁以后少年儿童消费者的需求，企业可以提供定制化的产品，让他们可以根据自己的喜好和需求来选择产品。例如，企业可以提供定制化的玩具、文具、服装等，让孩子们拥有独一无二的个性化产品。

2. 注重商品的外观设计，以直观形象吸引购买者的注意

对少年儿童来说，直观的、具体的形象思维仍然起主导作用，这就使得他们对商品的认识大多通过商品的样式、色彩、包装得来。为此，企业要吸引少年儿童的注意，就必须从其心理出发，设计、制作外形生动、图案活泼、色彩绚丽的商品。创意包装设计可以提高产品的吸引力和美观度，同时也可以增加产品的附加值。例如，企业可以设计一些有趣、可爱的包装盒或包装袋，让孩子们在收到产品时会感到惊喜和快乐。

3. 树立品牌形象，提高品牌忠诚度

少年儿童的识记往往具有随意性和长久性，当他们逐渐长大，具有独立购买的能力时，儿时印象深刻的商品往往会影响他们的购买决策。因而很多企业会根据少年儿童的心理特点进行营销设计，使他们对商品品牌产生深刻印象。优质的客户服务可以提高消费者的满意度和忠诚度，同时也可以增加口碑传播的可能性。例如，企业可以提供 24 小时在线客服服务、免费退换货服务等，让消费者感受到企业的专业和贴心，这对企业开拓稳定市场具有深远的意义。

4. 注重满足消费者的多元化消费

随着生活水平的提高和社会竞争的加剧，消费不断趋于多元化。企业应不断丰富商品的功能，挖掘市场潜力，满足不同少年儿童的多样化需求。与其他品牌或企业进行联合营销活动，可以扩大品牌的影响力和知名度，同时也可以吸引更多的消费者。例如，企业可以与少年儿童相关的部门或机构进行合作，如儿童书店、儿童乐园等，共同举办一些促销活动或节日庆典等形式的活动，吸引更多的少年儿童消费者。

二、青年消费者的心理分析

青年是指由少年向中年过渡时期的人群，青年消费者是指年龄范围在 15～39 岁的消

费者群体。他们充满活力，并逐步走向社会，也是企业竞相争夺的主要目标。青年消费者群体具有较强的独立性和很大的购买潜力。尤其是已经参加工作，有经济收入的青年消费者，他们不仅购买力巨大，而且能用自己的购买观念影响家人和朋友，其购买行为具有扩散性。

（一）青年消费者的消费心理特征

1. 追求时尚和新颖

青年人的特点是热情奔放、思想活跃、富于幻想、喜欢冒险，这些特点反映在消费心理上，就是追求时尚和新颖，喜欢购买一些新的产品来尝试新的生活。在他们的带领下，消费时尚也会逐渐形成。青年消费者内心丰富、感觉敏锐、勇于创新，敢于冲破传统观念与世俗偏见，易于接受新鲜事物，追随时代潮流。他们的购买行为趋向求新、求美，喜欢购买富有时代特色的商品来装饰自己和家庭，展现其现代化的生活方式，以博得他人的赞许和羡慕。因此，投放市场的新产品、社会流行的某一商品等，都会引起他们极大的兴趣和购买欲望，购买动机也会随之形成。

2. 表现自我和体现个性

青年人的自我意识强，强烈地追求独立自主，在做任何事情时，都力图表现出个性，这一心理特征反映在消费行为上，就是喜欢购买一些具有特色的商品，而且这些商品最好能体现自己的个性特征，对那些一般化、不能表现自我个性的商品，他们一般都不屑一顾。

课堂互动：如果你是某一品牌店的销售经理，你的商品目标人群是青年人，在销售商品的时候应该注意哪些方面的问题呢？

互动要求：学生结合所学知识进行独立思考，陈述自己的观点；也可以跟同学沟通后回答。

3. 购买范围广泛、购买能力强

青年消费者有一定的经济来源和购买经验，加之没有较重的经济负担，所以购买商品的范围十分广泛。各种商品，不论高档、低档，一般、特殊，都是他们购买的对象。随着人们的消费观念由保守型向开放型转变，青年人消费的时代感也更加强烈，表现在追求衣、食、住、行等各方面现代化的生活方式。因此，凡是能够满足他们这方面消费需求的商品，都能引起他们的兴趣，促发其购买动机。

4. 具有明显的冲动性

由于人生阅历并不丰富，青年人对事物的分析判断能力还没有完全成熟，他们的思想感情、兴趣爱好、个性特征还不完全稳定，因此在处理问题时，往往容易感情用事，甚至产生冲动行为。他们的这种心理特征表现在消费行为上，就是容易产生冲动性购买。在选择商品时，感情因素占了主导地位，往往以能否满足自己的情感愿望来决定对商品的好恶，只要是自己喜欢的东西，就一定会想方设法，迅速做出购买决策。青年消费者首先讲究商品美观、新异，其次才注重质量、价格。他们一般不会冷静地分析商品的各种利弊，而是直观地判断商品的好坏、优劣，形成对商品的好恶倾向。因此，他们购买动机的随机性、波动性较大。

相关链接

你真的懂小镇青年吗?

（二）青年消费者市场的特点

1. 追求新鲜事物

青年消费者通常对于市场上新出现的产品或服务抱有极大的兴趣。他们喜欢尝试新鲜事物，愿意为创新的产品支付溢价，尤其是那些与他们的生活方式、价值观相契合的产品。

2. 个性化需求强

在青年消费者中，个性化需求日益凸显。他们希望产品或服务能够反映出自己的独特性和个性，不愿意与大众保持一致。因此，企业需要提供定制化、个性化的产品和服务来满足他们的需求。

3. 消费能力强

相对于其他年龄段的消费者，青年消费者通常具有较高的消费能力。随着家庭背景、教育背景和工作收入的提高，他们在消费上的投入也相应增加。这使得青年市场成为许多品牌的重要目标市场。

4. 社交媒体影响大

社交媒体在青年消费者市场中具有巨大的影响力。他们通过社交媒体了解产品信息、分享消费体验、参与品牌互动等。企业需要利用社交媒体平台与青年消费者建立紧密的联系，以提高品牌知名度和美誉度。

（三）针对青年消费者的营销策略

根据青年消费者的消费心理特征，企业要注重满足青年人的消费心理需要，制定相应的营销策略。

1. 开发时尚商品，引导时尚潮流

在制定青年消费者营销策略时，首先需要深入了解目标受众的特点和需求。青年人易于接受新鲜事物，追求时尚，渴望引领潮流，因而他们通常是新产品的率先尝试者和推广者。企业要注重设计、开发新颖时尚的商品，吸引青年消费者的注意。同时，在新产品推广时，企业要将目标受众对准青年消费者群体，这不仅有利于加速新产品的市场推广，也可以通过青年人的示范作用，起到引领消费潮流的作用。因此，要研究青年人的心理和行为特点，从而为他们量身定制适合的产品和营销方式。

2. 创新产品与服务，注重商品的独特个性

针对青年人的需求，企业应提供富有创意和特色的产品和服务。在产品开发方面，企业要注重个性化、实用性和品质保证。同时，企业要关注青年人的学习、生活和娱乐需求，推出相应的服务项目，如在线教育、虚拟现实体验等。青年消费者追求商品的个性化、独特性，希望打造自己与众不同的形象，因而企业在产品设计中要注重商品的独特性，在营销活动中要强调商品的“特别”和“个性”，以此来满足青年消费者追求个性形象的心理需求。此外，企业可考虑打造与青年人兴趣相关的社区或平台，为他们提供互动交流和分享的空间。

3. 合理定价与促销

在定价策略上，企业要充分考虑青年人的购买能力和消费习惯。价格过高可能会使青年人望而却步，而过低的价格则可能影响品牌形象。因此，定价时应做到既保证产品性价比，又保持品牌形象。此外，企业可以运用不同的促销手段吸引青年消费者，如折扣、赠品、会员优惠等。

4. 社交媒体营销

社交媒体在青年人生活中占据重要地位，因此企业应充分利用社交媒体平台进行营销活动，通过青年人常使用的社交媒体平台（如微博、抖音、B站等），发布有趣、有活力的内容，与青年人进行互动交流。此外，企业可利用社交媒体开展线上活动、话题营销等形式来提高品牌知名度和曝光率。同时，企业要注意与青年人沟通的语言和方式，建立亲切、友好的品牌形象。通过这些措施，企业可以在社交媒体上聚集大量粉丝，提高品牌影响力，促进产品销售。

课堂互动：运用参照群体理论提出两种减少青少年酒精消费的办法。

互动要求：学生结合所学知识进行独立思考，陈述自己的观点；也可以跟同学沟通后回答。

三、中年消费者的心理分析

中年消费者群体是指年龄范围在40～55岁的消费者，这一群体在我国人数众多，他们的收入水平趋于人生最高峰，支出能力强，消费商品覆盖面广泛，在消费活动中具有重要影响。同时，中年人往往“上有老，下有小”，承担着家庭生活的重担，他们家庭责任重，在家庭中处于购买决策者的位置，因而是企业在营销活动中需要十分重视的一个群体。

（一）中年消费者的消费心理特征

1. 购买的理智性多于冲动性，计划性多于盲目性

中年人心智沉稳，生活经验丰富，这决定了他们消费行为的合理性。在选择商品时，他们往往注重商品的实际效用，会认真衡量、分析和挑选商品，理智地分配自己的消费行为。由于家庭责任重，为了合理支付家庭各方面的开支，大多数中年人奉行量入为出的原则，消费的计划性比较强，很少出现计划外的开支和盲目冲动的消费。

2. 购买有主见，不受外界影响

随着年龄的增长，中年人更注重个人气质和内涵的体现，他们既能顺应潮流，也不完全受潮流支配。在消费时，中年人更愿意按自己的主张购买商品，很少感情用事。

3. 购买随俗求稳，注重商品的便利性

中年人注重商品使用的便利性，倾向于购买能减轻家务劳动时间或提高工作效率的产品。同时，他们的消费需求稳定而集中，注重与自己身份相适应的消费标准和消费内容，不会主动去追求时髦或超前消费。

课堂互动：有人认为，现在社会负债的主力人群并不是青年人，而是中年人。你是否认同？说说你的看法。

互动要求：学生结合所学知识进行独立思考，陈述自己的观点；也可以跟同学沟通后回答。

（二）中年消费者市场的特点

1. 稳定收入与积蓄

中年消费者通常已经拥有稳定的工作和收入，经过多年的积累，他们往往拥有一定的积蓄。这使得他们在消费上相对更为从容，不容易受到经济波动的影响。

2. 多元化需求

中年消费者由于年龄、职业、生活状态等方面的差异，需求呈现多元化的特点。例如，一些中年消费者可能更注重家庭用品的舒适性和实用性，而另一些则可能更关注个人兴趣爱好或职业发展方面的需求。

3. 品牌忠诚度高

经过多年的消费积累，中年消费者对某些品牌可能已经形成了较高的忠诚度。他们更倾向于选择自己信赖的品牌，对于新品牌或未知品牌，往往需要更多的了解和信任才会尝试购买。

4. 互联网接受度高

虽然中年消费者可能不如青年人那么熟悉互联网技术和新媒体，但他们在日常生活中对互联网的依赖度也在逐渐增加。他们使用互联网进行购物、社交、娱乐等活动，对于线上服务的需求也在不断提高。

中年消费者市场具有稳定收入与积蓄、多元化需求、品牌忠诚度高以及互联网接受度高等特点。了解这些特点有助于企业更好地满足中年消费者的需求，提升市场份额和竞争力。

（三）针对中年消费者的营销策略

中年消费者的购买力强，人口数量众多，因此做好营销活动，争取这部分消费者，对企业的生产和经营有重要意义。

1. 满足实用需求，使中年消费者成为忠诚的消费者

中年消费者在购买家庭日常生活用品时，往往表现为习惯性购买，因而企业要注重商品的品牌形象和包装，在中年消费者心中树立起可靠、稳重的形象。由于中年消费者通常更加注重产品的实用性和功能性，因此企业在制定营销策略时，应将产品的实用价值作为重点，强调产品能够满足他们的实际需求。例如，针对家庭需求，企业可以推出更高效的家居用品；针对职场需求，企业可以提供更具竞争力的商务装备。同时，企业应注重商品的质量标准和性价比，要考虑中年消费者的购买习惯，不要轻易变动。

2. 在商品设计上突出实用性、便利性，外观要美观大方

中年消费者消费心理稳定，追求商品的实用性、便利性。华而不实的包装往往不被中年消费者喜爱，企业要大力宣传商品的品质，突出商品的使用价值，要靠商品的功能、效用打动消费者。中年消费者社会地位较为稳定，因此商品设计要美观大方，最好能让商品形象与他们的社会角色相匹配。

3. 强调品质保证，提供优质的服务

品质保证是中年消费者关注的重点之一。在营销过程中，企业应突出产品的品质和耐用性，强调企业对于产品质量的严格把控，如可以通过强调品牌的专业背景、产品的材料选择、工艺技术等方面的优势来提升消费者对产品品质的信任感。中年消费者在决定购买商品尤其是高档商品前，就十分注重售后服务。售后服务是他们考虑是否购买的重要因素。同时，中年消费者购买后如果发现问题，大多直接找销售人员解决。良好的服务体验对于中年消费者来说尤为重要。企业应提供专业、周到的售前、售中和售后服务，确保消费者在整个购买和使用过程中都能得到满意的体验。此外，企业可设置专属客户经理或提供定制化服务，以满足中年消费者的个性化需求。因此，企业应切实帮他们解决问题，切忌推诿，以免失去忠诚的消费者。

4. 价格要合理化，促销活动要合理化

中年消费者通常对价格较为敏感，因此企业在定价策略上要特别注意。企业可以通过提供高性价比的产品、定期的促销活动以及会员优惠等方式来吸引价格敏感型中年消费者。同时，企业也要避免定价过高或过低，以免影响品牌形象和消费者的购买决策。商品具有合理的性价比，是中年消费者购物的原则，因而企业应针对他们的需求，选择平价销售、优惠、折扣等营销策略。中年消费者较少发生随机性或冲动性购买，他们的购买行为往往具有计划性，因而企业在做促销活动或推广活动时，应注意利用广告宣传手段将商品信息或活动信息提前告知他们，以便获得更大的营销成效。

5. 重视品牌形象

品牌形象对于中年消费者的忠诚度至关重要。企业应注重维护和提升品牌形象，通过提供优质的产品和服务，以及打造独特的品牌文化来赢得中年消费者的认可和信任。同时，可以利用品牌代言人和口碑营销等方式，提高品牌知名度和美誉度。

6. 情感共鸣营销

中年消费者通常具有更为丰富的人生阅历和情感体验，因此情感共鸣营销策略在针对这一群体的营销中尤为重要。企业可通过深入挖掘目标受众的情感需求，结合品牌理念和价值观，创造出能够引发共鸣的品牌故事或广告内容。同时，企业可利用情感化的包装和设计，增强产品的情感附加值，从而激发中年消费者的购买欲望。

7. 健康与安全关注

随着年龄的增长，健康与安全问题成为中年消费者关注的重点。在产品设计和营销过程中，企业应注重突出产品的健康与安全性能，强调无害、环保、节能等方面的优势。此外，企业可以针对中年消费者的健康需求，提供相应的健康服务和产品，如保健食品、健身器材等。通过关注中年消费者的健康与安全需求，企业可以提升品牌的关爱形象，赢得消费者的信任和忠诚度。

同步案例

中年消费者的怀旧情结——南方黑芝麻糊占据消费者情感空间

提起南方黑芝麻糊，很多“70后”和“80后”会很自然地想起那则充满浓浓温情的广告。在广告画面中，嘴馋的小男孩一听到“黑——芝麻糊——哎!”的叫卖声就再也坐不住了，他端着碗，津津有味地喝着黑芝麻糊，喝完后不忘舔干净碗边的芝麻糊。这让电视外的我们也禁不住好奇碗里的味道。

“不卖流行卖怀旧，不卖产品卖回忆。”这就是怀旧营销的核心诉求。对于南方黑芝麻糊这种具有足够年代历史以及怀旧基因的产品来说，打“怀旧牌”无疑是非常具备优势的。

南方黑芝麻糊的广告定位很清晰，就是以情动人。广告中的场景和色调无不充满着古色古香，利用了顾客的怀旧心理，用羊肠小道、浓重的南方口音、扁担和挑子，激发起对南方生活记忆犹新的顾客的回忆，使其产生一种重返乡土的温馨感。

在南方黑芝麻糊的广告中，卖芝麻糊的和蔼大婶、意犹未尽的小男孩、静谧的小镇、悠扬的民谣等，都化作符号，牵动着游子乡情。这些都使人觉得自己品尝的已不是芝麻糊，而是一种家的味道。

广告中出现的装芝麻糊的大桶、盛芝麻糊的勺子、吃芝麻糊用的瓷碗，也都流露着浓浓的怀旧气息，显得既古朴又具有中国特色，与现在加工食品的泛滥相比，手工风味反而会给人醇正之感。

问题：中年人的怀旧是一种什么心理呢？

提示：怀旧也可以成为一种时尚和流行，但进行怀旧营销的同时要注意与时俱进，要对怀旧广告核心精神有所继承、有所发展，在拓展新客户时，不要忘记维系老客户。中年群体的怀旧情结是一直存在的，尤其是那些具有共同重大经历和情感的联系的群体。商家在推出商品时，如果能将商品刻上怀旧的印记，便会很容易促使他们产生购买欲望。值得注意的是，怀旧商品需要在秉承核心精神的前提下与时俱进。

四、老年消费者的心理分析

老年消费者在长期的生活中已经形成了一定的生活习惯，而且一般不会做较大的改变，这是因为他们一般都比较怀旧和保守，相信老品牌，是企业的忠实消费者。我国已经进入老龄化社会，随着老年人的逐渐增多，之前长期被忽视的“银色市场”，也进入了商家的眼帘。由于老年消费者在生理上、心理上都体现出年龄的特征，肌体的调节功能也有所下降，在吃、穿、住、行等方面往往都有特殊的要求，因而这个群体的消费行为与其他消费者群体有诸多的不同。

课堂互动：针对老年人的“银色市场”，结合所学知识，谈谈老年人市场的发展趋势。

互动要求：学生结合所学知识进行独立思考，陈述自己的观点；也可以跟同学沟通后回答。

（一）老年消费者的消费心理特征

1. 购买动机是在追求舒适与方便的心理状态下形成的

老年人的视觉、听觉、味觉、嗅觉、触觉等能力较年轻时明显下降，反应迟钝，记忆力减退，睡眠减少，对外界刺激较为敏感，容易疲劳、厌倦等，这使得他们对消费品的需求从范围广泛、品种繁多，渐渐集中到最感兴趣的商品上，而这些商品有助于老年人的身心健康，可以给老年人的生活带来舒适和方便。购买动机的形成与否取决于这些商品给他们带来的便利与舒适的程度。

2. 购买行为具有明显的理智性与稳定性，很少有感情冲动

老年人在选购商品时，喜欢凭过去的经验、体会来评价商品的优劣，并对老牌子的商品、名牌商品有深刻的记忆。多年养成的固定的消费习惯行为，使其购买行为有较强的理智性与稳定性，不易受外界因素的干扰，也不易为商品的某一特点所动，而是在全面评价、综合分析商品的各种利弊因素后，再做出购买决策，动机一旦形成，不会轻易改变，或迟或早会导致购买行动。老年消费者由于生活经验丰富，情绪反应一般比较平稳，很少感情用事，大多以理智来支配自己的行为，在消费时比较仔细，不像年轻人那样冲动。

同步案例

足力健老人鞋的成功启示：代言人的力量与传统电视媒体

AgeCLUB 研究中心分析了电商平台上在售的 1 842 个老人鞋品牌，评价数在 5 万以上的老人鞋中，除了销售量达到 7.2 万的 19.9 元梦兮千层底鞋以外，其余全部来自老人鞋“广告王”足力健。足力健热销产品价格区间在 259～299 元，属于老人鞋中端市场的天花板系列。

AgeCLUB 研究中心认为，理解用户是获得老年用户信任并取得长尾效应的重要条件。足力健的成功模式给了我们以下启示：高认知度的代言人与传统电视媒体在老年市场开拓中仍然拥有巨大价值。从数据来看，“银发族”对电视等传统媒体依赖度高，同时对知名艺人抱有天然的信任度，选择明星作为代言人，结合大规模的电视广告宣传，能够在老年群体中迅速建立品牌认知，最大限度地影响老年人的消费行为。

低价产品抢占用户心智，高价产品抓住老年消费升级趋势。当老人鞋市场还处于早期阶段，用户对市场品牌缺少认知，没有信任感时，足力健通过低价产品降低老年人的“试错成本”。正是基于对老年人群的了解，足力健首先推出入门产品——定价为 49 元的男女基本款老年休闲鞋，然后结合大量的市场宣传和口碑传播，逐渐积累信任，继而推出 259～299 元的产品，推动老年人消费金额层层升级。

问题：足力健是如何俘获消费者的心的？

提示：足力健深挖用户需求，强调产品质量，提供给用户超预期的产品，埋头做好每一双鞋，用心服务好每一位客户，让每一位穿上足力健老人鞋的老人脚下更舒服，让每一位被足力健服务过的老人心里更温暖。

3. 购买品牌忠诚度较高

老年消费者在长期的生活过程中已经形成了一定的习惯，在长期的消费过程中形成了

对某些品牌的忠诚度。他们倾向于选择熟悉和信任的品牌，认为这些品牌能够提供稳定的质量和服务，而且一般不会做较大的改变。他们在购物时具有怀旧和保守心理，对于曾经使用过的商品以及品牌印象比较深刻，而且非常信任。品牌口碑和历史成为老年消费者选择产品和服务的重要参考因素，所以他们的品牌忠诚度比较高。

4. 坚持主见，不受外界影响

老年人在消费时大多会有自己的主见，而且十分相信自己的经验和智慧，即使听到商家的宣传和他人的介绍，也要进行一番分析，以判断自己是否需要购买这种商品。因此，对于老年消费者，商家在促销时，不应一味地向他们兜售商品，而应尊重和听取他们的意见。

5. 社会情感需求

老年消费者还关注社会情感需求。他们渴望与家人、朋友和社区保持联系，寻求归属感和认同感。商家可以通过组织社交活动、提供亲情服务和关注老年群体的社会动态等方式，满足他们的社会情感需求，并建立良好的品牌形象。

（二）老年消费者的市场特点

相关链接

老年人市场与“朝阳产业”

1. 消费能力较强

现代的老年人都有储蓄的习惯，到退休时已有一些积蓄，所以大多经济并不困难，这使得他们有能力购买许多商品。老年消费者作为一个相对稳定的消费群体，通常拥有较强的消费能力。随着年龄的增长，许多人已经积累了一定的财富，包括退休金、储蓄和投资等。这意味着他们有能力购买高质量的产品和服务，尤其是在健康、休闲和旅游等领域。

2. 健康需求突出

老年消费者的健康需求十分明显。他们关注身体健康和疾病预防，愿意为保健品、医疗设备和健康食品等产品支付相对较高的价格。此外，他们还可能寻求健身设备、康复服务和健康旅游等健康相关服务。

3. 需求多样化

老年消费者的需求并不局限于某一特定领域。他们的需求包括日常生活用品、健康产品、休闲娱乐、旅游度假等多个方面。这要求市场提供多样化的产品和服务，以满足不同老年消费者的个性化需求。

4. 消费量入为出

老年消费者一般家庭成员比较多，他们会按照自己的实际需求购买商品，量入为出，注意节俭，对商品的质量、价格、用途、品种等都会详细了解，很少盲目购买。

5. 购物方式变化

随着互联网和电子商务的普及，老年消费者的购物方式也在发生变化。虽然他们可能仍倾向于传统的线下购物方式，但越来越多的老年消费者开始尝试和使用线上购物平台。这为商家提供了更广泛的销售渠道和更便捷的购物体验。

6. 注重服务体验

老年消费者在购物过程中更加注重服务体验。他们希望获得专业的咨询、友好的服务和完善的售后支持。商家应该提供舒适的购物环境、耐心的解答和及时的售后服务，以满足老年消费者的期望。

老年消费者市场具有消费能力较强、健康需求突出、需求多样化、量入为出、购物方式变化、注重服务体验等特点。了解这些特点有助于商家更好地满足老年消费者的需求，提升市场份额和竞争力。

课堂互动：了解身边长辈（爷爷、奶奶、姥姥、姥爷）的消费心理特点和购买行为习惯，并谈谈如何引导长辈正确、合理进行消费。从消费的角度考虑如何与自己的长辈友好相处。

互动要求：学生结合所学知识进行独立思考，陈述自己的观点；也可以跟同学沟通后回答。

（三）针对老年消费者的营销策略

1. 开发适合老年人需求的各类商品

老年消费市场广阔，消费潜力巨大，目前市场适合老年人的商品品类仍显单调，因而企业可以多开发适合老年消费者需求的各类商品，以扩大生产经营范围。企业也要考虑老年人的娱乐休闲方式，提供适合老年人的健身娱乐用品。

2. 重视全方位的良好服务

由于老年人的体力和智力都处于衰退状态，因此企业不但要提供老年人所希望的方便、舒适、有益于健康的消费商品，更要提供热情周到的服务，包括提供售前咨询和售后服务，如送货上门、服务到家，以及商品的无理由退换等。企业也可以在营销活动中采用免费试用、先尝后买、操作演示等形式，以此提高老年消费者的购买欲望。老年消费者需要更多的便利服务，企业应提供多种购买渠道和售后服务，方便老年消费者选择和购买。例如，企业可以开设专门针对老年人的服务窗口或热线电话，提供咨询、配送、安装等一站式服务。同时，企业应加强与社区、医疗机构等机构的合作，为老年消费者提供更加便利的服务。

3. 注意把握老年人的特殊心态

在具体的营销活动中，营销人员应充分考虑老年消费者的特殊心态。老年人在几十年的生活中积累了丰富的消费经验，不仅形成了自身的消费习惯，也形成了一定的购买习惯，他们愿意光顾老字号商店，把商品的实用性放在第一位。因此，企业在设计营销方案时，可以提供带有怀旧情调的商品及消费形式；开发能给老年人带来物有所值感觉的商品；制定老年人易于接受的经济实惠的产品价格；利用相关媒体与老年人沟通，主动向他们介绍各种最新的商品信息和常识等。老年消费者是一个相对稳定的消费群体，他们更加注重情感联系和归属感。因此，企业应加强与老年消费者的情感联系，增强他们对品牌的认同感和忠诚度。例如，企业可以通过举办一些社区活动、文艺演出等形式，增强与老年消费者的互动和交流；可以通过提供贴心、温暖的服务，让老年消费者感受到品牌的关爱和温暖。

4. 重视产品质量，优化购物体验

老年消费者更加注重产品的实用性和品质，因此，企业应高度重视产品质量，确保产品符合老年人的使用习惯和需求。在产品设计上，企业要注重人性化，考虑到老年人的操作习惯和视觉、听觉等身体机能的下降，提高产品的易用性和舒适性。同时，企业应加强产品质量监管，确保产品安全可靠，赢得老年消费者的信任。

购物体验是影响老年消费者购买决策的重要因素之一。企业应优化购物体验，让老年消费者在购物过程中感受到便利和舒适。例如，企业可以提供多种支付方式、简化购物流程、加强售后服务等措施；可以开设线下实体店或展示厅，让老年消费者亲自体验产品和服务；可以加强与物流配送企业的合作，提供快速、准时的配送服务。

老年人希望自己保持年轻的状态，至少希望在别人眼里没有实际年龄那么老，而许多企业在服务老年消费者时，会为他们提供一些特殊服务，效果适得其反。从老年心理来看，老年人需要特殊商品，但是不需要特殊对待。企业要给老年人营造一种乐观、积极的氛围，突出商品的年轻化品质，提升老年人的购买信心与意愿。

单元三 不同性别消费群体心理分析

因性别不同，消费者对商品的需求结构、消费心理与习惯、购买行为模式等都会有较大差异。性别也是细分消费市场常用的划分标准。

一、消费心理学中的性别分析

（一）消费中的性别差异

一直以来，性别都是一个重要与常用的市场细分变量。消费者的消费行为受性别的影响是极为明显的。女性消费者从身体表达和情感世界出发消费，来体现女性特征；男性消费者则从力量展现和公共参与出发消费，来体现男性特征。女性往往比男性更综合性地获取信息，更愿意搜寻商家和产品的具体信息，她们较早进行节假日购物，购买更多的礼物，进行更多层次的购物，购买产品更具有计划性。另外，女性更愿意获得微观和宏观信息，自主做出决定；男性则更倾向寻求店内售货员的帮助，以获得一些关于产品和商家的信息。一些学者在研究消费者行为的性别差异基础上，更进一步探讨了职业女性与非职业女性的消费行为差异，男性消费者行为的代际差异，以及青年女性消费者的消费行为特征及消费体验等，为消费者行为研究积累了大量的成果，也为我们了解消费者行为习惯及特征提供了参考。

（二）不同性别消费者的消费特点

女性消费者注重商品的外观、实用性、具体利益，以及商品所能体现的身份地位，有较强的自我意识和自尊心。而男性消费者的消费动机形成迅速、果断，具有较强的自信心。男性的个性特点与女性的个性特点相比，主要区别之一就是具有较强理智性，他们善于控制自己的情绪，处理问题时能够冷静地权衡各种利弊因素，能够从大局着想。有的男性则把自己看作能力、力量的化身，具有较强的独立性和自尊心。这些个性特点也直接影响他们在购买过程中的心理活动。因此，男性的消费动机形成要比女性果断迅速，并能立即导致购买行为。即使处在比较复杂的情况下，如当几种购买动机发生矛盾冲突时，男性也能够果断处理，迅速做出决策。许多男性不愿“斤斤计较”，购买商品也只是询问大概情况，对某些细节不予追究，也不喜欢花较多的时间去比较、挑选，即使买到稍有毛病的商品，只要无关大局，也不会计较。

同步案例

三位女性的消费

李女士今年30岁，月收入1万元左右，平时喜欢逛街购物，和朋友吃吃甜点，打打乒乓球。李女士结婚后每月要还房贷2 500元，“当初看房、买房、签合同都是我一手搞定，老公提了几个意见供参考”。爽朗的李女士平时喜欢玩，每年都要出去旅游两次，爱美的她也喜欢买些漂亮的衣服、首饰给自己。现在要还房贷还打算买车，她表示每个月都会给自己定一个硬性的存款任务，不再像以前那样大手大脚花钱了。

张女士是北京某高校大三的学生，是一个典型的时尚女生，爱美、爱逛街，一个月的生活费是1 500元，其中包括800元的伙食费、150元的电话费和公交费、550元的其他消费。现在的大学生都比较追求潮流时尚，她的好多女同学每月会花几百元去做头发、美容，每月至少要逛两次服装店，衣服也买个不停。大部分大二、大三学生都会支出一部分考试、培训费用，因为要考英语四、六级，若是考研、考公等，花费就更多了，一交就是几百元，甚至上千元。

40 多岁的罗女士是一家民营企业的老板，经过十多年的奋斗，她拥有了如今的成功地位。由于平时工作压力很大、强度高，罗女士节假日就尽可能地出去转转，好好放松一下，旅游、购物是不可或缺的一部分。罗女士在日常消费中最注重产品的品质、性能及品牌，既为了健康又为了美体。

问题： 案例中的三位女性消费者有哪些共同特点？

提示： 小到日用品，大到房、车，女性在购买活动中的主导作用越来越明显。案例中的三位女性消费者年龄不同、职业不同，在购买行为中表现也不同，但仔细分析又有共性。商家只有研究消费者群体的特点，才能制定出更具操作性的营销策略。

二、不同性别消费群体的心理特点

（一）男性群体的消费心理特点

男性消费者主要是指成年男性消费者，他们性格相对独立、刚强，做事理性、果断，商品的选购范围较为狭窄，与女性消费者有很大的区别。

1. 购买行为理智，注重实用性

男性消费者选购商品多为理智型，不易受感情支配，也不易受商品外观、他人推荐等影响，重视商品的使用效果及质量，不大关注细节。以购买汽车为例，男性主要考虑汽车的性能、质量、使用感受、售后服务、转售价值等，如果上述条件符合要求，他们就会做出购买决策。

2. 购买动机形成的迅速性和被动性

男性的逻辑思维能力强，具有较强的自信，倾向通过网络、杂志等媒体搜集有关产品的信息，并迅速形成购买动机。他们也具有变动性，常常会因为家里人的嘱咐、朋友的委托、工作的需要等产生购买动机。总体而言，男性消费者购买动机的主动性、灵活性较差，动机的感情色彩也比较淡薄。但是购买决策一旦形成，男性消费者就会迅速果断地付诸实施，实现购买行为。

3. 购买过程具有独立性，力求方便快捷

男性消费者购买商品时不愿意讨价还价，也忌讳别人说自己小气，因而购买商品时一般只询问大概情况，对商品价格不多计较。他们一般会在事前对商品有一定了解，不喜欢花较多时间比较、挑选，即使买到有瑕疵的商品，只要无关大局，也不予追究。

4. 购买商品的性别特征明显

男性消费者购买商品的范围较窄，一般喜欢购买硬性商品，如大件耐用消费品（家具、汽车等）、高科技产品（电视、计算机、手机等）或者一些特殊商品（古董、运动器材等）。

相关链接

满足男性心理需求的广告语案例

（二）女性群体的消费心理特点

女性在购买活动中起着特殊的作用。她们不仅为自己购买所需商品，也是儿童用品、男性用品、家庭用品的主要购买者。如此数量巨大且购买力惊人的女性消费群体，必然是企业竞相争取的对象。

1. 注重商品的外观形象和感性特征，易产生非理性消费

女性对商品的外观形象、感性特征比较重视。在同样质量、功能条件下，商品的款式、包装、品牌等方面感性色彩强烈的商品，容易引起女性消费者的共鸣，易使其产生购买欲望。同时，女性在某种情绪情感的驱动下也容易产生购买欲望，引发非理性购买，如遇到广告促销、打折优惠引发的冲动型购买，因他人劝退、卖场环境引发的从众型购买，由不良情绪带来的发泄型购买等。

2. 注重商品的实用性和具体利益

女性在家庭中的作用和家务劳动经验使其对商品的关注角度与男性大不相同，对商品的实际效用和具体利益要求强烈。商品细微之处的优点，往往能迅速博得女性消费者的欢心，促成购买。

3. 注重商品的便利性与生活的创造性

在现代社会，女性就业率很高，她们往往承担着工作和家庭的双重压力。因此，女性消费者对日常生活用品的便捷性具有强烈的要求，能减轻家务劳动的便利性商品往往能获得她们的青睐。同时，女性对于生活中新的、富有创造性的事物也充满热情，如布置新房间、烹饪美食、购置新衣等。

4. 有较强的自我意识与自尊心

女性消费者有较强的自我意识和自尊心，对外界事物反应敏感。她们往往以选择的眼光、购买的内容及购买的标准来评价自己和别人，希望通过明智、有效的消费活动来体现自我价值。在购买活动中，营业员的表情、语言等都会影响女性消费者的自尊心，并影响其购买行为。

5. 挑选商品通常追求完美

由于女性消费品种类繁多、弹性较大，加之女性特有的细腻、认真，因而女性消费者对商品的选择挑剔程度较男性消费者高。

课堂互动：有句话是这么说的：“要想赚钱，首先要瞄准女人的口袋。”你怎么看？

互动要求：学生结合所学知识进行独立思考，陈述自己的观点；也可以跟同学沟通后回答。

三、针对不同性别消费群体的营销策略

（一）针对男性消费群体的营销策略

尽管女性是商场的主要目标客户群，但是男性消费者的市场同样存在意想不到的潜力，也应该受到企业的重视。

针对广阔的男性消费市场，首先，企业要根据男性需求开发相应的多类型商品，强调商品的功能性、耐用性和实用性，注意商品内在价值与外在价值的统一，以高品质的商品吸引消费者。其次，企业要注意商品信息传播的科学性与完善性，向男性消费者传播清晰、详细的商品信息，尊重消费者的自我判断。最后，企业要注意品牌形象的塑造，争创名牌，形成稳定的男性消费群体。

（二）针对女性消费群体的营销策略

鉴于女性消费者的心理与行为特征，企业在制定营销组合策略时，要迎合这些心理，采取适宜的措施。例如：销售环境布置要典雅温馨，具有个性特点；商品外观与包装设计要注重细节，色彩、款式和形状要流行、时尚且方便使用，以最大限度吸引女性消费者的注意；要开展多种形式的促销活动，巧妙利用口头传播渠道，传递与商品的有关信息，激发女性消费者的购买欲望；强化销售服务，提高服务水平，讲究语言、服务艺术，以高质量的服务赢得女性消费者的好感，促进销售。

模块小结

生活在一定社会环境中的消费者，购买行为不可避免地受其所处的社会环境和各种群体关系的制约和影响。准确区分不同的消费者群体，可以让企业细分各个市场，从而减少经营的盲目性，降低经营风险。企业一旦确认了目标市场，就可以根据目标消费者的消费心理，制定正确的营销策略，提高企业的经济效益。

思考与练习

一、单选题

1. 中年消费者的消费心理特征是（　　）。

A. 喜欢新鲜事物　　B. 比较冲动

C. 喜欢赶时髦和超前消费　　D. 注重实用性、有主见，不盲目

2. 男性消费者的消费心理特征是（　　）。

A. 消费上比较拖拉　B. 喜欢追求完美　C. 喜欢追求外观　D. 购买行为理智

3. 心理活动的独立性差，消费动机主要源于生理性需要的消费群体是（　　）。

A. 儿童消费群体　　B. 青少年消费群体　C. 中年消费群体　　D. 老年消费群体

4. 下面的消费群体中，消费过程更理智的是（　　）。

A. 儿童消费群体　　B. 少年消费群体　　C. 中年消费群体　　D. 老年消费群体

5. 对商品有使用习惯，对品牌的忠诚度高的消费群体是（　　）。

A. 儿童消费群体　　B. 少年消费群体　　C. 中年消费群体　　D. 老年消费群体

二、多选题

1. 男性消费群体的消费心理特点包括（　　）。

A. 消费动机形成迅速、果断，具有较强的自信

B. 消费动机具有被动性

C. 消费动机感情色彩比较淡薄

D. 购买商品比较挑剔

2. 面向女性消费者的营销心理策略有（　　）。

A. 销售环境布置要典雅温馨、热烈明快，具有个性特点

B. 商品设计要注重细节、色彩、款式、形状，要体现流行、时尚并且使用方便

C. 现场促销推广要关注女性消费者的情绪变化

D. 对经常购买的商品要进行广告宣传，注重传递商品的实用性、具体利益等信息

3. 同一群体的消费者都有共同的（　　）。

A. 消费特征　　　　　　　　　　B. 消费水平

C. 消费行为　　　　　　　　　　D. 消费习惯

4. 不同年龄段的消费者在选择商品或服务时，会有哪些不同的心理需求？（　　）

A. 年轻人更注重个性和时尚　　　B. 中年人更看重性价比和实用性

C. 老年人更偏好传统和稳定　　　D. 所有年龄段都同样关注品质

5. 性别偏好在消费者心理中有哪些体现？（　　）

A. 男性更偏好实用性和功能性强的商品

B. 女性更注重商品的外观设计和品牌形象

C. 性别偏好不影响购物决策

D. 性别偏好影响消费者对商品的期待和评价

三、判断题

1. 追求时尚、强调实用是中年消费群体的显著心理特征。（　　）

2. 女性在购买商品时，具有较强的注重商品外观形象、追求情感满足的心理。（　　）

3. 研究老年消费者的心理需求，开拓老年产品市场，保障老年人的消费品市场，把握他们的特殊心态，是解决好社会问题的重要方面。（　　）

4. 儿童消费者的消费心理特征是比较追求时尚和新颖，体现个性，购买能力强。（　　）

5. 男性消费者比较注重实用性，有较强的自我意识。（　　）

四、简答题

1. 少年儿童消费群体的心理特征是什么？

2. 男性消费群体的心理特征有哪些？

3. 针对中年消费群体的营销策略有哪些？

能力培养与训练

一、营销思维训练

脑白金成功背后的多维度剖析

在当今社会，步入中老年阶段的人群，内心深处普遍潜藏着对衰老的深切担忧。中年女性往往对容颜的逐渐老去心怀恐惧，更年期的悄然临近、身材的逐渐走样以及昔日美丽风采的消逝，都成为她们心中难以释怀的困扰。而老年群体则害怕被各种疾病所纠缠，身体机能的衰退使他们呈现出老态龙钟的模样，甚至可能面临卧床不起、生活无法自理的艰难处境。

脑白金敏锐地捕捉到了庞大中老年群体的这一心理状态，将其主要目标受众锁定为中老年人，并在广告宣传策略上匠心独运地提出了“年轻态、健康品”这一极具吸引力的创意概念。这一创意犹如一颗石子投入平静的湖面，在中老年消费市场激起了层层涟漪，赢得了广泛的青睐。

深入分析脑白金的成功之道，不难发现其核心在于精准地把握了中老年消费者内心深层次的心理需求，也就是对改善生命质量、维系年轻感觉的强烈渴望。从产品功能层面来看，睡眠障碍与肠道功能紊乱一直以来都是长期困扰中老年人的棘手难题。许多中老年人深受失眠之苦，夜晚辗转反侧难以入眠，导致白天精神萎靡、身体疲惫不堪；而肠道问题则可能引发消化不良、便秘等一系列不适症状，严重影响生活品质。脑白金的主要功能恰恰是致力于缓解这类常见且令人困扰的问题，通过其独特的成分组合，为中老年人的睡眠与肠道健康提供可能的改善方案，这无疑是其产品能够获得消费者认可的重要基石。

在价格定位方面，脑白金展现出其对市场的深刻洞察与精准把握。它巧妙地定位于保健品价位的中等层次，这一策略主要是针对那些具备一定经济收入的中老年消费群体。这部分人群在经济上相对宽裕，有能力购买保健品，但又不追求极致奢华高价的产品。脑白金的价格定位恰到好处地契合了他们的消费心理与经济实力，使得产品在价格与价值的平衡上达到了一个较为理想的状态，从而吸引了这一层次的大量消费者，为其市场份额的扩大奠定了坚实的基础。

再者，从创意营销的角度而言，“年轻态”这一核心创意可谓是直击中老年消费者的心理痛点。对于中老年人来说，色斑、老年斑的悄然出现，更年期带来的身心不适，皱纹的逐渐加深以及白发的增多，都是衰老的明显标志，也是他们内心极为关切却又深感无奈的问题。脑白金提出的“年轻态”概念，仿佛为他们打开了一扇希望之门，让他们在心理上产生了一种通过服用产品可以延缓衰老、重拾年轻活力的美好憧憬。这种创意不仅在情感上与消费者建立了强烈的共鸣，更在潜意识里激发了他们的购买欲望，成为推动脑白金在市场上取得巨大成功的关键助力因素。

凭借着对中老年消费者心理需求的精准把握、功能与价格的合理定位以及极具吸引力的创意营销，脑白金在短短数年时间内便在竞争激烈的保健品市场中脱颖而出，成为商业营销领域中一个值得深入研究与借鉴的成功典范。

[问题思考]

在商品营销过程中，应如何把握消费者的深层次心理需求？

二、实战演练

[演练内容]

选择一个消费群体进行调查分析，分析相应群体消费特点、经常购买的三类商品、购买渠道等，填写调查表 6-1，并进行课堂展示汇报。

思考：如何针对这个群体开展营销活动？

表 6-1 消费群体调查

消费群体类别			
该消费群体行为特点			
该消费群体心理特点			
该消费群体经常购买的三类产品			
购买商品的渠道			
调查数据对你的启示			

[考核评价]

详见表 6-2。

表 6-2 考核评价

项目	评价标准	分数
内容完成	能按要求完成调查表，调查表语言规范、无错别字，观点正确	20
语言表达	口齿清晰、用词得当、意思表达准确、内容富有条理和逻辑性	20
现场感染	有较强的现场感染力，引起评委的共鸣	20
解决问题能力	具备分析问题、解决问题能力	20
启示有价值	启示有一定的借鉴价值	20
合计		100

模块七　主要消费品市场的消费心理分析

研究消费者心理的目的在于了解消费者行为。衣、食、住、行是消费者日常生活的四大基本方向。随着国民消费水平的提升，餐饮市场在产品类别、就餐环境、需求心理等多方面都出现了升级；时尚、潮流作为服装市场的导向性标志，在各个时代和各个群体中表现出了不同的倾向性；住房需求是一个家庭的硬需求，消费者在选择上考虑的因素更全面，购买也更加审慎；汽车作为重要的出行工具，消费者对其的需求水平经历了多次更新换代。

模块结构

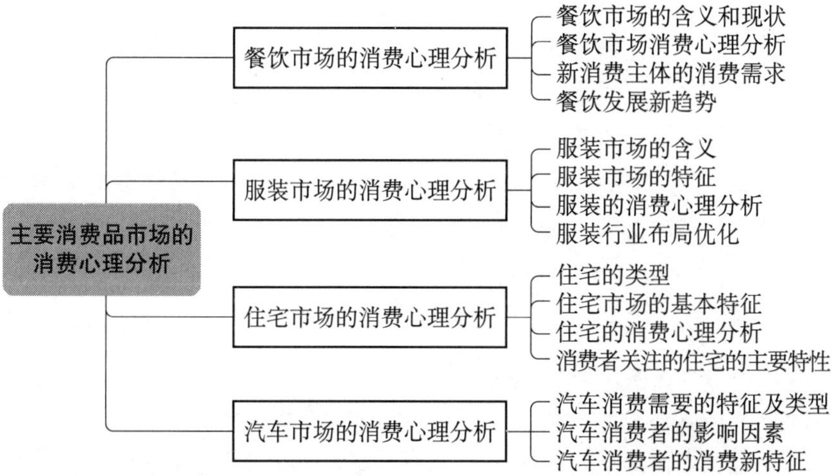

学习目标

知识目标： 通过本模块的学习，了解在餐饮市场、服装市场、住宅市场和汽车市场四种消费市场中消费者心理的不同特点；理解各种市场的影响因素；掌握四种消费市场中的营销策略运用。

能力目标： 能够根据不同消费品市场中消费者的不同心理变化采取有针对性的策略；运用所学知识在营销活动中正确满足消费者需求。

素质目标： 能够在学习中增强职业代入感，明确在各行业中的职业素养要求，以岗位要求提升自己。

案例导入

越卖越贵的西贝和越卖越便宜的外婆家，为什么最后都成功了？

在众多餐饮企业中，有两家独树一帜，且最终都成为行业标杆。第一家是越卖越贵的西贝。近几年西贝的客单价一直在上涨，从50～60元到80～90元，可还是有很多人心甘情愿排长队等餐。西贝的年营收也从5亿元增长到21亿元，年复合增长率达30%。第二家是越卖越便宜的外婆家。琳琅满目的菜单，人均30～40元的价格，比起几年前还要实惠。外婆家有一道3元钱的麻婆豆腐，开业二十几年从未涨过价。虽然价格低，但外婆家的单店年营业收入都在千万元以上，并且每年还在以30%～40%的惊人速度攀升。

为什么西贝对涨价“有恃无恐”？很多餐饮人都有这样的体会：不敢随便涨价，即使各种成本都在上涨，也要撑到无法再撑下去的时候再小心翼翼地调整价格。那为什么西贝就有底气涨价呢？虽然西贝的涨价已然在网上引起粉丝吐槽，但其依旧我行我素。背后的原因就在于：价格是一个品牌的顶层设计，贾国龙打造西贝这个品牌的目的就是要实现高价格。

顾客是通过价格看价值的，这跟餐饮老板的思维恰好相反。老板习惯根据价值来定价格：好东西要卖得贵一点。但顾客是反过来的：贵的就是好的。

为印证顾客“贵的就是好的”的思想，西贝可谓是内功外功兼修，不偷懒、不取巧，下足了功夫：小而美的店面、少而精的菜单；邀请全世界的大厨和美食家参与西贝菜品研发；搭建西贝传统手工美食大师平台；打造精益求精的优质原材料供应体系。在营销方面，从2012年《舌尖上的中国》“黄馍馍进城开卖”到2014年《舌尖上的中国2》后600万元买断“张爷爷的手工空心挂面”，再到走进联合国，这一套“组合拳”下来，西贝不仅赚足了眼球，也让顾客感觉这钱花得值。

这就是西贝敢一直涨价的原因——顾客体验超出预期。顾客其实并不在乎花了多少钱，如果就餐体验不好，50元都觉得不值；如果体验好，500元都是超值的。

同理，外婆家天天排队也是因为顾客的体验超出了预期。但外婆家为什么要把低价进行到底呢？

与西贝的高价定位截然相反，外婆家创始人吴国平曾说：“你花钱买一张3万元的意大利沙发放在包厢里，或者用50万元年薪请了钓鱼台国宾馆的大厨坐镇，对理性的消费者来说没有意义。只有顾客眼中的价值，才是真正的价值。”

茶叶蛋1元、麻婆豆腐3元、琥珀桃浆6元、蓝莓山药12元、葱花肉15元……通过这些菜单我们可以发现，低价是外婆家的一道“撒手锏”。除了低价，外婆家还有两大绝招：环境和服务。华丽吊灯、藤编木椅、青砖墙、装饰画……优质的就餐环境再加上店内“人工+智能”的服务，外婆家就这样给自己塑造了一个“低价不掉价”的形象。

很多人一直质疑外婆家的盈利能力：价格定那么低，利润从哪里来？外婆家的利润来源主要有两个：(1) 因为价格便宜，原料消耗大、需求大，外婆家所有原材料都外包给了供应商，供应商负责将洗净、切好、包装好的菜和酱料送到配送中心。外婆家由此获得了几大优势——采购成本低，如单店一斤白菜采购价 2 元，而外婆家可能只要 5 角；后厨人员数量减少，无需大厨，只需熟练的操作工就可以了；节约了厨房面积，释放出更多营业面积。(2) 低价带来了高翻台率、高人流量，很多商场主动提供租金低于市场行情的店面给了外婆家。

所以说，和西贝一样，在外婆家就餐，顾客体验也超过了预期。外婆家天天排长队，单店年营收超千万元也就不难解释了。

问题：什么是“顾客体验超出预期”？超出顾客预期会给企业带来什么好处？

提示：顾客预期就是指顾客希望企业提供的产品或服务能满足其需要的水平，达到这一期望，顾客会感到满意，否则，顾客就会不满。因此，超出顾客预期就是指“比满意更满意”。正是因为西贝、外婆家做到了“顾客体验超出预期”，顾客才会天天排队、纷至沓来。长期以来，西贝塑造的品牌形象是“小贵大惊喜”，而外婆家给人的印象就是“低价不掉价”。

顾客得到的比自己心理预期的要多，就会觉得这家店服务好；如果没有达到自己的心理预期，顾客就会觉得服务差。当企业能够“永远提供超出顾客预期的服务”，企业就会赢得更多满意的顾客，不仅能增加客流，还会赢得一大批“忠粉”。

单元一　餐饮市场的消费心理分析

一、餐饮市场的含义和现状

（一）餐饮市场的含义

餐饮市场和饮食市场意义相近，都是指满足人们吃、喝等需求的市场。但两者又有所不同，饮食市场强调商品本身，强调满足人们的基本生理需求，餐饮市场在强调满足人们的基本需求以外，更强调菜品价格、用餐环境等给人们带来的心理满足。在当今社会，餐饮已经不仅仅可以饱腹，实际上还隐含了消费者对情感、社交、自我实现等较高层次需要的满足，甚至可以上升为一种文化。

相关链接

2023 年中国餐饮市场

（二）我国餐饮市场的现状

我国餐饮行业近年来持续发展，营业额和就业人数都有所增长。目前餐饮企业已经开始重视品牌优势的塑造，注重企业规模的扩大并利用连锁经营和特许经营的方式进行扩张，市场需求中体现出科学饮食的时尚。

二、餐饮市场消费心理分析

随着我国经济的发展和人民生活水平的提高，餐饮消费迅速增长，餐饮企业的竞争成为必然。市场的竞争归根结底是客源的竞争，而培养本企业消费者的关键所在，就是要把握消费者的心理。常见的餐饮消费心理包括：

（一）求卫生的心理需求

基于自身健康和安全的考虑，消费者大多比较注重饮食卫生，要求环境、食品、餐具及服务的卫生有切实保障。令人放心的卫生，必须达到以下两个标准：一是外观上的干净，包括无水迹、无异物、无灰尘、无污渍等，这是视觉与嗅觉的检测标准。二是内在的卫生，必须符合卫生防疫部门的原料检测标准，凡是让客人食用的食品必须达到国家的卫生要求。

因此，餐饮企业必须严格执行《中华人民共和国食品安全法》，把好食品进货关、储存关、加工关、烹饪关、服务关，并抓好餐具消毒、个人卫生和环境卫生工作。

（二）求快的心理需求

这种“快”体现在两个方面：一方面，客人来到餐厅点餐后，希望餐厅能快速提供所需菜肴，而不愿过久等候；另一方面，在用餐过程中，客人一旦提出合理需求，希望工作人员迅速做出反应。

（三）求美的心理需求

顾客的餐饮消费实质上更侧重于精神上的愉悦，是一项综合性很强的审美活动，优美的就餐环境能刺激消费欲望。消费者不仅要求菜肴、餐具精美，要求餐饮服务人员的仪表和服务完美，而且要求餐厅的内外环境舒适、美观。

（四）求新猎奇的心理需求

凡是新鲜的、奇特的事物总是引人注目，能激起人们的兴趣。消费者在餐饮消费过程中同样会渴望吃到有特色的菜肴，享受到个性化的服务。例如：重庆市大足区的“荷花山庄”极具巴渝特色，客人可以安坐在花艇内观看各式荷花，品尝巴渝小吃，接受穿着渔家服的“渔家女”热情淳朴的服务，仿佛来到了世外桃源。

（五）求尊重的心理需求

餐饮服务是人对人的服务。若餐饮服务不能充分体现“以顾客为中心”的宗旨，顾客在餐饮消费过程中得不到应有的尊重，其他的努力都将是徒劳的。

（六）其他心理需求

不同消费者的消费心理有明显的个性差别。例如：有些消费者喜欢借酒浇愁，有些消费者喜欢泡酒吧来打发休闲时光，甚至还有一些消费者喜欢挑剔或者喜欢炫耀等。

课堂互动： 你平时对于餐饮有哪些要求？针对这些要求，你认为商家应如何做？

互动要求： 学生结合所学知识进行独立思考，陈述自己的观点；也可以跟同学沟通后回答。

三、新消费主体的消费需求

“90后”逐渐成长为社会主体，也成为餐饮消费的主力军。作为引领消费升级的新型消费者，他们对餐厅菜品特色、品牌定位、就餐环境及体验都提出了更多的要求。此外，新消费主体的消费需求不断升级和不断更新将成为常态。

（一）特色化品类和健康品类受到很多消费者的欢迎

近几年，一些有地方化或情怀化菜品的餐厅，或者与IP跨界合作、推广创意菜等具有个性特色的餐厅开始流行。各种区域性菜系不断向全国蔓延，如主打西北菜系的西贝凭借差异化的品类定位逐渐受到消费者追捧。另外，IP餐饮也成为新风潮，熊本熊咖啡馆、Teddy Coffee Shop、海贼王主题料理、Line Friends Cafe & Store等IP主题餐厅也通过借助特色化的IP形象和菜品，吸引了大量客人。

消费者对于饮食健康关注度的提升，也促使健康品类的兴起和流行。自2014年开始，沙拉品类已经慢慢成为很多消费者日常正餐的选择。这一品类的热度仍在提升，一些大的餐饮品牌开始逐渐增加沙拉品类，高端轻食沙拉品类也受到了资本市场餐饮投资者的追捧。

（二）品牌需求成为新型消费主体的新需求

“90后”消费者越来越重视餐厅的品质。据艾瑞咨询的消费者调研结果，餐厅的口碑评价成为消费者选择餐厅时最先考虑的因素，而口碑评价的背后则代表着消费者对品牌品质的诉求。

（三）以“网红店”为代表的潮流化品牌受年轻消费者的追捧

通过精准的品类选择、创新的餐品研发以及全方位品牌调性的打造，为消费者提供超预期体验的品牌往往有潜力成为“网红店”，并获得更高的品牌溢价。例如：喜茶作为新晋网红品牌，定位为“茶品中的星巴克”，代表着高品质、高享受的生活。其通过不断迭代创新的产品和时尚独特的包装贴合年轻消费者的诉求，并满足年轻消费者的社交需求以引发社交媒体传播，不断形成口碑效应。同时，喜茶通过排长队带来的猎奇效应制造爆点进行互联网营销，创造并引领了潮流茶饮的新趋势。

在餐饮市场，消费者的消费诉求逐渐从单一的价格、质量转变为对环境、体验、服务的综合追求。“90后”消费者对于餐厅服务的要求非常高，其中上菜效率和服务响应成为关键性因素。据艾瑞咨询的消费者调研结果，有近20%的消费者无法接受上菜时间超过20分钟，对于服务员响应的容忍程度也明显低于平均水平。

四、餐饮发展新趋势

（一）高质价比产品、刚需品类仍然是餐饮消费主流

红餐产业研究院发布的《2023年中国餐饮消费趋势》显示，目前国内消费市场已经出现第四消费时代的特征，消费者的朴素、实用意识正在引领社会的新消费潮流。理性消费并不意味放松对品质的追求，消费者本质上还是希望花最少的钱，享受不错的品质。在用餐方面，消费者也会拒绝超额消费，选择刚需性的产品进行消费。

这样的消费趋势短期内难以改变。在这样的消费趋势下，平价优质的餐饮模式更受市场青睐，高价低质的品牌会更难立足。

（二）扩大门店规模仍然是主旋律，餐饮连锁化程度进一步提升

平价优质的产品会更受欢迎，这样的模式必然意味着微利，赚钱要靠薄利多销，而这并非所有餐饮企业都能承受。连锁品牌只有通过加密门店布局、加速扩大门店规模，才能构筑门店规模优势，从而在上游端获得更多议价能力，有效控制成本，支撑降价后的盈利。

这也意味着，餐饮连锁化程度会进一步提升。美团方面的数据也显示，2018—2022年中国餐饮连锁化率持续走高，从2018年的12%发展至2022年的19%。不过对比美国54%的餐饮连锁化率，中国餐饮连锁化率仍然有较大提升空间。

（三）“加盟为主、直营为辅”，餐饮加盟市场进入深水区

放眼整个餐饮业，如今还坚持直营模式的品牌已微乎其微。进入存量竞争时代，无论是出于经营压力的考虑，还是想在“卡位赛”中抢占先机、占据有利位置，加盟都是“优选项”，甚至是生存下去的主要手段。

又因为连锁品牌具备“模式成熟、投资风险低、节约时间成本”等特点，所以加盟开店也是不少餐饮创业者的首选。在供需两旺的多方因素推动下，餐饮加盟市场势必会更加火爆，甚至像高校、医院、景区、加油站等渠道，未来都可能是连锁品牌加盟开店的拓展方向。

（四）加码供应链，餐企加速向上游端延伸

如今，越来越多的连锁餐饮企业开始关注全产业生态的构建，不断夯实从原材料产地、工厂、仓储物流，到门店经营的整个闭环，甚至向产业上游端布局。尤其在品牌开店热情持续高涨的情况下，品牌要保证更广范围内门店的产品稳定供应，实现营收与市场规模齐增，供应链建设是必不可少的一环。

（五）围绕价值链向前端强化精细运营

在餐品方面，餐饮企业可以单品切入、打造爆品。在餐饮行业，单品切入逐渐成为流行战略。一方面，基于单个产品，聚焦精品化发展，从而进行品牌化，能够很快赢得消费者关注，获得品类定位优势。例如：主打肉夹馍的“西少爷”、主打重庆小面的“遇见”等，均能够通过鲜明的品类特色取得先发优势。另一方面，围绕单品扩充衍生菜系，也能够在发展原本品类的基础上，紧抓流行趋势，并得到消费者的青睐。以小龙虾为例，在代表性小龙虾餐饮品牌“松哥油焖大虾”等已建立品类优势之时，其他餐饮品牌也适时推出小龙虾品类菜品。例如：周黑鸭利用原有品牌优势跨界开发小龙虾品类，打造混搭风；鹿港小镇在不改变原有品牌定位的基础上，也推出了与小龙虾相关的单品。品牌发展也将是塑造形象、拓展业务的重要推手。餐饮行业将由过去的价格驱动向品牌驱动升级。当下，餐饮企业在发展初期可先重点塑造品牌，提升品牌调性，进而继续扩张、深化业务。

另外，精品化餐厅打造细分场景、提升就餐体验，对新消费主体非常有吸引力。精品化成为众多品牌尝试创新的方向。呷哺呷哺选择性地对原有店铺进行了升级，通过现代化的装修设计提供更为高档的用餐氛围。同时，呷哺呷哺还推出独立的中高端品牌“湊湊”，旨在打造精品火锅，在就餐环境和服务等方面为消费者提供卓越的体验。

单元二 服装市场的消费心理分析

一、服装市场的含义

衣、食、住、行是人类生活的四大元素。人们把“衣”放在首位，可见衣服对于人们

的重要性。我国人口已超过 14 亿，庞大的人口基数本身就组成了一个庞大的服装消费市场。同时，随着国民收入的不断增长，在 2004 年人均 GDP 超过 1 000 美元后，我国市场已进入精品消费时代，服装消费不再仅仅是为了满足最基本的生存需求，而是向更高的心理需求、自我满足需求跃进。特别是几亿人口跨入中产阶层后，他们对反映自身社会地位和品位的服饰需求越来越迫切。国内服装市场将越来越大，市场细分将越来越细，但今后国内服装市场的消费趋势将集中在精品化和个性化上。

二、服装市场的特征

和其他市场一样，服装市场也是由人口、购买力和购买欲望三个主要因素构成的。服装市场的特征主要有：

（一）服装市场具有层次性和多样性

市场由消费者组成，消费者在性别、年龄、身材、教育程度、收入以及态度等许多方面都存在显著差异，因此对服装的需求和偏好也是多种多样的，这就决定了服装市场具有层次性和多样性的特点。层次性主要是指服装市场有高档、中档和低档之分，有公开场合和私下场合穿用之分；多样性主要是指服装的种类、款式繁多，以满足人们多种多样的穿着需求和审美情趣。

例如：睡衣、内衣和家常便服，主要是在家庭之内的私下场合穿用的，这些服装的消费就有如下特点：

（1）比较简单和随意。人们在购买这些服装时，不会过多追求流行、漂亮、名牌。

（2）注重实惠。对于睡衣、内衣，如果条件允许，人们一般注重穿着舒适，特别是对身体不能有不良影响，最好是全棉、真丝、全毛的织品。家常便服则要求穿着宽松、柔软、舒适、轻便，洗涤方便，价格不能很高，以便于经常更新。夏衣和冬衣应具有良好的物理功能。

还有一些服装多在公开场合特别是正规社交场合穿用，人们的消费要求就会有所不同。一般而言，这类服装主要讲究心理功能，求新求美，讲究名牌，受群体规范的影响大。这类服装有千元以上乃至万元以上的高档服装，也有百元以下的低档服装，其间分为若干不同的档次，以满足不同消费群体的需求。

（二）服装市场具有地域性和季节性

自然气候是影响人们着装的主要因素之一。在不同气候条件和环境下，人们对服装功能的要求也不相同，因而形成了具有不同特点的服装市场。我国地域辽阔，从南到北气候差异很大，当居住在东北地区的人们还身着冬衣时，在广东、海南等地生活的人们已穿上了春装、夏装。服装市场的季节性特点最为明显，冬装、春装、夏装、秋装本身就反映了服装的季节性需求。

(三) 服装市场具有易变性和流行性

社会流行、参照群体、价格、品牌对服装购买有较大的影响。一般消费者很难分辨服装的用料，而对于什么款式的服装才最漂亮也无客观标准。消费者为了买到优质服装，往往只能借助价格、商标来判断。一般而言，价格较高的服装的质料较好，款式也可能较流行。有时，消费者希望用较高的价格和名牌来彰显自己的购买能力和身份。

消费者在判断服装是否合身、漂亮时，一方面依靠自己的审美能力，另一方面依靠对社会流行的观察和群体意见。社会流行与群体意见之所以对服装消费有特别强烈的影响，是因为服装的心理功能十分重要。流行和富于变化是服装的一大特点，也是服装市场的显著特点。

(四) 服装存量对继续购买往往有积极作用

服装的物理寿命一般为数年或数十年，其精神寿命可能极短，也可能很长，因此，服装虽一般不被列为耐用品，但实际上存在着存量。在所有消费品中，服装的边际效用是最不容易递减的，服装的存量往往对继续购买有积极影响，对于女性消费者来说尤其如此。其主要原因是：

(1) 在服装的购买活动中，人们的审美能力和爱美心理等会逐渐增强，服装的购买只是暂时地、部分地满足了人们的心理需要，在暂时的满足中又会强化这些需要，人们只有通过不断地购买才能满足不断强化的需要。例如：一位女士买了一件时装很合身，受到了他人的赞扬，这强化了她的爱美心理和炫耀心理，她会试图通过继续不断的购买来满足这种心理需要。

(2) 服装款式必须多样化，才能充分发挥其功能。在不同季节、不同时间和场合穿着的服装必须多样化才能满足人们对服装物理功能的需要。更重要的是，服装款式必须多样和不断更新，才能充分发挥其心理功能，特别是美化形象的功能。与饮食的口味一样，同一种颜色、款式的服装在重复使用中会逐渐丧失吸引力，使人的形象产生“呆板”的感觉，结果是自己感到乏味，他人也感到不新鲜。因此，服装的颜色与款式必须多样化，不断交替穿用。在服装款式层出不穷的情形下，原来的服装存量总会显得十分有限，有些服装的精神寿命可能已经结束，所以必须不断购买新的服装才能保持多样化，才能追赶潮流。

(3) 服装容易存放和经常交替穿用。服装的存量为什么对继续购买有消极影响呢？这是因为其他消费品的存放与替换使用大多很不方便，如家具、家电、房间装饰品等，存量越来越大，多半只能更新，而不能轻易购买，而服装却容易存放和经常交替穿用。

此外，价格的心理功能也很重要。服装的价格一般较低，在购买力范围内，消费者可以经常购买，其他消费品或者由于价格较高不允许经常购买，或者由于物理功能更为重要而不必经常交替使用以保持“新鲜感”。这也是服装存量作用有特殊性的原因。

（五）服装购买与消费者的体型、肤色有关

服装消费还有一个重要特点，即影响消费者购买什么服装的因素除了他们的购买能力、审美观、个性之外，还包括他们自身的体型、肤色。不同体型、肤色的人，适合穿不同款式、颜色的衣服。

服装设计师根据人体曲线的变化归纳出以下 6 种基本体型的女性的着装技巧：

（1）标准型。这种体型的女性，身高与各部位都有完美的比例，选择服装比较容易。

（2）葫芦型。这种体型的女性，身材像葫芦一样，适合穿低领、紧腰身的窄裙，或 A 字裙、西装，质料以柔软贴身为佳。

（3）运动员型。这种体型的女性适合穿舒适飘逸的罩衫、打褶裙，或宽松的西装。

（4）梨子型。这种体型的女性穿宽松的西装或伞状服装较适合，目的在于避免腰部受人注意。

（5）腿袋型。这种体型的女性，臀部和大腿边有许多赘肉，因此要避免穿紧身裤，应穿式样比较简单的打褶裙或长裤，选择较深的颜色。

（6）娇小型。这种体型的女性应穿得整洁、简明，上下身穿同色系或素色的衣服，会显得轻松自然。

从肤色上看，肤色黄的人不宜穿蓝色、紫色或黄色，否则会显得脸色发黑；肤色白的人，几乎可以穿任何颜色的服装，但仍不宜穿绿色。不同脸型的人也应穿不同的服装。当然，由于审美观的不同，人们对于不同体型、肤色的人适合穿什么服装，可能有不同看法，但人们总是会根据自己的体型、肤色来选购服装。

课堂互动：你是哪种类型的消费者？结合自身谈一谈你对着装的要求。

互动要求：学生结合所学知识进行独立思考，陈述自己的观点；也可以跟同学沟通后回答。

三、服装的消费心理分析

现在的消费者正逐渐转向休闲服饰消费。休闲服饰既简单又舒服，对年轻消费者的影响力较大。同时，随着“新正装”的兴起，中青年消费者逐渐倾向于“新正装”风格，对休闲服装的要求也不断提升。但现在服装风格接近，档次集中在中、低档，这也让消费者在选择上存在很大的困难。

随着消费能力的提升，我国消费者在购买服装时已不再单纯考虑产品的基本功能。在达到一定经济收入的前提下，为了满足工作需求、心理需求、生活需求以及社交需求，他们选择购买更能够表现经济实力、自身品位的品牌产品是必然。伴随着信息交流速度更为

快捷，我国有实力进行品牌消费的消费群体与国际流行时尚需求者的步伐几乎一致。我国服装消费市场正沿着"需求消费→时尚消费→一般消费→个性消费"这样一个由低到高的品牌需求轨迹变革。虽然在现阶段，地区经济的差异、个人收入的差异，以及城市间文化的差异等，导致我国服装消费市场还存在整体不均衡的现象，但随着时间的推移，这种差距将会逐渐缩小。

四、服装行业布局优化

（一）加强技术创新和品牌建设

技术创新是服装行业提升核心竞争力的关键。服装企业应该加大对新材料、新工艺、新设备等方面的研发投入，提高产品质量和附加值，满足消费者对服装的多样化和个性化需求。同时，服装企业应该加强对自身品牌的塑造和推广，提升品牌知名度和美誉度，树立品牌形象和文化内涵，赢得消费者的认可和信赖。

（二）拓展线上线下渠道融合和直播卖货等新型销售模式

渠道是服装行业实现产品销售和服务提供的重要途径。服装企业应该根据市场变化和消费需求，拓展线上线下渠道融合和直播卖货等新型销售模式，提高自身的市场覆盖率和销售效率，降低运营成本和风险。线上线下渠道融合可以实现商品信息、库存管理、物流配送、售后服务等方面的无缝对接，提升用户体验和满意度。直播卖货可以利用视频直播平台或社交媒体平台，通过主播的推荐、展示、互动等方式，实现服装的销售，具有展示效果好、互动性强、转化率高等优势。

（三）加强供应链管理和环境保护

供应链管理是服装行业实现产品生产和流通的重要环节。服装企业应该加强与上下游合作伙伴的沟通和协调，优化供应链的设计和运作，提高供应链的效率和灵活性，降低供应链的成本和风险。同时，服装企业应该加强对环境保护的重视和责任，采用更环保的材料、工艺、设备等，减少生产过程中的污染物排放和资源消耗，提高生产过程中的能源利用率和资源回收率。

（四）优化产业布局和区域协调

产业布局是服装行业实现产业发展和区域协调的重要依据。服装企业应该根据自身的发展战略和市场定位，优化自身的产业布局，充分利用各地区的资源优势和市场潜力，实现产业的合理分工和协同发展。同时，服装企业应该加强与各地区的政府、行业协会、同行企业等的沟通和合作，促进区域间的信息共享和经验交流，实现区域间的互补互助和共同发展。

单元三 住宅市场的消费心理分析

一、住宅的类型

住宅在人生的四大需求——衣、食、住、行中占有一席之地，并且是花费最大的。在我国，房屋出售已成为房产流通及经营的一种基本方式。房地产开发企业除出售住宅外，还出售商场、宾馆、综合楼、办公楼、厂房及其他服务大楼等房产。这里我们主要分析住宅的出售。随着我国福利性分配住宅制度转变为个人货币化购房或租房的住宅制度，住宅的出售或出租已越来越普遍。

根据性质，我国住宅分为七种类型：

（1）商品房。商品房由房地产开发企业开发建设并按市场价出售，购房者只要不被限购政策限制就能购买。普通商品房的房屋产权属于个人，房屋土地性质为国有出让，除了限购城市的规定之外，购房者无须满足其他条件。

（2）房改房。房改房也叫已购公有住房，是城镇职工根据国家和县级以上地方人民政府有关城镇住房制度改革政策规定，按照成本价或者标准价购买的已建公有住房。按市场价购买的房改房，产权归个人，可随时上市交易；按成本价购买的房改房，产权归个人，一般5年后可上市交易；按标准价购买的房改房，部分产权归个人（具体百分比计算公式为：标准价/成本价），在交易时，应事先补足标准价和成本价之间的差价。房改房的土地性质为国有划拨或国有出让。

（3）集资房。集资房一般由国有单位组织并提供自有的国有划拨土地用作建房用地，国家予以减免部分税费，由参加集资的职工部分或全额出资建设，房屋建成后归职工使用，不对外出售。集资房的整体产权归单位，个人拥有使用权，土地性质为国有划拨。

（4）经济适用房。经济适用房是根据国家经济适用住房建设计划安排建设的住宅，由国家统一下达计划，用地一般实行划拨的方式，免收土地出让金，对各种经批准的收费实行减半征收，出售价格为政府指导价，按保本微利的原则确定。经济适用房的产权归个人，购房者需要满足一定的条件，如家庭收入、家庭人口等；土地性质为国有划拨，一般5年后可上市交易，且要补缴土地出让金，政府有优先回购权。

（5）廉租房。廉租房是政府以租金补贴或实物配租的方式，向符合城镇居民最低生活保障标准且住房困难的家庭提供的社会保障性质的住房。廉租房的分配形式以租金补贴为主，实物配租和租金减免为辅。廉租房的产权归国家，土地性质为国有划拨，不允许上市交易。申请廉租房的居民需要满足一定的条件。

（6）公租房。公租房是由国家提供政策支持，各种社会主体通过新建或者其他方式筹集房源，专门面向中低收入群体出租的保障性住房。公租房的产权归国家或者公共机构，土地性质为国有划拨。申请人群包括应届大学毕业生，还有一些从外地迁移到城市工作的群体。

（7）安置房。安置房是政府在进行城市道路建设和其他公共设施建设项目时，对被拆迁住户进行安置所建的房屋，即因城市规划、土地开发等原因进行拆迁，而安置给被拆迁人或承租人居住使用的房屋。安置房的产权属于个人或集体，土地性质为集体或国有划拨（有限产权）或国有出让（完全产权），需要满足一定的条件才能上市交易。

课堂互动：如果你要拥有自己的一套房产，你希望的配套环境是怎么样的？

互动要求：学生结合所学知识进行独立思考，陈述自己的观点；也可以跟同学沟通后回答。

二、住宅市场的基本特征

由于住宅具有地域性、固定性、耐用性、高价值等特性，不同于一般商品的基本特性，因此作为住宅交易场所的房地产市场就具有了不同于一般商品市场的特点。其中，与消费者购买有密切关系的特点主要有：

（一）不完全竞争性

有市场交换就必然有市场竞争，住宅市场作为一种商品市场，当然也具有竞争性。住宅市场的竞争性是多种因素造成的。

（1）土地的有限性、不可再生性决定了土地供给的稀缺性。土地所有权的垄断性又增强了住宅市场的垄断性，使市场供给主体间的竞争不充分。

（2）由于住宅自身的固定性，因此在不同地域之间很难形成完全的市场竞争。

（3）由于住宅自身的差异性，因此房地产交易都是个别成交的，在市场上不能互相替代，也就不会形成完全的竞争。

（4）由于住宅的使用周期长，交易金额巨大，而需求主体在数量上是有限的，因此住宅市场竞争的广泛性受到很大限制。

（5）住宅的稀缺性、对国民经济发展的重要性及住宅的社会性决定了国家对住宅交易有强烈的干预。

（二）银行和中介机构的参与性

房地产交易金额巨大，少则几十万元，多则上亿元，因而无论是房地产的直接使用者还是经营者，都必须通过银行进行资金融通才能完成交易。

由于一般人不经常参与房地产交易，对之并不熟悉，加之房地产交易的专业性和复杂性，因此房地产交易一般都有中介机构参与，由中介提供技术咨询、价格评估、地籍测量、业务代理、法律仲裁等服务。

（三）消费的综合性、多层次性和高弹性

一般而言，消费品可分为生存资料、享受资料和发展资料。一种消费品一般只具有一种功能，住宅则不同，它集三者于一身，同时具备生存资料、享受资料和发展资料三种效用，所以住宅消费是一种综合性很强的消费。由此，住宅可分为低级住宅、普通住宅和高级住宅。

住宅的消费层次性主要是由消费者本身的生理、生活特点以及自然条件的差异所决定的。由于国家之间、国家内部各地区之间生产力发展水平的不平衡，以及消费者收入的不平衡、消费者对住宅消费需求不同的客观存在，因此住宅消费的层次性不仅表现在不同的国家之间、同一国家不同地区消费者之间，还表现在同一地区的不同消费者之间。

需求弹性的大小不仅因商品而异，还取决于消费者的贫富状况。当住宅向享受性消费资料延伸时，住宅消费就兼具高弹性消费的特征。

（四）消费与投资、保值并存

作为耐用消费品的住宅，同时兼具投资品的性质。在社会经济发展过程中，尤其是在通货膨胀和物价上涨的条件下，在住宅方面的投资，不仅能满足住宅消费的需求，还能保值和升值，而其他一般的耐用消费品则不具备这一特征。房地产升值是“自然升值”，与直接投资到升值房地产中的追加劳动无关，主要原因是房地产资源的稀缺、社会经济的持续发展、人口的快速增长、城市环境投资的累积、政治性因素的变化，以及房地产用途的趋利性改变等。

三、住宅的消费心理分析

住宅是一个家庭的大额消费，也是居民的生活必需品。普通购房者往往具备一些共同的心理特征。

（一）常见的住宅消费心理

1. 关注日常生活需要的基本功能和设施

这应该是所有购房者和投资者都关注的要点。买房最终是要居住，户型设计、朝向通风、会所花园、生活配套、物业管理等，都是客户普遍关注的方面，也是客户的实际需要。在营销中仔细研究这些基本需求，对销售成功至关重要。

2. 从众心理和羊群效应

消费者或多或少都有从众心理，而这一心理在住宅营销中体现得尤为突出。鉴于房地产的特殊性，较好的朝向和地段的房子是有限的，具有天然的稀缺性。一旦大家都看好某楼盘或特定房号，客户心里就有了紧迫感，就会立即购买，形成羊群效应。在销售实践中，销售商要充分利用消费者的从众心理，达到快速销售的目的。

3. 拥有荣誉感和自豪感

人们都希望被别人尊重和羡慕，都具有荣誉感和自豪感。开发商的品牌、知名度和实力能给楼盘附加品牌价值。楼盘良好的品牌形象如果能够吻合客户的这些心理预期感受，就会受到目标客户群的认可和肯定，进而带动销售。

4. 买涨不买跌

市场对住宅的需求是刚性的。如果房价上涨，客户就会普遍担心未来购买的房子比现在更昂贵，购房心理就会变得紧迫，于是大量潜在需求转化为现实需求，出现购房行为；相反，如果房价下跌，潜在客户就都盼望价格跌至谷底再购买，购买行为会相应减少。利用消费者"买涨不买跌"的心理，市场上许多楼盘都采取"低开高走"的价格策略。

5. 喜欢获得赠品

消费者对在购买产品的时候能得到赠品都是乐意的。在住宅营销中，买房子送阳台、送入户花园、送车位、送全屋家电等，都是吸引消费者购房的促销方法。消费者得到赠品，心理上更有满足感，会觉得物有所值。如果同时设定赠送的截止时间和有限名额，就能让消费者产生紧迫感，促使其更快购房。利用消费者的这些心理特点来展开促销活动，就会有更好的营销效果。

（二）不同类型住宅消费者的消费心理分析

除了上述共性消费心理以外，对于不同类型的住宅商品，消费者的需求也不尽相同。营销人员需要针对不同细分市场的消费心理，进行差异化营销。几种常见住宅类型消费者的消费心理如下：

1. 别墅消费者的消费心理

别墅作为住宅类的顶级物业形态，其消费者自然就是极少数的高端消费群体。他们一般喜欢高品位、高档次、享受型的居家环境，还要求住宅具有文化韵味，私密幽静，能够彰显其社会地位。他们对价格不太敏感，更看重楼盘的内在品质和周边环境，希望占有稀缺的自然资源和人文景观。因此，企业在营销中要从高端群体的需求着手来设计推广方案和促销重点。

2. 豪宅消费者的消费心理

豪宅是住宅市场的高端产品，目标客户是社会上层消费群体。豪宅消费者在支付能力上比购买别墅的消费群体稍低，购买的是高档次、舒适型、由品牌开发商开发的高档住宅小区。他们希望拥有高格调的社区环境，市场稀缺的楼盘地段和区位，完善的物业管理和大面积的住房。他们对小区的绿化、车位、社会形象都很在意，价格承受力强，注重服务和心理感受。因此，企业在营销实践中要注重品牌的宣传，传递出高档、典雅、舒适的楼盘形象。

3. 大中户型住宅消费者的消费心理

大中户型住宅是市场上比较常见的一种住宅形态，面对的一般是城市中产阶级。他们事业有成，也有相当强的经济实力，对居住环境较为讲究，要求美观大方、户型设计合理，希望有高雅的社区文化，楼盘设计和功能能够充分满足生活需要，并追求高质量的生活品质。因此，企业要创造条件去迎合这种心理期待，牢牢锁定目标客户，这是楼盘营销的关键。

4. 小户型住宅消费者的消费心理

小户型住宅一般是用来暂时过渡和出租的房子，用于自住的客户大多是初次置业者。他们经济实力不太强，年轻时尚，生活节奏快，希望有功能齐全的居室，总价又不能太高；希望有便利的交通和完善的生活配套设施，对地段要求高。针对此类消费群体的要求，突出小户型楼盘的特点，契合目标客户群的心理特点，就能实现成功销售。

四、消费者关注的住宅的主要特性

人们的居住条件因时、因地、因不同的外在环境而改变。例如：无房户的最大需求是有一个栖身之地。对住宅的满意程度不仅要依据住宅的客观条件和建筑专家对各因素相对客观的权重进行评判，而且要考虑住户的主观感受。消费者对住宅的如下特性比较关心：

（一）住宅的内部环境因素

（1）住宅的适用性。居住面积符合标准，居室套房合理分设，厨房、卫生间设置得大小适中且方便，水电暖气设置合理，电话、网络设置或预留完好等。

（2）住宅的舒适性。采光通风良好，保温隔热，房屋布局合理、美观等。

（3）住宅的安全性。防火、防盗设备安装齐全，隔音效果好，居住的私密性体现良好等。

（4）住宅的耐久性。建筑材料使用科学、合理，能够防止房屋系统功能的劣化和结构可靠性的降低等。

（5）住宅的经济性。房屋的价值与价格相匹配，符合消费者的购买力水平等。

（二）住宅的外部环境因素

（1）交通问题。居住地交通便利。

（2）公共设施。购物、就医、上学等居民生活基础设施完备。

（3）环境卫生。居住地空间布置的视觉效果良好，如休闲广场、绿化空地宽敞，社区内外噪声控制达标，垃圾处理及时。

（4）社交活动。社区居民活动空间和场所齐全，如会客场所、健身中心、游泳池、老年活动中心、文化活动场所。

（5）物业管理。社区的清洁、卫生、安全、公共设施或居民住房能得到良好的管理。

（6）位置。房产是非常个性化的，位置永远是决定其价值的关键因素。

由于收入水平、家庭结构、住宅存量、偏好等因素不同，消费者的购买动机、对住宅特性的要求和评价的权重等会有差别。当前房地产市场存在一些问题，包括工程质量差、虚假广告、随意加价、乱收费等，这些会影响消费者的购买决策，使他们的购买更为谨慎。房地产企业的形象会直接影响消费者的评价、判断。因此，房地产企业的营销活动已不能单靠项目营销，而要注重树立名牌房地产企业形象，加大形象竞争力度。

单元四　汽车市场的消费心理分析

一、汽车消费需要的特征及类型

（一）汽车消费需要的特征

我国改革开放四十多年来，人民群众的生活水平有了很大提高。按照一般的汽车市场规律，当人均 GDP 达到 1 000 美元时，汽车市场需求会迅速上升。具体地说，当人均 GDP 达到 1 000 美元时，汽车开始进入家庭。在我国，汽车开始进入家庭是在 2001 年。当人均 GDP 达到 3 000 美元时，私人购车将出现爆发式增长，这一情况在我国是 2008 年出现的。在这样的历史背景下，我国汽车消费市场快速发展，2009 年跃居世界第一大汽车消费国。2023 年，我国汽车产销量分别完成 3 016.1 万辆和 3 009.4 万辆，同比分别增长 11.6%和 12%，产销量连续 15 年稳居全球第一。分析我国目前的汽车消费市场，汽车消费需要的特征主要表现在以下几个方面：

1. 价格对消费者购车的影响力正逐渐减弱

近五年来，我国乘用车销量以平均每年 14%的速度增长。虽然从 2017 年起，我国汽车市场进入微增长的常态，但增速依然高于美国市场。

从私人轿车保有量增长趋势来看，2010 年至今，我国私人轿车保有量的增长率均高于 12.5%。此外，我国市场的车型达 700 多种，是美国市场车型的 2.5 倍，即便如此，我国市场车型的数量还在不断增加，提供给消费者的选择也更多。因此，消费者也变得更加理性和挑剔。

中国汽车销售满意度研究（SSI）发现，中国车主购车的原因发生了显著变化：价格因素从第一位下降到了第五位，而品牌、品质、颜值和技术，成为购车的前四个原因。消费者对品质，即对汽车质量和安全性的要求始于 2005 年，此后，品质在购车原因中所占的权重逐年上升。

2. 汽车消费还需要相关政策支撑

相关政策主要是指汽车购置税、汽车下乡、汽车以旧换新等政策，这些政策在最近几年对刺激汽车消费起到了不可替代的作用。2015 年，我国对 1.6 升及以下排量乘用车实行减征 5%车辆购置税政策。受到车辆购置税政策的激励，我国汽车工业市场发展迅速，尤其是小排量汽车受到市场欢迎。2021 年，我国继续实施车辆购置税优惠政策，对购置的新能源汽车免征车辆购置税。免征车辆购置税的新能源汽车是指纯电动汽车、插电式混合动力（含增程式）汽车、燃料电池汽车。财政部、税务总局、工业和信息化部《关于延续和优化新能源汽车车辆购置税减免政策的公告》（财政部 税务总局 工业和信息化部公告 2023 年第 10 号）规定，对购置日期在 2024 年 1 月 1 日至 2025 年 12 月 31 日期间的新能源汽车免征车辆购置税，其中，每辆新能源乘用车免税额不超过 3 万元；对购置日期在 2026 年 1 月 1 日至 2027 年 12 月 31 日期间的新能源汽车减半征收车辆购置税，其中，每辆新能源乘用车减税额不超过 1.5 万元。

从 2010 年开始，我国陆续出台了多项新能源汽车产业扶持政策，从多个方面推动了新能源汽车产业和新能源消费市场的发展。2009 年我国市场新能源汽车产销量只有 5 000 辆左右，2023 年我国新能源汽车产销分别完成 958.7 万辆和 949.5 万辆，同比分别增长 35.8% 和 37.9%，市场占有率达到 31.6%。这种大幅度跨越式的发展，与我国新能源汽车政策的制定和实行是分不开的。

3. 买车时更加重视“技术”

自 2015 年起，我国消费者逐渐开始关注技术，因为技术原因购买新车的比例快速上升。我国消费者对新技术的需求高涨，导致汽车安全设备及智能互联网设备的安装率逐步提高。2017 年，自动泊车系统、车载互联网连接、车道偏离警告系统、语音识别、内置蓝牙电话、导航系统、停车辅助、倒车雷达等安装率都较 2015 年有一定幅度的提升。与其他年龄段的消费群体相比，“90 后”消费群体对新技术的热衷程度普遍高于其他年龄段的消费群体。

4. 对 SUV 情有独钟

从车型购买的趋势来看，我国消费者越来越不喜欢小型车。中国新车购买意向研究（NVIS）显示，2010 年至今，中型车和入门级中型车对潜在车主的吸引力明显减少，两者在潜在车主最想购买的车型中所占比例下降了一半以上。与此同时，豪华车占潜在车主最想购买的车型的比重从 2010 年的 1%上升至 2017 年的 9%，SUV 则从 2010 年的 10%上升至 2017 年的 37%。2023 年全年我国 SUV 市场零售销量达到 1 038.2 万辆，同比增长 10.3%。

5. 互联网购车成为汽车销售的重要渠道

“互联网”概念横空出世，给汽车市场带来了深刻变革，为厂家向消费者提供个性化产品和配套服务，并与消费者进行直接沟通提供了便利。中国汽车销售满意度研究（SSI）显示，中国新车车主网络购车的比例从 2015 年的 8%上升至 2017 年的 17%。此外，在入店客流中，来自经销商网络营销的比例从 2015 年的 26%上升至 2017 年的 30%。

6. 国产车日益受到国人的关注和喜爱

2005—2016 年，国产品牌汽车的市场份额从 6%上升至 40%，相当于欧系品牌和日系品牌的总和。2023 年我国自主品牌乘用车市场份额已经达到 52%。

7. 我国汽车消费已经进入增换购时代

据第三方数据统计，在逐渐稳定的汽车消费市场中，汽车消费主要场景逐渐从首购切换为增换购场景，预计到 2025 年，乘用车增换购占比将提升至 65%。有业内人士表示，随着中国汽车市场走向成熟，首次购车的比例将持续下降，越来越多的消费者有着更为丰富的用车经验，对于车辆的需求也更为成熟、实际，理性的实用主义者越来越多。尤其是在人均保有量高的一、二线城市，增换购已成为主流，中国车市已进入增换购时代。

课堂互动：有人说“未来是新能源汽车的主战场”，你是否认同？说说你的看法。

互动要求：学生结合所学知识进行独立思考，陈述自己的观点；也可以跟同学沟通后回答。

（二）汽车消费需要的类型

就目前我国消费者的情况看，汽车消费需要的类型主要包括以下几种：

（1）代步工具型。多数消费者买私家车是将其作为代步工具的，以解决远距离上下班的交通问题，以及接送孩子上下学的出行问题。

（2）享受生活型。除了以代步工具为购车目的的消费者之外，还有一部分消费者是为了享受生活、休闲度假而购车。近年来，自驾游已经成为许多消费者休闲度假的主要方式之一。

（3）显示地位型。有些消费者买车，主要不是为了代步或享受生活，而是为了彰显地位。当今社会，汽车在某种程度上是一个人身份地位以及实力的象征，因此某些消费者虽然在单纯考虑上下班出行等问题时并不需要买车，但由于自己的身份地位而不能没有车。

（4）开展业务型。有些消费者因工作业务需要而购车，这类消费者多属于私营业主，他们为了开展业务而购车。对于这一类型的消费者而言，车不仅仅是为开展业务提供便捷，在某种程度上还代表了公司的实力。因此，汽车使其业务开展得更方便、更快捷，争取了更多宝贵的时间，赢得了信誉，也赢得了经济效益。

二、汽车消费者的影响因素

对于汽车产品而言，影响消费者的因素主要体现在价格、性能、品牌、服务、配置、优惠、排量、续航里程等方面。

（一）价格

多数汽车消费者首先考虑的还是车的价格。就目前的消费水平来看，我国汽车消费者大多还是会购买10万～15万元的车。低于10万元和高于15万元的汽车消费者相加，占比也不到整体的三分之一。他们的具体心理可能是：太贵了，现阶段买不起；太便宜了，怕人家笑话。

（二）性能

性能也是我国汽车消费者非常感兴趣的因素。具体而言，车的动力、稳定性、舒适性、安全性等因素一个都不能少，消费者都要考虑。有的消费者把安全性看得重些，有的消费者则把舒适性看得重些。

（三）品牌

不少消费者买车，首先还是要看品牌。有的认为韩系车好，他们更注重外形；有的认为德系车好，他们更注重质量。即便他们买国产车，也要买大品牌、大厂家的。这与中国传统文化的影响是分不开的。“讲正宗”是中国人心理特征之一。好的品牌，在中国人眼里就是“正宗”的。

（四）服务

有很多消费者买车，不仅仅看重车的质量、价格、配置等因素，还注重售后服务。现在，有些4S店想方设法把车卖出去了，接下来的服务却做得不好，或者可以说很差。这就应当引起所有4S店的高度警觉了：长此以往，谁还敢来买车呢？

（五）配置

随着汽车技术的进步，汽车的配置也在同步发展。有的消费者很重视汽车的配置，如安全配置、音响配置等。目前，汽车的实用配置有多功能方向盘、安全带未系提示、氙气随动大灯、自动防眩目后视镜、胎压监测、无钥匙启动系统、定速巡航、倒车雷达、座椅通风、外接音源接口等。

（六）优惠

有些消费者的目光集中在哪家的优惠更大些。就中国消费者目前的消费水平及收入状况来看，这是可以理解的。消费者手里的资金有限，谁更会做生意，更会薄利多销，谁就能抢占市场，就有了市场份额。

（七）排量

现在，国内国外都在讲低碳、讲环保。同时，小排量汽车的消费税也相对比较低，国家对此是有优惠政策的。因此，许多汽车消费者也开始考虑排量问题，而且会越来越重视这个问题。

（八）续航里程

新能源汽车的续航里程焦虑仍然存在，续航长短仍然是部分消费者购买新能源汽车的顾虑。进入 2024 年，新能源汽车的综合续航里程不断被各大厂商提升到新高度，纯电车的续航里程已经达到 600～700 公里，油电混动车型则已经达到 1 500～2 000 公里。

同步案例

“国民神车”哈弗 H6 是怎样炼成的?

2020 年新年伊始，长城汽车公布了 2019 年销售业绩。在国内车市连续两年下行的严峻市场环境下，长城汽车 2019 年实现正增长，全年销量达到 106 万辆，连续四年突破百万大关。在 106 万辆的销量中，哈弗品牌就有 76.9 万辆，占比 72.57%。其中，被誉为“国民神车”的哈弗 H6 销量为 38.64 万辆，占长城汽车总销量的 36.45%，占哈弗品牌销量的一半。

2020 年 12 月，哈弗 H6 销量达到 41 706 辆。作为 SUV 市场的“王者”，哈弗 H6 单一车型累计 79 个月获得国内 SUV 月度销量冠军，连续 7 年获得国内 SUV 年度销量冠军。截至 2019 年 12 月，哈弗 H6 累计销量超过 300 万辆，成为进入“300 万销量俱乐部”的 SUV 车型。不管是轿车还是 SUV，在短短 8 年多时间实现 300 万辆的销量，哈弗 H6 还是独一份。

作为哈弗品牌的主打车型，哈弗 H6 优异的市场表现，不仅带动了国内 SUV 市场的大发展，更是助推哈弗品牌成为国内最负盛名的 SUV 品牌、国际知名 SUV 品牌。

1. 国内 SUV 市场的“常青树”

哈弗 H6 的诞生，适逢中国都市 SUV 大发展，抢到了市场先机。2011 年 8 月 25 日，定位于“都市智能 SUV”的哈弗 H6，在长城汽车天津新工厂隆重上市。凭借着强大的产品力和高性价比，哈弗 H6 很快就跻身国产 SUV 第一阵营。上市一年半后，哈弗 H6 成为国内 SUV 月度销量第一名，并且把这一地位保持了 79 个月。无论车市如何动荡，竞争如何惨烈，哈弗 H6 一直都是“市场王者”。

随着国内车市变化，消费者对于 SUV 车型的个性化需求日趋明显，最近几年，通过对市场的精准把握，长城汽车先后推出 F 系列和 WEY 品牌两大车型，分别主攻年轻消费人群和高端 SUV 爱好者，两者与哈弗 H 系列共同构建起长城 SUV 的强大产品矩阵。但即便在如此细分的市场环境下，哈弗 H6 依然是国内 SUV 单一车型销量冠军，成为国内 SUV 市场的“常青树”。

2. 总是被对标，从未被超越

在国内 SUV 市场，哈弗 H6 简直就是“神一样的存在”。无论是自主 SUV 还是合资 SUV，都把哈弗 H6 作为目标竞争对手，许多 SUV 车型都想超越它。但是，无论是在国际市场纵横驰骋的国际大品牌，还是国内自主 SUV 品牌的“后起之秀”，都没能超越哈弗 H6。

针对国内市场变化，哈弗 H6 不断推出极具竞争力的新车型，以用户第一的理念，充分满足消费者需求。在多年发展历程中，哈弗始终秉持“专注、专业、专家”的品牌理念，不断打造具备高竞争力的优势 SUV 产品。在整车设计、安全防护、动力性能、车载配置方面，哈弗 H6 均处于行业领先水平。在制造领域，哈弗 H6 坚持欧美标准，携手全球顶级汽车零部件供应商，保证产品品质达到世界一流。高品质的售后服务体系也是哈弗 H6 市场成功的重要保障。

面对呼啸而来的汽车智能网联浪潮，长城汽车毫不示弱。全新哈弗 H6 搭载了长城汽车自主研发的车联网系统，通过哈弗智家 App，全新哈弗 H6 能够实现车辆异常报警、电子围栏防盗、被盗位置追踪功能，充分保障车主的车辆和财产安全。哈弗智家 App 还提供车辆远程故障诊断、车辆远程监控等功能，车主不仅可以随时了解车辆状态，还可远程开启/关闭引擎、远程开启/关闭空调、远程开启/关闭车窗、远程寻车。当车辆出现故障时，车主可以通过无忧助手 App 发起救援请求，并查看整个救援过程、救援车位置状态、救援技师的信息等。

长城汽车严格的企业管理、出众的成本控制水平，也是哈弗 H6 坚持高性价比，持续赢得消费者青睐的重要因素。在竞争极其激烈的国内 SUV 市场，哈弗 H6 不断创新、不断增强竞争力，以强大的实力保持了第一名的市场地位。

问题：哈弗 H6 成功的原因是什么？

提示：对于国产品牌来说，想要占据市场先机，并且在某一领域屹立不倒，靠的是敏锐的市场洞察力，在技术上不断创新，在成本上占有优势以及高品质的售后服务。

三、汽车消费者的消费新特征

（一）消费升级需求明显，价格竞赛收效甚微

中国车市不断推出各类极具竞争力的新款智能电动车型，对消费者的吸引力正逐步扩大，从而使其注意力不断向中、高价车型转移。同时，虽然价格战愈演愈烈，但总体效果较为有限，价格战并未能给消费者的购车决策带来积极影响。

（二）油电认知分化显著，中国品牌加速崛起

外资车企的高溢价优势正加速消融，外资品牌光环加速消失，这在新能源汽车领域体现得尤为明显；同时，传统外资高端品牌车主正以近乎“单向流动”的形式被转化为中国高端新能源汽车品牌车主。

（三）电动汽车势不可挡，补能焦虑渐成隐忧

新能源汽车受众在制定购车决策时愈发考虑车辆性能本身，而非单纯考虑牌照因素；同时，中国消费者的新能源汽车接受度的摇摆，凸显了补能基础设施优化对新能源汽车长期可持续发展的极端重要性。

（四）直联模式优势明显，售后瓶颈有所改善

中国高端新能源汽车品牌通过全渠道的DTC（Direct to Consumers，即客户直联）模式，打造了优异的客户满意度。即便在与传统车企差距较大的售后维保领域，中国高端新能源汽车品牌也在迎头赶上。

（五）自动驾驶风光无量，客户认知快速迭代

消费者对自动驾驶的需求与日俱增，但受头部技术型车企“软件免费”策略的影响，消费者对自动驾驶技术的付费意愿及金额均出现下滑。

模块小结

衣、食、住、行只是众多消费领域的基础，本模块主要介绍餐饮市场、服装市场、住房市场和汽车市场的基本情况。在各个消费领域，行业从业人员都要细心观察，发现消费者关注的需求点。在消费不断升级换代的当下，研究消费者心理在不同领域的表现，具有突出的现实意义。

思考与练习

一、单选题

1. 麦当劳在服务速度上确实下了不少功夫，其口号是：规定时间内没有让客户拿到自己的餐点，免费奉送可乐一罐。这属于满足消费者就餐时的（　　）。

A. 求美的心理需求　　B. 求新猎奇的心理需求

C. 求尊重的心理需求　　D. 求快的心理需求

2. 我国幅员辽阔，东西南北着装差异较大，体现了服装市场（　　）。

A. 流行性　　B. 地域性　　C. 季节性　　D. 易变性

3. 有部分消费者买车是为了解决远距离上下班的交通问题，以及接送孩子上下学的出行问题。这种消费需要属于（　　）。

A. 代步工具型　　B. 享受生活型　　C. 显示地位型　　D. 开展业务型

4.（　　）一般是用来暂时过渡和出租的房子，用于自住的客户大多是初次置业者。

A. 小户型住宅消费者　　B. 别墅消费者

C. 豪宅消费者　　D. 大中户型住宅消费者

5. 近年来，自驾游已经成为许多消费者休闲度假的主要方式之一。有部分消费者是为了享受生活、休闲度假而购车。这种消费需要属于（　　）。

A. 代步工具型　　B. 享受生活型　　C. 显示地位型　　D. 开展业务型

二、多选题

1. 下面哪些属于餐饮市场消费者的心理？（　　）

A. 求卫生的心理需求　　B. 求快的心理需求

C. 求美的心理需求　　D. 求新猎奇的心理需求

2. 服装市场具有哪些特征？（　　）

A. 层次性和多样性　　B. 地域性和季节性

C. 易变性和流行性　　D. 收藏性和垄断性

3. 住宅市场的基本特征有哪些？（　　）

A. 不完全竞争性

B. 银行和中介机构的参与性

C. 消费的综合性、多层次性和高弹性

D. 消费与投资、保值并存

4. 下面哪些是消费者比较关注的住宅的特性？（　　）

A. 住宅的舒适性　　B. 住宅的安全性　　C. 交通问题　　D. 物业管理

5. 汽车消费需要的类型有（　　）。

A. 代步工具型　　B. 享受生活型　　C. 显示地位型　　D. 开展业务型

三、判断题

1. 社会餐饮的优势在于管理层级少，机构简单，信息传递速度快。 （ ）
2. 青年餐饮消费心理是追求自我成熟的表现和消费个性心理的实现。 （ ）
3. 不同体型、肤色的人，适合穿不同款式、颜色的衣服，这样才能“更美”。 （ ）
4. 作为耐用消费品的住宅，也兼具消费和投资的性质。 （ ）
5. 房地产市场作为一种商品市场，是一种完全竞争市场。 （ ）

四、简答题

1. 请简述群体餐饮消费心理。
2. 请简述餐饮市场的消费心理特征。
3. 请简述服装品牌运营模式。
4. 请简述消费者关注的住宅商品的主要特性。
5. 请简述汽车消费需要的类型。
6. 请简述汽车消费者的消费新特征。

能力培养与训练

一、营销思维训练

尘埃落定，“狼”真的来了！

2019年3月1日，特斯拉正式推出了史上最便宜的特斯拉——“售价3.5万美元（约合人民币23.4万元）起的标准版Model 3”。此外，特斯拉的所有车型均降低了售价。更重要的是，特斯拉要关闭线下直营店，全部实行线上销售，可再降6%的售价，且支持7天无理由退车。此举一出，国产汽车行业一片哗然。

而就在2019年，特斯拉在上海建设的庞大的电池和汽车工厂也已经正式动工了。据报道，特斯拉上海超级工厂项目总投资达500亿元人民币，第一期项目投资160亿元，一期项目已经完工。这座集研发、制造、销售等功能于一体的超级工厂，已经在上海南部诞生。随着二期项目的完工，这里成为生产国产版Model Y的主要阵地。

从在上海拿地、独资建厂，到连续降价、推出最便宜的特斯拉，特斯拉的创始人埃隆·马斯克（Elon Musk）在中国“大干一场”的决心非常明显。那些还未从新能源补贴政策退坡中缓过来的中国新能源车企们，又将迎来新的一轮碾压。

特斯拉作为全球新能源汽车领域巨无霸，无论是在性能上还是在价格上，其竞争对手少之又少。

在美国，特斯拉直接碾压传统车企。数据显示，特斯拉在2018年卖出了24.5万辆电动汽车，其中仅Model 3这一款车型就卖出了约14万辆，一举成为美国市场销量最高的豪华品牌车型。

特斯拉的到来给我国车企带来的冲击主要包括以下四个方面：

1. 价格

自特斯拉在上海建厂以来，在“关税新政+补贴新政”双重刺激下，消费者购买成本骤降。为了保证低价，特斯拉要关闭线下直营店，只保留少量的黄金地段的店面作为陈列中心、信息中心。这样可以为其带来6%左右的成本降低，特斯拉售价也将会降低6%。

特斯拉的连续降价措施意图很明显，就是对抗竞争者，包括同为互联网造车公司的蔚来汽车、小鹏汽车、威马汽车等，以及传统车企，如奔驰、奥迪、比亚迪、吉利、沃尔沃等。

2. 电池

特斯拉真正的“杀招”不是电池，而是其电池管理技术。特斯拉不仅把7 000多节电池连接在一起，电池之间还有液体管道，可散发热量。当其中一节电池出问题时，系统会自动切断，不影响供电。在强大的系统和NCA三元电池的保障下，即使开48万千米，电池衰减也不到5%。也就是说，如果每年行驶2万千米，80年才能报废一辆特斯拉。

3. 自动驾驶技术

目前，已有特斯拉车主使用其自动驾驶辅助功能完成了10亿英里（约16亿千米）的行程。特斯拉Model 3上搭载的Autopilot，可具备在高速公路上匝道和下匝道的能力，并且可以识别立交道路和超越慢车。Autopilot还具备城市内道路驾驶能力，并具备识别红绿灯和在小路口最常见的Stop Sign能力。可以说，现在特斯拉的自动驾驶技术在全世界是领先的。

4. 全自动化生产

在特斯拉的超级工厂，从原材料加工到成品组装，从冲压生产线到车身烤漆，全都由机器人协作完成。同时，按照规划，特斯拉上海超级工厂每年将生产50万辆纯电动整车，这相当于当前特斯拉年产量的5倍以上，将彻底满足中国强大的市场需求。

在特斯拉发布“最便宜特斯拉”后，汽车之家、车和家创始人李想在微博写道：“好日子很快就要结束了。”

如果国产汽车公司还不掌握创新技术，那么它们最终将成为“庞大而脆弱的恐龙”。没有核心技术，当真正的变革来临时，你拿什么去竞争？等待的或许只会是灭亡。特斯拉工厂正式在上海动工，代表着我国新能源汽车的竞争更加激烈，也必将让我国的新能源汽车竞争力迈上一个大台阶。

[问题思考]

特斯拉的大发展对新能源汽车在汽车消费领域有哪些启示？随着汽车消费升级，国产汽车的出路在哪里？

二、实战演练

[演练内容]

选择一个新能源汽车品牌作为分析对象开展调查分析。具体调查内容包括产品系列、产品价格、目标人群定位、市场布局、渠道布局等。填写表7-1并进行课堂展示汇报。

思考：

（1）购买新能源汽车的消费者是出于什么心理？

（2）对于该汽车品牌的营销策略，你有什么建议？

表 7-1　新能源汽车营销策略调查

新能源汽车品牌	
产品系列	
产品价格	
目标人群定位	
市场布局	
渠道布局	
调查数据对你的启示	

［考核评价］

详见表 7-2。

表 7-2　考核评价

项目	评价标准	分数
内容完成	能按要求完成调查表，调查表语言规范、无错别字，观点正确	20
语言表达	口齿清晰、用词得当、意思表达准确、内容富有条理和逻辑性	20
现场感染	有较强的现场感染力，引起评委的共鸣	20
解决问题能力	具备分析问题、解决问题能力	20
启示有价值	启示有一定的借鉴价值	20
合计		100

模块八　营销沟通与消费心理

营销沟通是市场营销领域的一个重要问题，也是营销理论研究最多的领域之一。在商品销售的过程中，市场营销人员应以消费者为中心，积极探索消费者心理，从而创造良好的销售环境，满足不同层次消费者的心理需求，最终促成消费者的购买行为。但这一过程能否成功，取决于营销人员能否掌握一定的销售技巧并与消费者进行良好的沟通。如何培养营销人员与客户之间的信任关系，如何让陌生人成为客户，让新客户成为老客户，关键在于营销人员的沟通能力。只有提高营销人员的销售能力，把握消费者心理，才能实现商品的销售。

模块结构

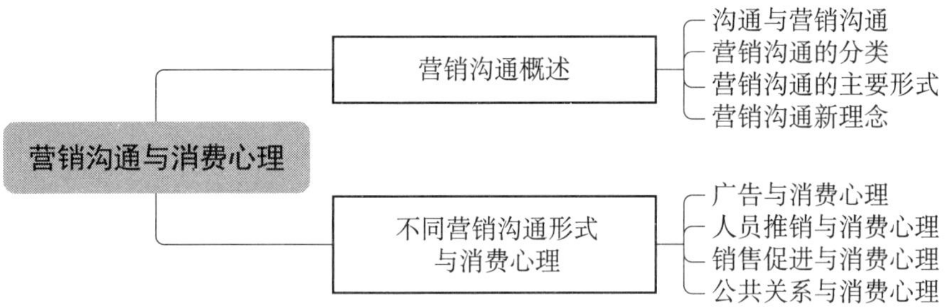

学习目标

知识目标： 通过本模块的学习，理解营销沟通的含义、途径与心理策略；掌握营销过程中与消费者之间的沟通技巧。

能力目标： 能够有效沟通，并在营销活动中与消费者顺利沟通。

素质目标： 通过学习营销中的沟通方式和技巧，培养在沟通中的正确态度与情感，树立正确的消费理念。

案例导入

海底捞的情感营销

在海底捞，顾客能真正找到被当作“上帝”的感觉，甚至会觉得“不好意思”。但不得不承认，海底捞的服务已经征服了很多火锅爱好者。顾客会乐此不疲地将在海底捞的就餐经历和心情发布在网上，吸引越来越多的人来到海底捞，一种类似于“病毒传播”的效应就此显现。

等待是一个痛苦的过程，海底捞却把这种等待变成了愉悦：提供免费的水果、饮料、零食；如果是一群朋友在等位，服务员还会主动送上扑克牌、跳棋之类的桌游供大家打发时间等。一名食客曾讲述他的经历——在大家等待的时间，一名女孩在免费美甲区不停地更换指甲颜色，反复折腾了5次，一旁的其他顾客都看不下去了，为其服务的美甲师依旧耐心十足。

海底捞的员工流动率仅为10%左右。支持海底捞的根本，从来不是钱，而是员工。在每一个海底捞的办公室里，墙上都会贴着一张“金点子排行榜”，这就是海底捞思想火花的来源。每个月，由各大部长、片区经理组成的创新委员会对员工们提出的创意服务做出评判。创意服务一经评上就会被推广到各个分店，员工可以获得200～2 000元不等的奖励。海底捞认为，员工才是企业最重要的核心竞争力，远超过盈利，甚至超过顾客。因此，海底捞的员工宿舍一般离店不会超过20分钟，且一定是正规小区，有空调，有专人负责保洁、洗衣服。为了激励农村员工的工作积极性，海底捞有一个传统，即将员工奖金的一部分寄回老家给他们的父母，虽然每月只有400～500元不等，但让员工的家人也分享到了一份喜悦。

问题：海底捞的成功之处在哪里？员工为什么是海底捞最重要的核心竞争力？

提示：海底捞的员工对待顾客是真诚的，这种真诚是发自内心的。海底捞一直认为，员工是企业发展的核心，是最重要的核心竞争力。这种经营理念直接调动了员工的积极性，提升了员工对于企业的忠诚度。

企业要发展，一定离不开员工的努力工作，而对待员工和员工家人的态度，正符合我们国家一直倡导的尊老爱幼的家庭理念和传统，而员工又把这种观念融入对待顾客的真诚中，这种传承一定是企业品牌最核心的力量。

单元一 营销沟通概述

一、沟通与营销沟通

沟通和营销沟通都是非常重要的概念，它们在不同的领域和情境中发挥着不同的作用。沟通是一种基础的人际交往技能，而营销沟通则是商业活动中不可或缺的一部分。沟通与营销沟通在日常生活和商业活动中都发挥着重要作用。理解它们之间的关系和差异，有助于我们更好地运用这些沟通手段，实现不同的目标和效果。

（一）沟通的含义

沟通与营销沟通是两个相关但不完全相同的概念。沟通是人与人之间、人与群体之间思想与感情的传递和反馈的过程，以求思想的一致和感情的通畅。沟通的目的是交换意见、观点、思想、情感等，以达成某种共识或理解。在日常生活中，沟通无处不在，无论是家庭、学校、工作还是社交场合，都需要通过沟通来建立关系、解决问题和达成共识。

（二）营销沟通的含义

营销沟通是市场营销中的一部分，主要是指企业向消费者或目标市场传递产品或服务的信息，以促进销售、树立品牌形象或增强企业声誉。从本质上讲，营销就是沟通，沟通就是营销。营销沟通的目的是影响消费者的购买决策，使他们选择并购买企业的产品或服务。营销沟通的手段包括广告、人员推销、公共关系、销售促进等，这些手段都是为了与消费者建立联系、传递信息并激发购买欲望。营销沟通是沟通的一种特殊形式，它更加关注商业目标和市场需求，同时也需要考虑到消费者的心理、行为和文化背景等因素。营销沟通的成功与否取决于企业是否能够准确地识别目标市场、了解消费者需求、选择合适的沟通渠道和方式，以及有效地传递信息。

（三）营销沟通的过程

营销沟通的过程和构成要素基本遵循沟通的一般原则，但是营销沟通的主要对象是外部的企业和个人，传播的信息也是企业的具体营销信息。营销沟通的过程主要包括八个要素（见图 8－1）：

（1）信息源：发送营销信息的一方。

（2）接收者：接收营销信息的一方。

（3）编码：把沟通内容编成符号形成内容的过程。

（4）信息媒体：发送方向接收方传递信息的媒介。

（5）解码：接收方确认发送方所传递内容的含义的过程。

（6）反应：接收方在接收信息后所做出的一系列行为。

（7）反馈：接收方的反应中返回到发送方的那一部分。

（8）噪声：沟通中非计划的干扰，会影响接收方对信息的正确解释。

从以上营销沟通模型的分析可知，要正确把握营销沟通的内涵，至少有两点值得注意：

（1）接收方对信息的正确理解，关键在于信息解码的过程必须尽量和编码过程相符，

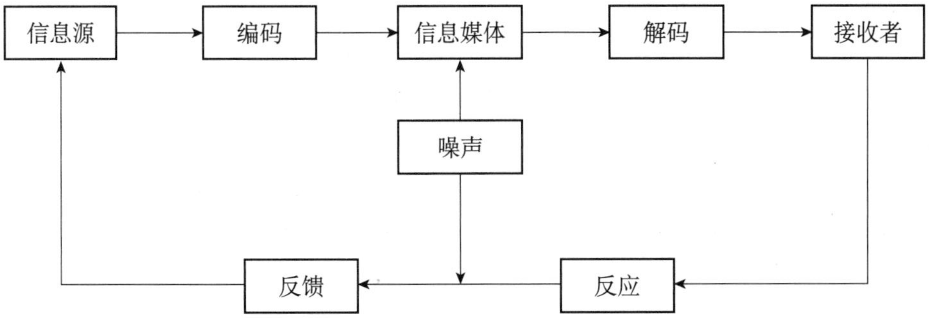

图 8-1　营销沟通过程八要素

而这一点又取决于发送方和接收方所拥有的知识和经验。也就是说，双方所拥有的知识和经验越接近，相重合的部分越多，接收方就越能够正确地理解沟通信息。

（2）对于营销沟通而言，沟通过程本身只是形式，接收方的反馈和发送方的互动才是最为重要的。所以，在各种营销沟通形式中，企业都应当注意吸引消费者的注意力，也就是要排除噪声的干扰。营销沟通的最终目的并不在于将信息传递给接收方，而是要以此有效地影响接收方的行为，产生好的反馈，形成一个双向沟通的过程。

营销沟通作为近些年市场营销领域的一个重要和热点问题，是营销中研究最多的领域之一，特别是其中的广告，大多研究的是某一类营销沟通手段，无论是从微观角度还是从宏观角度，是基于消费者还是基于企业，都有很多理论成果。在意识到各种营销沟通方式之间的互动及综合这些营销沟通方式的必要性后，一些学者和营销实践者提出了用整合营销沟通来支持品牌，即利用适当的营销信息沟通方式将产品和服务的信息传递给消费者。广告便是其中一种最主要的方式。

良好的营销沟通必须是双向的，市场营销人员需要时时观察消费者的兴趣关注点，利用消费者所感兴趣的营销沟通方式展开良好的沟通，对消费者针对产品和服务所关注的问题进行反馈时，站在消费者的角度，做出科学、公正的分析和解释，最终获得消费者的认可和理解。

课堂互动： 数字信息是营销沟通的重要内容，产品名称、产品型号、产品属性、产品价格等信息都包含数据，而最简单的营销沟通至少涉及一个信息传播者、一个信息接收者以及传播内容。那么，数字信息如何说明信息传播者的状态？数字的奇偶如何影响产品销售？价格尾数如何影响价格？

互动要求： 学生结合所学知识进行独立思考，陈述自己的观点；也可以跟同学沟通后回答。

二、营销沟通的分类

营销沟通的分类可以从多个维度进行，可以将营销沟通按功能、沟通双方的性质、信息传递方向和沟通目的划分为四类：

（1）按功能划分，营销沟通可分为工具式沟通和感情式沟通。

（2）按沟通双方的性质，营销沟通可划分为人际沟通、群体沟通、组织沟通和大众媒体传播沟通等。

（3）按信息传递方向划分，营销沟通可分为单向沟通和双向沟通。

（4）按沟通目的划分，营销沟通可分为告知性沟通和说服性沟通。

三、营销沟通的主要形式

营销沟通是企业与目标市场之间建立有效联系的关键环节。通过各种沟通形式，企业能够传递品牌价值、产品信息和促销活动等，从而实现销售目标和品牌发展。以下是营销沟通的主要形式：

（一）广告

广告是以付费的方式，通过一定的媒介，向一定的人，传递一定的信息，以期待达到一定目的的有责任的信息传播活动。广告是高度大众化的媒体传播方式，具有传播范围广、速度快、重复性好的特点，并因充分引用文字、声音、色彩而极富表现力，适合向分散的受众和众多目标顾客传递信息。

广告推广是营销沟通中最为直接和常见的形式之一，它通过各种媒体渠道向大众传递品牌信息、产品特点和促销活动，以激发消费者的购买欲望和增加销售。广告推广的核心目的是提升品牌知名度、塑造品牌形象，并最终促进销售增长。广告推广的形式多种多样，包括电视广告、广播广告、报纸广告、杂志广告、户外广告和网络广告等。随着数字媒体的兴起，网络广告成为广告推广的重要组成部分。网络广告包括搜索引擎广告、社交媒体广告、视频广告、原生广告等。

广告推广是营销沟通中不可或缺的一环，它能够帮助企业迅速提升品牌知名度和形象，激发消费者的购买欲望，促进销售增长。企业需要根据自身特点和目标市场需求，制定有针对性的广告策略，并综合运用各种营销沟通形式，以实现最佳的营销效果。

（二）人员推销

人员推销是企业营销人员直接与顾客接触、洽谈、宣传介绍商品和服务以实现销售目的的活动过程。人员推销虽是一种古老的方式，但其灵活，有助于建立长期信任与联系，能及时获得信息反馈，因此，营销人员应予以广泛应用。

推销过程是一种有序而系统的商业沟通方式。通过建立联系、分析需求、提供解决方案、处理异议和引导购买决策等步骤，营销人员可以与潜在客户建立良好的关系，并最终实现销售目标。通过有效的推销沟通，营销人员能够提供有价值的商品和服务，满足客户的需求，并与之建立长期的合作关系。

（三）销售促进

相关链接

一条广告需要消费者看几次?

销售促进，也是我们生活中常说的“促销活动”，即运用折扣、买赠等形式来招揽顾客，是整合营销传播活动的一种方式。赠样品、优惠券、以旧换新、减价、免费限期试用、示范、竞赛、折扣、商品津贴、合作广告、有奖销售等方法，均属此类。

销售促进是营销沟通中一种直接刺激消费者购买行为的有效方式。通过提供特别优惠、折扣、赠品等促销手段，促销活动能够吸引消费者的注意力，提高销售转化率，促进品牌与消费者之间的情感联系。

销售促进是营销沟通的重要形式之一。企业需要综合运用目标市场定位、促销活动策划、促销时间设定、促销内容设计、促销预算确定、促销渠道选择以及促销效果评估等方面的知识和技巧，通过精心策划和执行促销活动，刺激消费者的购买行为，提高销售额，同时加强品牌与消费者之间的联系。

（四）公共关系

公关活动是企业通过举办新闻发布会、赞助活动、危机公关等方式，与公众建立良好关系，提升企业形象的一种营销方式。公关活动能够增加品牌曝光度，提高公众对企业的关注度和好感度，同时也能够增强企业的社会责任感和公信力。

相关链接

公益＋直播也是“诗和远方”

营销沟通中的公关活动是企业与公众之间建立信任、塑造形象和传递价值的重要手段。通过精心策划和执行公关活动，企业可以有效地与目标受众建立联系，提升知名度和美誉度。首先，企业需要明确公关活动的目标，例如提升品牌知名度、塑造品牌形象、传递品牌价值观、加强品牌与公众之间的互动等。目标的明确有助于制定合适的公关策略和方案。企业应根据自身的目标和受众特点，选择合适的公关活动类型，如新闻发布会、产品发布会、媒体见面会、品牌体验活动、社会责任活动等。不同类型的公关活动可以发挥不同的作用，帮助企业实现不同的目标。

四、营销沟通新理念

传统的营销沟通是为了向消费者传播企业产品信息，但消费者的忧虑心理和市场不确定性的存在，使得沟通的目的发生了显著的变化。营销沟通不仅是向消费者传播有关产品的知识，还要获得消费者的有关信息。营销沟通目的的变化使得沟通策略发生了相应的变化，形成了不同的趋势。

（一）不可抗拒的商业系统

在当前竞争激烈的零售环境下，消费者拥有更多的产品选择，接触到更多的信息，因此也能够更有选择性地接收信息。任何企业都面临同样的挑战，即如何让品牌变得更有吸引力、更诱人、更强大、更具说服力，以至于不被忽视。因此，企业必须与消费者建立理性和情感的联系。无论是线上或线下，企业都应致力于打造不可抗拒的购物体验，这也是最终实现更多销售的关键。

成功的品牌具有以下共通点：

（1）数据和洞察。这是指使用数据来洞察消费者的同理心，以了解他们的需求和购物的明确原因，如购买背后的情感驱动因素等。

（2）个性化。这是指针对消费者特定的需求，在合适的时间持续地进行品牌和消费者之间一对一的对话，如通过社交平台与其互动。

（3）愉悦性。这是指让消费者感受到愉快，甚至在某些情况下令其感到惊喜。这些让人难忘的积极感官体验会让消费者觉得产品更加独特。

（4）创新力。这是指不断地对产品包装、知识产权（IP）和促销形式进行创新，持续地为消费者的品牌体验带来新的价值。

（二）情绪“刷屏”

在移动互联网环境下，社交媒体为满足人们与他人分享情绪的需求提供了便利。在当前的营销沟通渠道和环境下，社交媒体是激活情绪、分享情绪的最佳平台。同时，“情绪”本身蕴含的丰富内容，更是网络化传播中的最佳话题之一。当好话题遇到好平台，爆点自然不断涌现，营销沟通自然也大有可为。

情绪是人的一种综合心理状态，可以作为传播的抑制或促进因素：有时我们在传播中刻意回避它，如讲求新闻报道的中立客观；但情绪本身很难被精确地描摹和把握，“刷屏”之作之所以能够流行，往往是因为其戳中了一群人的痛处，说出了他们的心声，准确地表达了他们的情绪。例如：刷爆朋友圈的《北京，有 2 000 万人假装在生活》，代表着一种对大城市生活的失望、苦恼以及年轻奋斗者的迷茫无措。而《人民日报》为了庆祝建军 90 周年而设计的 H5 应用《快看呐！这是我的军装照》，同样也获得了“刷屏”效应。所以，“刷屏”行为有时并不仅仅是为了传播新的消息，更是一种情绪的表达。转发人不在乎自己转的文章是否被阅读，而更在乎是否在朋友圈里表达了自己的态度和感受。

相关链接

互联网媒体营销沟通

社交媒体网络在放大情绪传播效能、加速其传播速度的同时，也重塑了情绪传播的特征。在信息碎片化的时代，情绪有时超越了内容，成为更直接的表达方式，但这种方式反而因为缺少内容元素的界定和制约，呈现不稳定的特征。因此，只言片语的情绪传播，较难经得起时间的考验和竞争者的挑战，往往使得营销沟通充满变数，营销效果更无从谈起。因此，企业需要把握传播的时、度、效，选对主题，讲好故事。

单元二　不同营销沟通形式与消费心理

一、广告与消费心理

在经济社会中，广告的作用是不言而喻的。但是，广告要想发挥预期的作用，就必须研究消费心理。消费需求是广告产生的直接原因，广告是满足消费需求的重要途径。因此，消费者的心理能不同程度地左右广告的决策与实施；相应的，广告活动能够从不同角度影响或“击中”消费者的心理。

（一）广告触达消费者的媒介

广告触达消费者的媒介是多种多样的，它们在不同的场合和情境下发挥着各自独特的作用。以下是一些常见的广告媒介：

1. 电视

电视是最普及的广告媒介之一。通过电视广告，企业可以将品牌形象、产品特点和优惠活动等信息直接传递给观众。电视广告具有视听结合、形象生动的特点，能够吸引观众的注意力并激发购买欲望。

2. 广播

广播通过无线电波传递声音信息，具有传播速度快、覆盖范围广的特点。它可以在人们出行、工作、休息等不同场景下触达消费者，提供灵活多样的广告形式。

3. 报纸和杂志

报纸和杂志是印刷媒体中的重要广告媒介。它们通过文字和图片等形式，向读者传递广告信息。报纸广告通常具有时效性强、信息量大的特点，而杂志广告则更注重品质感和深度。

4. 互联网

互联网广告通过在线媒体平台（如搜索引擎、社交媒体、网站等）向消费者展示广告内容。互联网广告具有交互性强、定位精准、形式多样等特点，可以根据消费者的兴趣和需求进行个性化投放。

5. 户外媒体

户外媒体是指主要建筑物的楼顶和商业区的门前、路边等户外场地设置的发布广告信息的媒介，主要形式包括气球、飞艇、车厢、大型充气模型、走廊、楼道等。简单地说，户外媒体是存在于公共空间的一种传播介质。

户外媒体广告具有面积大、色彩鲜艳、主题鲜明、设计新颖、形象生动、简单明快等特点。户外媒体广告形象突出，容易吸引行人的注意，并且容易记忆。此外，户外媒体广告多是不经意间给受众以视觉刺激，不具有强迫性，信息容易被认知和接受，且一般发布的期限较长，能造成印象的累积效果。户外媒体广告的缺点如下：一是受场地和受众数量的限制；二是内容比较简单，传达的信息量有限，多是企业或商品的形象广告，促销效果较差。

6. 移动媒体

移动媒体是指通过移动设备访问和传播信息的媒体形式。随着移动互联网的普及和移动设备的快速发展，移动媒体在生活中扮演的角色越来越重要。移动媒体主要包括手机、平板电脑等。

移动广告是指通过移动设备展示的广告形式。随着人们对移动设备的依赖和使用增加，移动广告成为企业推广产品和品牌的重要手段。移动广告可以以文字、图片、视频等形式出现，覆盖的范围广泛，包括 App 内置广告、移动网页广告、短信广告等。移动广告具有定位准确、互动性强等特点，可以更好地满足广告主和用户的需求。

7. 电梯广告媒体

电梯广告媒体是一种新型广告媒体，它是指在城市楼宇电梯内壁上刊载广告的载体。电梯广告媒体类型多样，主要表现形式为在电梯轿厢内安装广告牌或显示器，还有一种是在电梯门上直接投放广告。

电梯媒体广告简称梯媒广告。梯媒广告有其独特的优势。首先，梯媒广告具有极高的覆盖率和到达率。电梯作为连接建筑各层的交通工具，每天承载着大量的人流。这意味着梯媒广告能够覆盖更广泛的受众群体，提高品牌曝光率。同时，由于电梯空间的封闭性，乘客在乘坐电梯期间无法避免地会接触到广告信息，从而保证了广告的到达率。其次，梯媒广告具有强制观看的特点。在电梯这个相对封闭的空间里，乘客的注意力更容易被广告内容所吸引。最后，梯媒广告还具有丰富的表现形式和灵活的投放策略。从静态的海报、贴纸到动态的视频广告，梯媒广告可以根据品牌需求和目标受众的特点选择合适的表现形式。然而，梯媒广告也面临一些挑战，例如，如何在有限的空间内制作出吸引人的广告内容，以及如何避免过度投放以免引起乘客的反感等。

上述媒介各有优劣，适用于不同类型的广告和目标受众。在选择广告媒介时，企业需要根据自身的品牌特点、产品属性和目标市场等因素进行综合考虑，以确保广告能够有效地触达并影响潜在消费者。

课堂互动：受到电视广告、互联网广告等广告形式的冲击和影响，报纸广告的市场份额越来越小。读报纸的人越来越少，阅读报纸广告的人自然也变得越来越少，报纸行业应如何应对这一困境？

互动要求：学生结合所学知识进行独立思考，陈述自己的观点；也可以跟同学沟通后回答。

（二）消费者对广告的态度及心理反应

在营销传播中，广告起着至关重要的作用。然而，广告的效果不仅取决于广告的内容和形式，更取决于消费者对广告的态度和心理反应。以下是消费者对广告态度的几个关键指标。

1. 广告信任度

消费者对于广告的信任度基于广告内容的真实性、广告来源的可靠性和广告诉求的诚实性。消费者对某些特定类型的广告可能具有较高的信任度，而对其他广告则可能持怀疑态度。广告信任度直接影响消费者对广告信息的接受程度和购买决策。

2. 信息接受度

消费者对广告信息的接受度取决于广告内容的清晰性、相关性和有用性。如果广告能够提供有用的信息，满足消费者的需求或解决他们的问题，那么消费者就更可能接受并记住这些广告信息。

3. 情感反应

广告可以引起消费者的情感反应，包括积极、消极或中性的情感反应。积极的情感反应可以增加消费者对广告的好感度和品牌忠诚度，而消极的情感反应则可能导致消费者对广告产生抵触情绪，甚至对品牌产生负面印象。

4. 品牌态度

广告会对消费者的品牌态度产生重要影响。通过广告，消费者可以形成对品牌的认知、印象和评价。长期而有效的广告传播可以塑造积极的品牌态度，提高品牌知名度和美誉度。

5. 购买意愿

广告的最终目的是激发消费者的购买意愿。如果广告能够成功传达产品的优势、满足消费者的需求，并建立起消费者的信任，那么消费者就更可能产生购买意愿并采取购买行动。

6. 广告期待值

消费者对广告的期待值是指他们对广告内容、形式和创新性的期望。消费者对不同类型的广告可能有不同的期待值。例如，他们可能期待一个娱乐性的广告能提供有趣的视觉体验，一个信息性的广告能提供有用的产品知识。

7. 广告厌烦感

频繁的、重复的或过于侵入性的广告可能导致消费者对广告产生厌烦感。这种厌烦感可能会降低消费者对广告的好感度，甚至影响他们对品牌的态度和购买决策。

8. 广告影响度

广告影响度是指广告在多大程度上改变了消费者的态度、行为或信仰。一个具有高影响度的广告可以引起消费者的注意，改变他们的观念，并促使他们采取特定的行动。

综上所述，消费者对广告的态度和心理反应是一个复杂而多元的过程。了解消费者的广告心理有助于广告商制定更有效的广告策略，提高广告效果，并最终实现广告目标。

（三）借助商业广告达到与消费者的有效沟通

商业广告的目的是与消费者建立有效的沟通，促进产品的销售和品牌的推广。为了达到这一目的，广告策略需要涵盖多个方面，包括明确目标受众、精准传递信息、创造情感共鸣、引起购买欲望、强化品牌形象、建立品牌信任、优化传播渠道以及监测反馈调整。

1. 明确目标受众

首先，广告策略制定者要清晰地定义目标受众，了解他们的需求、兴趣、年龄、性别、生活方式等特征，通过市场细分和定位，确保广告信息能够精准地触达目标受众，提高广告效果。

2. 精准传递信息

广告需要清晰、简洁、有针对性地传递信息，确保广告中的文字、图像、声音等元素能够有效地传达产品特点、优势和价值，使消费者在短时间内理解并记住广告内容。

3. 创造情感共鸣

情感是连接消费者与品牌的重要桥梁。广告应该通过故事、情感化的元素等手法，引发消费者的共鸣和认同，增强品牌与消费者之间的情感联系。

4. 引起购买欲望

广告应该通过展示产品的独特之处、优势和使用效果等，激发消费者的购买欲望；同时，通过限时优惠、赠品等促销手段，进一步刺激消费者的购买行为。

5. 强化品牌形象

广告是塑造和强化品牌形象的重要途径。广告应通过统一的视觉识别、口号、形象代言人等手法，建立独特的品牌形象，使消费者能够轻松识别并记住品牌。

6. 建立品牌信任

信任是消费者购买决策的关键因素之一。广告应该通过展示产品的质量、认证、用户评价等，建立消费者对品牌的信任感。同时，企业应积极回应消费者疑虑和负面反馈，维护品牌形象和信誉。

7. 优化传播渠道

选择合适的传播渠道对于广告效果至关重要。广告策略制定者应根据目标受众的特点和媒体接触习惯，选择适合的广告平台和媒介，如电视、广播、报纸、杂志、社交媒体等，确保广告能够精准触达目标受众。

8. 监测反馈调整

最后，广告策略制定者要定期对广告效果进行监测和评估，收集消费者反馈信息等数据，了解广告的传播效果、受众反应和购买转化情况，根据监测结果及时调整广告策略和内容，优化传播渠道和投放方式，提高广告效果和投资回报率。

二、人员推销与消费心理

有人说："假如人际沟通能力也是同糖或咖啡一样的商品的话，我愿意付出比太阳底下任何东西都珍贵的价格购买这种能力。"由此可见沟通的重要性。

（一）营销人员对消费者心理的影响

1. 营销人员是信息的沟通者

当消费者进入零售场所后，营销人员亲切的服务态度会使其产生良好的印象，有利于两者之间的交流与沟通。同时，通过与消费者的接触，营销人员可以更好地了解消费者。对于零售企业来说，营销人员是代表企业收集消费者信息最有效的途径之一。

2. 营销人员是商品的推介者

营销人员可以通过对消费者施加良好的影响来引导消费者注意商品，向他们展示商品，表现商品的特殊性。有些营销人员太急于展示商品，往往适得其反吓走消费者，就是因为不能准确理解消费者的心理；反之，顺应消费者心理的展示动作，是增进消费者信赖感的有效方法。

3. 营销人员是选购的指导者

营销人员不仅是商品的出售者，还应该是消费者购买商品的指导者，在商品介绍中可以为消费者提供全面的有关商品消费的知识，能正确解答消费中的问题，能正确评价不同商品之间的优缺点等，以此增强消费者购买商品的决心。

4. 营销人员是感情的融通者

营销人员优良的服务还可以化解销售中的许多矛盾与冲突，自然、诚恳的微笑代表其真心实意地欢迎消费者的到来。

（二）人员推销中影响客户心理的因素

在销售过程中，影响客户心理的因素繁多且复杂。这些因素直接关系到客户是否愿意购买产品或服务。主要的影响因素有：营销人员的仪表是否得体、消费者对营销人员的服务是否满意、产品功能是否契合消费需求、产品是否给消费者带来实际利益以及价格、促销活动是否有吸引力等。

1. 营销人员的仪表是否得体

在心理学中，外表被认为是影响人第一印象的主要因素之一。同样在营销中，营销人员的仪表常常影响消费者对企业的认识。这里所说的仪表，是指一个人的外表，一般包括容貌、服饰和言谈举止等内容，它是人的心理状态的自然流露，与人的生活情调、思想修养、道德品质密切相连。

在营销过程中，消费者对企业的判断和评价往往是从对营销人员仪表的感觉开始的。所以，营销人员的仪表犹如企业的“门脸”，其整洁美观的仪容和明朗良好的风度不仅表现了个人的精神面貌，而且反映了企业风貌。它给消费者的视觉印象，直接影响消费者在购买活动中的心理变化和对企业的综合印象。心理学家研究表明，营销人员的体态是心理活动的外在载体，人们的各种内心世界活动状态往往通过人的仪表与动作表现出来。健康的体态、精神饱满的容貌能够给消费者以安全、卫生、愉快的感觉。

2. 消费者对营销人员的服务是否满意

情感因素贯穿于购买心理活动中的评定阶段和信任阶段，对购买活动的进行具有重要的影响。

在影响消费者情感过程的诸多因素中，营销人员的服务是一个极为重要的因素。如果营销人员能够做到为消费者着想，向消费者提供必要的售前服务，便能够使消费者对企业产生极大的好感。

3. 产品功能是否契合消费需求

产品功能是吸引消费者的第一步。产品的实用性、创新性和品质可靠性是消费者最为关心的几个方面。最为重要的是，产品的功能只有契合消费需求，才能激起消费者的购买欲望。实用的产品能够解决消费者的实际问题，而创新的产品则能带来新颖的体验。同时，产品的品质和可靠性决定了消费者是否愿意长期使用并推荐给他人。例如，智能手机的快速处理器、高清摄像头和持久的电池寿命都是吸引消费者的关键功能。

4. 产品是否给消费者带来实际利益

除了产品功能，消费者还关注产品所能带来的实际利益。这包括产品如何改善消费者的生活、提升工作效率或增加社交价值。此外，产品的品牌和口碑也是消费者考虑的重要因素。知名品牌和良好的口碑能够增加消费者的信任度，从而更容易促成交易。

5. 价格、促销活动是否有吸引力

价格是消费者购买决策中的关键因素。消费者会评估价格的合理性、竞争力和敏感度。他们希望获得物有所值的产品，同时也对价格变动保持敏感。因此，营销人员需要灵活定价，提供有竞争力的价格，并适时推出折扣或优惠活动，以吸引消费者。

促销活动是吸引消费者的有效手段。消费者通常会被具有吸引力的促销活动所吸引，如限时折扣、赠品或积分兑换。同时，促销活动的时效性和实惠程度也会影响消费者的购买决策。有限时间内的促销活动能够创造紧迫感，促使消费者尽快下单。

（三）借助人员推销达到与消费者的有效沟通

1. 打造良好的外部形象

在接待消费者的过程中，营销人员的仪容仪表、言谈举止往往是消费者最为注意的因素，直接影响消费者心理活动过程的发展。一般来说，营销人员言谈清新文雅、举止落落大方、态度热情持重、动作干脆利落，会给消费者以亲切、愉快、轻松、舒适的感觉；相反，营销人员举止轻浮、言谈粗鲁，或者动作拖拉、漫不经心，则会使消费者产生厌烦心理。

营销人员的服饰应整洁大方、美观合体、端庄舒适，并能与特定的营业环境相和谐，与接待的消费者的需要相适应，给消费者以清新明快、朴素稳重的视觉效果。营销人员舒适端庄的服饰衣着，对消费者的购买行为具有积极的影响，可以使消费者联想到企业的经营成就和尊重消费者的服务精神，使消费者感受到其诚实、忠实的经营作风，从而产生信任感，促进购买活动的进行和完成。营销人员的形象规范为：统一着装，佩戴工牌，衣着整洁，仪表大方。

礼貌文明、诚恳、和善的语言表达，能引起消费者发自内心的好感，起到吸引消费者的作用。营销人员在与消费者交谈时，应尽量多用“请、麻烦您、请问、抱歉、不好意思、稍等、谢谢”等礼貌用语，并结合优雅文明的举止，这样往往能给消费者以好感；营销人员在说话时要注意消费者的情况，使消费者乐于接受，对消费者的称谓要恰当、准确，这样能缩小彼此的距离感；营销人员要善于把握消费者的情绪变化，对个性不同的消费者采用不同的语言，避免让消费者感到难堪。总体而言，营销人员的语言一般应做到：一要和气，说话冷静，平等待人，有耐心；二要词语简练，抓住要领，语调亲切、温和；三要不失口，不说不该说的话。

营销人员的行为举止是指在接待消费者的过程中的站立、行走、表情、动作等，行为举止能体现人的性格、气质，也容易引起消费者的注意。首先，营销人员要给人以健康向上、精神饱满的感觉，这对消费者有一定的积极影响。其次，营销人员的脸上要时时带着笑容，这不仅是所有企业的服务信条，也是营销人员努力追求的目标。微笑应具备三个条件：开朗、热情、真诚。微笑应是发自内心的微笑。营销人员不可以把自己的烦恼带到工作中，更不可以将怒气转移到消费者身上。

营销人员的言谈举止应该适应消费者的心理需求。与人相交，贵在诚意。在销售工作中，营销人员要真诚地对待消费者，向消费者介绍产品，推测消费者的需要，推荐其所适合的商品，切不可弄虚作假。在销售过程中，营销人员应热情对待消费者，并注意倾听消费者的要求，了解消费者的偏好，为其提供方便。

2. 以服务创造满意

企业在经营活动过程中，应当处处体现以消费者为中心的现代市场经营观念。这就要求企业在经营活动中根据消费者的习惯、需要做好店堂布置工作，对商品进行合理陈列，精心安排室内灯光照明，恰当调配色彩，同时通过各种渠道积极向消费者提供企业经营信息。只有这样，企业才能营造良好的购物环境，使消费者对企业有较为充分的了解，从而对企业产生好感。同时，营销人员应当掌握消费者心理，学会判断消费者的需要，在经营过程中，向消费者提供最佳的服务，根据消费者的不同个性特点及需要，适时地向消费者展示商品、介绍商品，并有针对性地进行现场演示，更多地向消费者传递有关商品的信息，引发消费者的积极联想，必要时帮助消费者进行决策，做好消费者的参谋，使消费者产生购买激情。方便、优质、周到的服务不仅可以吸引更多的消费者，而且能够增加消费者的依赖感，提高企业的竞争力。

企业信誉度的高低是消费者选定某一企业的主要依据之一。企业要努力为消费者提供各种形式的售后服务，尽可能地消除消费者在购买过程中所产生的各种疑虑，使消费者对所购买的商品在使用中真正达到满意，从而使消费者对企业产生积极的评价，对在本企业实现重复购买起到积极的促进作用。

3. 洞察消费者需求

洞察消费需求，必须了解目标市场中占据主流的情感表达，比如不同圈层、不同亚文化下的意识形态需求会有明显差别。只有洞察当下消费者的需求，才能提供契合他们需求的产品。

4. 给消费者带来实际利益

营销人员需要梳理产品的利益点和卖点，实现产品和消费者的匹配。对于营销人员来说，梳理的是产品的卖点，对于买家来说，梳理的就是他们的买点。如何实现卖点向买点转化，这是营销人员要做的功课。

5. 制定合理的促销策略

在制定促销策略时，要从消费者和企业两个视角来衡量，基于不同的促销目的选择不同的促销方式和力度，不求某一方面的最优，只求在平衡中寻求最理想的效果。要想达到好的促销效果，即促销活动能真正有效地促使消费者产生购买行为，首先必须让消费者感知到促销利益，且这种感知利益能有效地促使消费者产生或提高购买意愿和购买欲望。

三、销售促进与消费心理

在促销活动中，销售促进方法具有举足轻重的作用。可以认为，公共关系提供的是企业形象，广告提供的是购买理由，而人员推销提供的是购买刺激。销售促进区别于人员推销、公共关系和广告，但又给这些营销手段以有效的补充，被誉为现代营销的开路先锋、销售的推进器，为各国工商界广泛使用。

（一）销售促进的方式

1. 面向消费者的销售促进方式

（1）赠送促销：企业向消费者赠送样品或试用品。赠送样品是介绍新产品最有效的方法之一，缺点是费用高。样品可以选择在商店或闹市区散发，或在其他产品中附送，也可以公开广告赠送或入户派送。

（2）折价券：消费者在购买某种商品时，持券可以免付一定金额的钱。折价券可以通过广告或直邮的方式发送。

（3）包装促销：企业以较优惠的价格提供组合包装和搭配包装的产品。

（4）抽奖促销：消费者购买一定的产品之后可获得抽奖券，凭券进行抽奖获得奖品或奖金，抽奖可以有各种形式。

（5）现场演示：企业派促销员在销售现场演示本企业的产品，向消费者介绍产品的特点、用途和使用方法等。

（6）联合推广：企业与零售商联合促销，将一些能显示企业优势和特征的产品在商场集中陈列，边展销边销售。

（7）参与促销：消费者参与各种促销活动，如技能竞赛、知识比赛等活动，能获取企业的奖励。

（8）会议促销：各类展销会、博览会、业务洽谈会期间的各种现场产品介绍、推广和销售活动。

2. 面向中间商的销售促进方式

（1）批发回扣：企业为争取批发商或零售商多购进自己的产品，在某一时期内给经销本企业产品的批发商或零售商加大回扣比例。

（2）推广津贴：企业为促使中间商购进企业产品并帮助企业推销产品，可以支付给中间商一定的推广津贴。

（3）销售竞赛：企业根据各个中间商销售本企业产品的实绩，分别给优胜者以不同的奖励，如现金奖、实物奖、旅游奖、度假奖等，以起到激励的作用。

（4）扶持零售商：企业对零售商专柜的装潢予以资助，提供 POP 广告，以强化零售网络，促使销售额增加；也可派遣厂方信息员或代培销售人员。企业这样做目的是提高中间商推销本企业产品的积极性和能力。

（二）消费者对销售促进的心理需求

从心理学角度讲，销售促进策略是利用沟通对象以下几个具有特殊敏感性的心理因素而设计的。

1. 求利心理

利润最大化是经销商追求的第一目标，物美价廉也是消费者的首要选择，优惠让利最能刺激购买。常用的优惠让利销售促进方法有购买折扣、零售点优惠券、零售补贴、推销金、红利提成等。让利优惠的目的一是补偿新顾客的购买风险，二是答谢老顾客的惠顾，三是增加经销商的利益。

2. 安全心理

商品质量方面的原因引起退货或投诉，商品滞销产生积压，结算得不到保证等，都是经销商或消费者最忌讳的事。免费售后服务、广告合作、技术合作等方法都是满足渠道成员安全心理需要的有效方法。

3. 好奇心理

这是一种“探究的冲动”心理。心理学家认为，“注意是一扇一切外部世界进入人的心灵的所要通过的大门”。正是“注意”这个前提，才使人们对一种产品有进一步了解、购买、形成偏爱和依赖的欲望。企业刊物发行、业务会议和会展营销可以满足这种心理需求。

4. 娱乐心理

娱乐是人类追求生活质量的本性要求。寓娱乐于销售之中，既可以满足渠道其他成员的这种需要，又可以促进销售。商品知识竞赛、经销量竞赛、有奖销售是满足娱乐心理的有效方法。在营销实践中，企业要根据具体的销售对象的心理特点，进行销售促进策略设计。

（三）借助销售促进达到与消费者的有效沟通

1. 根据推广对象选择不同的销售促进方式

如果为了吸引尚未使用者试用某种产品，可选择优惠券、免费样品、包装促销等方式；如果想要使用者再次购买该产品，可选择加量不加价、折扣销售、退费优待等；如果想要已使用者变为产品的爱好者和忠实用户，可选择加量不加价、退费优待、赠送、集点销售、优惠券等。

2. 根据推广对象的心理特征选择不同的销售促进方式

针对消费者的求实求利心理，可采用 1 元秒杀、赠品销售、加量不加价、优惠券、有奖销售等吸引购买；针对消费者的求知心理，可采用讲座服务、咨询等引导消费需求，刺激购买；针对消费者的求安全心理，可采用产品保证等方式解除消费者后顾之忧；针对消费者追求高品位的心理，可采取买赠服务或提升消费者的消费档次。

3. 加强销售促进过程中与消费者的互动体验

在这个信息爆炸的时代，消费者的话语权越来越大。消费者不再是被动地接收信息，而是会通过一系列的接触点来了解和感知产品与品牌。积极主动地与消费者互动交流，保持消费者较高的参与度，是提升消费者体验感的必经之路。

在参与的过程中，企业可以使消费者产生积极情绪，让消费者自主分享并产生对品牌的忠诚度，促成重复购买和交叉购买，从而产生可持续和不断增长的价值创造。好的互动体验，一定是基于品牌与消费者的共同利益点，找到巧妙的沟通时机与方法，将双方紧密结合起来。因此，加强销售促进中与消费者的互动体验，实现体验式互动营销，将成为实现有效沟通的关键。

同步案例

茶叶店主依赖节日促销，最后赔本改行

刘某是一个卖茶叶的店主。他发现自己的产品在一次节日促销之后，用户下单率明显上升，便觉得这种方法十分奏效，于是开始依赖这种促销手段。可是在多次使用后，刘某发现，自己的茶叶只有在促销的时候才能卖出去，价格正常的时候根本没人买。一段时间以后，他计算了自己的投入和产出，发现这样没法赚钱。绝望的他干脆直接把茶叶产品当赠品赠送，不再销售茶叶了。

问题：这位茶叶店主的问题出在哪里呢？

提示：物美价廉指的是物有所值或物超所值，这里指的是消费者的心理比较优势，也就是说，要让消费者感觉自己支付的价款是值得的、划算的。因此，销售人员应该避免直接介绍产品的质量和外观，而应该重点强调产品的功能，即消费者购买后得到的满足。只有这样，产品才能获得消费者的兴趣和关注，最终促成购买。

四、公共关系与消费心理

公共关系是社会组织与公众之间的关系，所以公共关系的主体是社会组织，公共关系的客体是公众，公共关系的手段是传播，公共关系活动的目的是扩大知名度和美誉度。

公众是指与公共关系主体——社会组织发生相互联系、作用，其成员面临共同问题、共同利益和共同要求的社会群体。

（一）公众心理概述

公众心理是指公共关系情景中公众受组织行为的影响和大众影响方式的作用所形成的

心理现象和心理变化规律。公众心理特点有：心理需求的广泛性，利益追求的共同性，信息暗示的易受性，行为模仿的普遍性，情绪感染的强烈性。

1. 公众的角色心理及群体心理

公众角色心理是指公众在社会生活中，由于扮演不同的社会角色而在行为上表现出稳定的、经常的心理特点。任何公众在社会中都扮演着一定的角色，有社会角色和自然角色之分。自然角色，比如性别角色、年龄角色。社会角色，比如职业角色、文化角色。公众角色心理包括性别角色心理、年龄角色心理、职业角色心理、文化角色心理等。公众的这些角色心理因性别、年龄、职业、文化的不同而表现出不同的特点。在公共关系活动中，对公众角色心理的理解必须注意以下三点：公众角色的复合性及综合性；个体公众角色心理的特殊性；特定情形下公众角色心理的变化性。

公众群体心理是指公众处在某一实际的社会群体中而在外部行为上表现出来的经常的和稳定的心理特点。群体组成的条件是基于共同的生存条件和共同的心理需要，因而，群体成员就有可能形成共同的心理倾向。这些心理倾向不可能完全雷同地表现在每一位成员身上，但对全体成员来说具有一定的典型意义。例如，某厂家的产品质量低劣，严重影响了消费者的利益。众多消费者聚集到一起向厂家提出索赔。虽然他们的社会角色和自然角色不相同，各自对厂家的要求也不相同，但又有着共同的愿望，这就是群体心理。个体心理、角色心理和群体心理是相对独立、互相影响的。

2. 知觉对公众的影响

（1）首因效应，是指人们根据最初获得的信息所形成的印象最深刻，不易改变，甚至会左右后来获得的新信息的接受效应。给人留下一个好的印象，指的就是首因效应。

首因效应可能来自直观的感觉，也可能来自传播媒介的间接介绍。一方面，公关人员在观察公众时应尽量避免受第一印象的影响而对公众产生错误的看法；另一方面，公关人员应努力使自己在公众心目中留下一个好的印象，进而树立起公关主体良好的社会形象。

（2）晕轮效应，是指公众从对象的局部特征推及对象的整体特征，从而产生美化或丑化对象的心理现象。晕轮效应往往容易让人产生一叶障目、不见森林的片面性。

晕轮效应发生在消费者身上，表现为消费者根据对企业某一方面的突出知觉做出了对整个企业优劣的判断。例如，企业对售后服务的承诺兑现程度如何、接待顾客投诉的态度以及处理方式等，都会使消费者产生晕轮效应，继而形成对整个企业的总体形象的知觉偏差。

（3）刻板效应，是指人们头脑中存在的关于某一事物对象的固定印象。刻板效应是一种概括而笼统的看法。

消费者对不同的营销人员的个体形象及其评价也有一些概念化的判断标准，这种印象若与消费者心目中的“定式”吻合，将会引起消费者的心理及行为的变化。例如，仪态大方、举止稳重的营销人员，给消费者最直观的感受是“真诚”和“可信赖”，与消费者的心理定式相吻合，消费者则愿意与其接近，咨询他们的意见和接受他们的指导，容易促成交易。

3. 态度对公众的影响

态度是人们对某个对象所固有的一种心理倾向，包括对其的认识评价及倾向性。态度是人们在认识和行为上相对固定的倾向，包括人们对事物和社会的认知倾向、情感倾向和意图倾向。

一般来说，公众的态度由认知、情感、意图三个因素构成。认知是最基础的成分，是指主体对态度对象的认识，包括感知、思维、理解、看法等。任何态度的形成都建立在认知的基础上。情感是指主体对客体的情感体验，包括对客体的好感、厌恶、亲近和排斥等。情感是主体对客体的情绪反应，它以认知为基础，左右着主体的行为和方向，在态度中具有调节作用。意图是指主体作用于客体的行为准备状态，是由认知因素和情感因素所决定的对于客体的行为反应倾向，亦即潜在的行为倾向，这是态度的外显因素。态度的三个因素相互联系、相互制约，形成一个相对稳定的统一体。

人的某种态度是在生活和实践中形成的。态度一旦形成，就比较牢固和持久，就会影响人对事物的感知和判断。但人也会随着外界条件的变化形成新的态度。

态度对于公众的影响主要包括：态度通过影响公众的知觉的选择性和判断性而影响公众的行为，态度影响公众的行为方式，态度决定公众的行为效果差异。在公共关系中，企业一方面要设法影响或转变公众的态度，引导公众态度向有利于企业发展的方向发展，一方面要设法改变公众的敌对态度。态度的改变包括两个方面：一是正向深化，即保持原有方向，加大原有态度的强度；二是反向转变，即改变原有态度的方向和性质。

（二）借助公共关系达到与消费者的有效沟通

开展公共关系活动，要想达到与消费者的有效沟通，需要从以下四个方面展开：增强消费者的认知、激励消费者的动机、转变消费者的态度、充分发挥参照群体的引导作用。

1. 增强消费者的认知

消费者对企业形象的认知，是消费者心理活动的开端。企业形象的好坏一方面取决于企业自身的行为，一方面取决于消费者对它的认知程度。要增强消费者对企业的认知，要从以下几个方面展开工作。

（1）增加企业透明度。企业透明度是指企业的管理决策及日常行为能被公众感知的程度。消费者只有对企业活动看清、看准，才能在全面认知的基础上与企业保持良好的合作关系。在企业公共关系工作中，增加企业的透明度，必须提倡“玻璃屋式”的经营管理做法，以便让广大消费者更详尽地了解企业的全貌。例如：为了增进消费者对企业的认知，企业安排各界公众参观企业，向他们介绍企业的现状、困难和发展愿景；企业与消费者对话，一方面可以让消费者清楚地了解企业的经营方针、企业的任务和企业的经营决策，另一方面可以赢得消费者的谅解，对消除彼此之间的隔阂、争取消费者对企业的长期支持有极大的帮助；企业可以主动通过发布新闻、刊发专栏、寄送资料等方式向消费者发布企业信息，以求得消费者的理解和信任。

（2）努力培养企业特色。企业特色越明显，越容易引起消费者的注意，而且越能在消费者心目中留下深刻的印象。消费者在购买产品过程中，挑选商品的余地越来越大，企业要让消费者在众多产品中选中自己的产品，就应该逐渐培养起企业自身所独有的特色，如产品特色、企业形象特色、企业宣传特色。产品特色包括产品质量、外观设计、产品技术性能、产品使用、产品售后服务、产品规格和产品组合等方面的特色；企业形象特色包括企业的内在形象和外在形象，总结起来有四个方面，即企业理念、企业标识、企业行为和企业环境；企业宣传特色主要体现在媒体的选择和宣传内容的设计上。

（3）重视企业给消费者的直接印象。企业留给消费者的印象有三类：真实的企业形象、想象的企业形象和隐含的企业形象。真实的企业形象存在于消费者与企业的直接接触之中。想象的企业形象存在于企业广告宣传与友善的推广活动中。隐含的企业形象存在于企业从事的某些象征性的行为之中。企业的公共关系部门不但要善于开展广告宣传，还要督促企业的相关部门注意给消费者留下良好的印象，让消费者亲身体验和实地掌握企业在产品和服务方面提供的可靠信息。

2. 激励消费者的动机

首先，企业要树立良好的信誉。在现代商业社会中，信誉是企业建立和维护良好声誉的重要资产。一个有良好信誉的企业在业务合作、融资、市场竞争等方面都具有明显的优势。企业信誉的形成途径包括：诚信经营、建立良好的业务关系、提供优质产品和服务、维护财务健康以及建立品牌形象。

其次，企业要重视消费者的感情投资。对于一些老顾客来说，适当的感情投资是对他们长期支持企业的一种回馈，也是为了满足消费者最基本的心理需求。例如，企业赞助社会公益活动，不仅可以向外界展示企业实力，还可以在感情上缩小与消费者的距离。

3. 转变消费者的态度

消费者对企业的态度不是天生的，而是在社会环境及日常生活中经过学习而逐渐形成的。企业可以通过各种宣传、沟通活动，逐步改变消费者的态度。但企业要注意，不要明目张胆地去改变消费者的态度，也就是说不能明确指出消费者的错误之处，那样对企业没有任何好处。转变消费者的态度主要可以从以下四个方面入手：消除消费者对企业的偏见、利用权威的力量转变消费者的态度、通过邀请消费者参与企业活动转变消费者的态度、推广企业为顾客服务的形象。

4. 充分发挥参照群体的引导作用

参照群体会影响个人的信念、行为及判断能力。在现实生活中，企业可以通过研究参照群体的特点及行为，充分发挥他们的引导作用。例如，在出现危机时，企业可借助参照群体的影响力，公开企业相关信息，引导公众形成对企业的认知、态度和情感。

模块小结

就本质而言，营销与沟通是不可分割的：营销就是沟通，沟通就是营销。营销沟通目的有两个：创建品牌和销售产品。营销沟通可采取不同的方式，以一种沟通方式为主并灵活运用其他方式，或者以某种方式之长去弥补另一种方式之短。但无论采取何种沟通方式，均应掌握有效沟通原则和经济实用原则，严格避免不必要的铺张；应有计划、有审批，然后执行。营销沟通和服务中的消费者互动是企业实现营销目标、提升品牌竞争力的重要手段。通过制定有效的沟通策略、掌握沟通技巧、注重服务互动、遵循有效沟通原则、评估沟通效果以及借鉴案例与实践经验，企业可以更好地与消费者建立联系、传递品牌价值、提升市场份额。

思考与练习

一、单选题

1. 以下哪项不属于营销沟通的手段？（　　）

A. 广告　　B. 公共关系　　C. 销售促进　　D. 内部会议

2. 广告的主要目的是什么？（　　）

A. 提高产品产量　　B. 增加产品种类　　C. 促进产品销售　　D. 降低产品成本

3. 消费者对于品牌的忠诚主要基于什么？（　　）

A. 产品功能　　B. 品牌形象　　C. 促销活动　　D. 购买便利性

4. 哪种沟通渠道在营销中更强调互动性？（　　）

A. 电视　　B. 社交媒体　　C. 广播　　D. 报纸

5. 哪种促销方式更容易激发消费者的购买冲动？（　　）

A. 常规价格购买，无任何优惠

B. 积分累积后兑换商品

C. 满额后享受一定折扣

D. 限时抢购，错过即恢复原价

二、多选题

1. 营销沟通的主要目标包括哪些？（　　）

A. 促进产品销售　　B. 建立品牌形象　　C. 提升市场份额　　D. 增加产品知名度

2. 以下哪些属于消费心理的基本特征？（　　）

A. 稳定性　　B. 多样性　　C. 可预测性　　D. 无规律性

3. 营销沟通中常用的技巧有哪些？（　　）

A. 情感诉求　　B. 逻辑论证　　C. 威胁恐吓　　D. 社交媒体互动

4. 在营销沟通中，心理学原理主要应用于哪些方面？（　　）

A. 消费者需求分析　　B. 广告创意设计　　C. 产品定价策略　　D. 销售人员培训

5. 在消费者购买决策过程中，哪些因素会影响消费者的选择？（　　）

A. 产品特性　　B. 品牌形象　　C. 价格　　D. 促销活动

三、判断题

1. 消费沟通是一种单向传递方式，由营销人员把信息传递给消费者。（　　）

2. 消费者需求是固定的，不随时间和情境的变化而改变。（　　）

3. 广告的主要目的是传递信息，与消费者的心理反应无关。（　　）

4. 了解消费心理对企业制定营销策略无关紧要。（　　）

5. 消费心理分析有助于企业更准确地把握消费者需求和市场趋势。（　　）

四、简答题

1. 一个完整的营销沟通过程包括哪些要素？

2. 企业如何借助商业广告达到与消费者的有效沟通？

3. 知觉对公众的影响有哪些？

能力培养与训练

一、营销思维训练

顾客的态度受什么因素影响？

某消费者准备为 7 岁的女儿购买一个生日蛋糕。在一家大型商场内，食品柜台的营业员热情地接待了他，并帮助他选择了一个满意的生日蛋糕。

当天晚上，这名消费者全家三口享受了非常温馨的生日晚宴。可是到了夜里，女儿突然喊肚子疼，夫妻二人连夜将女儿送到医院。经医院诊断，女儿因食用了变质的食品而导致了腹泻。经过回忆，夫妻二人认为是生日蛋糕造成女儿患病，理由是只有女儿一人吃了生日蛋糕。虽然由于治疗及时没有造成更为严重的后果，但妻子看着躺在病床上的女儿还是十分心疼，坚持让丈夫到商场索赔。丈夫为难地说："营业员对我的服务态度那么好，我怎么好意思要求赔偿呢？"可是，在妻子的强烈坚持下，丈夫不得不与妻子携带没有吃完的蛋糕一起来到商场。

接待他们的恰巧是上次卖蛋糕的那名营业员。营业员在耐心听取了他们的申诉后，检查了蛋糕的保质期，发现蛋糕的保质期恰恰就是到消费者购买蛋糕的当天。营业员首先向他们表示了同情，然后向他们做了解释，说商场有制度，对所出售的商品，只要在保质期内，一律不予退换，并请他们原谅。

妻子对营业员的解释十分不满，坚持认为女儿就是吃了已经变质的生日蛋糕而患病的；丈夫也改变了态度，逐渐变得不耐烦了。夫妻二人与营业员发生了口角，很快就引来了一群围观者，影响了商场的正常运营。最后，商场的食品部经理来了，在询问完情况后，他对营业员说："为了不影响正常销售，这件事由我来解决，以后再处理你的事。"之后，他把夫妻二人请到了办公室。过了十分钟，夫妻二人非常和气地从办公室里走了出来。显然，他们已经从经理那里得到了满意的答复。

[问题思考]

1. 食品部经理是如何使消费者满意的呢？应如何处理营业员的行为？

2. 在整个过程中，丈夫的心理发生了什么变化？为什么？

3. 该商场的退货制度对消费者的心理产生了什么影响？

二、实战演练

[演练内容]

选择某个企业的营销沟通方式进行调查，分析其营销沟通效果，填写表 8-1，并进行课堂展示汇报。

思考：如何做到有效沟通？

表 8-1　营销沟通效果调查

企业名称	
营销沟通方式	
营销沟通效果	
调查数据对你的启示	

[考核评价]

详见表 8-2。

表 8-2　考核评价

项目	评价标准	分数
内容完成	能按要求完成调查表，调查表语言规范、无错别字，观点正确	20
语言表达	口齿清晰、用词得当、意思表达准确、内容富有条理和逻辑性	20
现场感染	有较强的现场感染力，引起评委的共鸣	20
解决问题能力	具备分析问题、解决问题能力	20
启示有价值	启示有一定的借鉴价值	20
合计		100

模块九　网络消费者特征及心理分析

21 世纪是我国网络经济快速发展的重要时期，也是我国广大民众改变思想观念、从各方面提高自身素质、更好地与国际接轨的关键时期。网络经济以其不可逆转之势，极大地促进了我国社会经济的发展。网络给人们带来的影响是巨大的，如人们思想观念的转变和工作方式、生活习惯等的改变。在浩瀚的虚拟世界中，网络消费者是新的消费群体，他们与传统市场消费群体有着截然不同的特性。企业要想有效地开展网络营销活动，就必须了解和把握网络消费者的特征，分析网络消费者的心理动机，尽可能地为营销活动提供可靠的分析数据和营销依据。

模块结构

- 网络消费者特征及心理分析
  - 网络消费者的特征
    - 网络消费者的类型
    - 网络消费者的个性特征
  - 网络消费者的心理分析
    - 网络消费者的消费心理
    - 网络消费者的购买动机
    - 影响网络消费者心理的因素
    - 网络营销的利弊分析

学习目标

知识目标：掌握网络消费者的心理特征；掌握网络消费者的心理因素并能进行分析。

能力目标：具备根据网络营销的特征制定适合消费者网络购物的营销策略的能力。

素质目标：提高网络消费的安全意识和法律意识，树立正确的网络消费观念，不盲从，从理性的角度合理合法地进行网络消费。

案例导入

邮寄的物品坏了谁来负责?

2024年2月，方某在微信小程序上下单，请快递员上门揽件，邮寄“绿碧玺猫眼”戒指一枚至江苏南京。方某将戒指及戒指包装盒交由工作人员查验包装，在小程序中填写收件人卢某的相关信息，并对物品保价1万元。方某为此次寄送支付运费12元及保价费用50元。收货人卢某收到戒指后，发现戒指损坏，立即与方某联系。方某按照快递公司要求，在该公司平台上进行投诉，但无果。方某于是将该快递公司告上法庭。

问题：在网络购物中，物品的损坏原因及责任应该如何认定？消费者如何利用法律武器来保护自己的合法权益？

提示：由于快递公司在承运快件的过程中没有尽到妥善保管的义务，导致货物受损，原告方某要求赔偿损失的诉讼请求，理由正当，于法有据，应予以支持。

随着电商及网络直播的快速发展、人们消费习惯的改变，收发快递已经成为现在生活中不可或缺的事情。随着快递行业的迅猛发展，随之而来的一些矛盾也日益显现。现实生活中，快递丢失、毁损等情况经常发生，消费者与快递公司也因赔偿问题发生争议。同时，对于寄送物品的票据等材料，消费者也应妥善保管，如果快件丢失、损毁，可以作为主张赔偿的依据。

单元一 网络消费者的特征

一、网络消费者的类型

从购物目的和购物特点上，可以将网络消费者分为简单型、冲浪型、接入型、议价型、定期型和运动型。

（一）简单型

简单型消费者需要的是方便、直接的网上购物，他们每月只花少量时间上网，但他们进行的网上交易却占了一半。这类消费者通常对网络购物不太熟悉，他们可能只是偶尔尝试在线购买，对技术和流程感到有些困惑。他们更倾向于选择简单明了的购物平台和支付方式，希望购物过程尽可能简单直接。

（二）冲浪型

冲浪型消费者热爱浏览网络，寻找各种信息和优惠。他们可能会在不同的购物平台之间进行比较，寻找最合适的商品和价格。冲浪型消费者享受在网络世界中自由探索的乐趣，他们的购物决策可能会受到社交媒体等多种因素的影响。冲浪型消费者对常更新、具有创新设计的网站很感兴趣。

（三）接入型

接入型消费者通常拥有较高的网络技能，他们可能会通过移动设备、智能家居等接入互联网，享受随时随地的购物便利。接入型消费者注重购物的便捷性和效率，他们可能更倾向于选择那些能够提供快速配送和优质售后服务的商家。他们很少购物，但喜欢上网。那些旗下拥有知名品牌的企业应对这群人保持足够的重视，因为他们更愿意相信生活中他们所熟悉的品牌。

（四）议价型

议价型消费者擅长寻找折扣和优惠，他们会比较不同商家的价格和服务，寻求最具性价比的商品。议价型消费者可能会在购物前做足功课，利用各种工具和渠道来获取更多的折扣信息，以降低购物成本。他们有一种趋向购买便宜商品的本能，喜欢讨价还价，并有强烈的愿望在交易中获胜。

（五）定期型

定期型消费者常常访问新闻和商务网站。这类消费者通常会按照自己的购物计划，定期在网络上进行购买。他们可能会对自己的购物需求有明确的规划，比如每月购买一次日用品或每季度更新一次服装等。定期型消费者注重购物的计划性和规律性，他们可能会更倾向于选择那些能够提供稳定服务和品质保障的商家。

（六）运动型

运动型消费者喜欢浏览运动类和娱乐类网站。这类消费者热爱运动和健身，他们会在网络上寻找各种与运动相关的商品和服务。运动型消费者注重商品的性能和质量，他们可能更倾向于选择那些能够提供专业运动装备和个性化建议的商家。同时，他们也会关注商家的售后服务和退换货政策，以确保自己的购物权益得到保障。

二、网络消费者的个性特征

随着互联网技术的不断发展和普及，网络已经成为消费者日常购物的重要渠道。消费者作为这一新型购物模式的主体，表现出一系列独特且鲜明的特征。

（一）自我意识强，注重个性化需求

网络消费群体大都是具有超前消费意识的年轻人，他们对新事物反应灵敏，接受速度很快，拥有不同于他人的思想和喜好，有自己独立的见解和想法，对自己的判断能力也比较自信；他们的具体要求越来越独特，而且变化多端，个性化也越来越明显。因此，企业应想办法满足这些消费者独特的需求，尊重其意见和建议，而不是用大众化的标准去适应所有的消费者。

网络消费者更加注重个性化需求，希望能够根据自己的需求定制商品和服务，倾向于根据自己的需求和喜好来选择商品或服务，追求个性化和独特的消费体验。他们更愿意通过网络平台表达自我，展现个人风格和品位。网络消费者可以通过电商平台上的个性化推荐、定制化服务等，满足自己的个性化需求。

（二）头脑冷静，理性分析

网络用户以城市中较高学历的年轻人为主，他们不会轻易受舆论影响，对各种产品宣传有很强的分析判断能力。大多数网络消费者的受教育程度较高，更加注重品牌和品质，具有一定的消费品位和购买力。网络消费者在进行购物决策时，往往会通过对比分析、用户评价、专业评测等方式，进行理性判断。因此，企业应该加强信息的组织和管理，加强企业自身文化的建设，诚信待人。

（三）喜爱新鲜事物，有强烈的求知欲

网络用户爱好广泛，无论是对新闻、股票，还是对网上娱乐，都具有浓厚的兴趣，对未知的领域有永不疲倦的好奇心。他们对于新技术、新产品和新服务通常持有较高的兴趣，乐于尝试新事物，追求新鲜感和刺激感。但他们比较缺乏耐心，在搜索信息时比较注重搜索所花费的时间，如果网络传输的速度比较慢或者查不到所需信息，他们就会离开。

（四）注重口碑和评价，价格敏感度较高

网络消费者通常会查看产品的口碑和其他消费者的评价来决定是否购买某款产品，在购物时非常注重交易的安全性和隐私保护。他们倾向于选择信誉好、安全性能高的电商平台进行购物，同时也会关注平台的隐私政策和数据保护措施。因此，良好的口碑和评价对于商家来说至关重要。

网络消费者通常对价格比较敏感，他们会选择价格较为实惠的产品，同时也会关注优惠活动和促销信息。他们追求物美价廉，对于价格和质量都有较高的敏感度，善于利用网络平台比较不同产品的价格和质量，选择性价比最高的产品。网络消费者往往更加注重价格因素，他们会利用比价工具、优惠券、促销活动等手段，寻找性价比最高的产品。同

时，他们也会更加关注产品的性价比和评价，以做出更加理性的购买决策。

课堂互动：举例说明你有哪些消费需求。传统的购物模式可以满足你的消费需求吗？你认为电子商务是否能够满足消费者的需求？

互动要求：学生结合所学知识进行独立思考，陈述自己的观点；也可以跟同学沟通后回答。

（五）品牌忠诚度低，有较强的社交性

由于有更多的选择空间和比较机会，网络消费者的品牌忠诚度相对较低，容易尝试新的品牌和产品。随着对品牌认知的加深，网络消费者在购物时更加注重品牌因素。他们会选择知名品牌或具有良好口碑的品牌，以保证购物的质量和可靠性，而不是局限于某个品牌。

相关链接

第 53 次《中国互联网络发展状况统计报告》

网络消费者通常具有较强的社交性，会在社交媒体上分享购物经历和感受，同时也愿意与商家进行互动和交流。网络消费者在进行购物时，可以通过在线聊天、评论、晒单等方式与卖家和其他消费者进行互动。这种互动性不仅提高了购物的便利性，也增强了消费者的参与感和归属感。

单元二 网络消费者的心理分析

一、网络消费者的消费心理

随着网络购物的日益普及，网络消费者的消费心理也变得越来越复杂多样。对于企业来说，了解这些心理特征，是把握市场需求、优化营销策略的关键。消费者的心理与购买行为，永远是营销人员关注的一个热点问题，网络营销也是如此。营销革命的根本原因在于消费者，消费者在面对当今社会丰富的商品选择、繁多的营销手段时，与以往相比，更趋于理性化。为了更好地开展网络营销，企业必须对网络消费者的心理变化趋势进行深刻分析。

（一）追求独特个性的消费心理

现代消费者越来越注重个性化和差异化，他们希望能够在购物中表达自我、展示个

性。企业应当提供多样化的商品和服务，以满足消费者的个性化需求，同时通过个性化推荐、定制化服务等手段，提升消费者的购物体验和满意度。作为消费群体中比较先进、时尚的一部分，网络消费者大多数为年轻人，年龄在 20～35 岁。他们往往富于想象，具有时尚的眼光和强烈的好奇心，追求与众不同的消费特征。他们不是单纯追求质量，而是更多地追求那些能满足他们的消费需要并能体现自身个性、自身价值的商品。针对这些消费者，企业必须推出其偏爱、容易接受的产品和营销方式，网络营销也不例外。

（二）追求自主独立的消费心理

随着社会的快速发展和消费意识的觉醒，越来越多的人开始追求自主独立的消费心理。这种心理体现了消费者对自主选择、独立决策、个性化需求等方面的重视，同时也反映了消费者对自我价值、环境保护和社会责任的深刻认识。自主独立的消费者认为消费是展示自我价值的一种方式。他们希望通过自己的消费行为来展现自己的价值观和生活态度，强调个人在社会中的独特性和重要性。自主独立的消费者尊重他人的选择自由。他们理解每个人都有自己的喜好和需求，不会强行将自己的消费观念强加给他人，也不会轻易受到他人的影响而改变自己的选择。他们往往主动通过各种可能的途径获取与商品有关的信息并进行理性的分析和比较，从而获得心理上的平衡以减轻风险感，增强对产品的信任和心理满意度。

（三）追求方便快捷的消费心理

网络消费者普遍具有求便心理，他们希望通过网络购物消除传统购物中的诸多不便，如时间/地点限制、排队等候等。因此，企业应当提供简洁、易用的购物平台，以及快速、可靠的物流服务，以满足消费者的求便需求。网络消费者往往出于个人消费意向而积极行动，所以企业要为他们提供方便快捷的平台，方便其进行比较和选择。这样，消费者就可以按照自己的意愿向商家提出挑战，以自我为中心，根据自己的真实心理进行购买行为。

（四）追求新鲜时尚的消费心理

网络购物的主力军是年轻人，他们通常对新鲜事物和流行趋势很感兴趣。由于价值观和消费观念更加开放和前卫，年轻人更加注重商品的时尚元素和个性化设计。因此，网络消费者追求时尚的心理在一定程度上受到了年轻化的消费群体的影响。网络购物的便利性使消费者能够随时随地获取最新的时尚资讯和潮流趋势。通过各种社交媒体、时尚博主和电商平台，消费者可以轻松了解时尚圈的最新动态，从而及时调整自己的购物清单。这种便捷的信息获取渠道使消费者更容易受到时尚潮流的影响，并产生追求时尚的心理。随着生活水平的提高，消费者对商品的品质要求也越来越高。在网络购物中，消费者可以方便地比较不同品牌和商品的价格、质量、口碑等信息，从而选择性价比更高的商品。这种追求品质生活的心理使网络消费者更加注重商品的时尚元素和个性化设计，以提升自己的生活品质。

（五）追求物美价廉的消费心理

价格是网络消费者购买决策中的重要考虑因素之一。他们往往希望以最低的价格购买到最优质的商品。企业应通过提供优惠券、打折促销等方式满足消费者的求廉心理，同时保证商品的品质和服务的优良。针对消费者对价格敏感的特性，诸多网络商家推出的特价或会员价等形式的低价商品深受消费者喜欢。网络销售具有自选优势，可以提供物美价廉的商品，消费者当然满意、喜欢。

课堂互动： 虽然热款或爆款商品会为企业带来极大的销量，但要注意消费者有时不一定喜欢购买热款或爆款商品，尤其是服饰类商品。这是为什么？

互动要求： 学生结合所学知识进行独立思考，陈述自己的观点；也可以跟同学沟通后回答。

（六）追求躲避干扰的消费心理

在现代社会，消费者的购物体验与心理需求越来越多元化和复杂化。其中，追求躲避干扰的消费心理成为一种越来越重要的趋势。这种心理反映了消费者对于购物环境的期待，他们渴望在购物过程中保持轻松、自由的心理状态，避免受到过多外部因素的干扰和妨碍。如今，消费者越来越注重个性化和私密性的购物体验，希望在购物过程中能够保持自己的个性和隐私，不希望被过多地打扰或询问。因此，企业应尊重消费者的个人空间和隐私，避免过于热情或侵入性的服务方式。在购物过程中，消费者希望能够快速、准确地获取所需信息，避免被过多无关信息所干扰。因此，企业应通过数据分析、智能推荐等方式，为消费者提供精准的商品信息和购物建议，降低消费者在筛选信息上的时间和精力成本。现代消费者更加注重购物环境的自由、自我精神的愉悦、个性的实现、感情的满足等层次的需要，希望在购物中能随便看、随便挑，保持心理状态的轻松、自由。企业在进行网络营销时，应保护消费者的隐私权。

（七）追求安全的消费心理

随着电子商务的迅速发展，网络购物已成为现代人生活的一部分。然而，在享受网络购物带来的便捷与高效的同时，消费者也对网络购物的安全性产生了诸多疑虑。网络消费者非常注重交易的安全性和隐私保护。企业在提供购物服务时，应当加强安全防护措施，保障消费者的个人信息安全和交易安全，同时通过透明、公正的交易规则和流程，增强消费者的安全感。

综上所述，网络消费者的消费心理涉及多个方面，企业在运营网络购物平台时需要充分考虑这些心理因素，提供符合消费者需求的商品和服务，以吸引和留住消费者。同时，消费者也需要理性对待自己的消费心理，做出明智的购物决策。

课堂互动： 社会网络和文本分析技术能够满足目前企业大部分的用户行为大数据分析的需求。从网络公开的大数据资源中选取相应的数据集进行基本的社会网络和文本挖掘的描述性分析（包括但不限于社会网络中意见领袖的识别、信息扩散的效果和效率分析，以及用户评论的情感分类等），对企业有什么帮助？

互动要求： 学生结合所学知识进行独立思考，陈述自己的观点；也可以跟同学沟通后回答。

二、网络消费者的购买动机

网络消费者的购买动机是指推动他们进行在线购物的内在原因和动力。这些动机可能受到个人需求、社会环境、文化背景、技术水平以及购物平台的特点等多重因素的影响。人们的消费需要都是由购买动机引起的。企业只有了解消费者的购买动机，才能预测消费者的购买行为，继而采取相应的措施。由于网络营销是一种不见面的销售，消费者的购买行为不能被直接观察到，因此对网络消费者购买动机的研究就显得尤为重要。

（一）方便型动机

方便型动机主要源于消费者希望减少购物过程中所产生的体力和心理支出。这一动机在网络购物中得到了充分的体现。网络购物允许消费者在家中或任何有网络连接的地方进行购物，避免了去实体店的路途往返，减少了出行时间。传统购物可能需要消费者搬运商品，特别是在购买大量或大件商品时。而网络购物则可以送货上门，减轻了消费者的搬运负担。此外，网络购物平台提供了商品搜索、推荐和筛选功能，帮助消费者快速找到所需商品，减少了消费者在店内寻找和挑选商品的时间。网络购物提供了便利的购物方式，消费者只需点击鼠标，就能在家中或办公室完成购买过程，无须离家或耗费大量时间寻找和挑选商品，从而满足了消费者追求方便的动机。消费者的方便型动机在网络购物中得到了很好的满足。网络购物不仅提供了便利的购物方式，还通过信息透明、流程优化等手段减少了消费者的体力和心理支出。这种便利性使得网络购物成为越来越多消费者的首选购物方式。

（二）低价型动机

低价型动机（或称为求廉型动机）主要源于消费者对商品价格的敏感度，希望以更低的价格购买到所需的商品或服务。网络购物使得消费者可以轻松地比较不同平台、不同商家的商品价格。消费者会倾向于选择价格更低的商品，以获得更大的购物价值感。对于价格敏感度较高的消费者，价格是他们购买决策的关键因素。在网络购物中，消费者可以通过筛选价格区间、查看促销活动等方式，找到符合自己预算的商品。这种动机在网络购物中尤为明显，因为网络购物平台通常可以提供比传统实体店更低的价格。这种动机是由于消费者追求商品的低价格。网络购物平台通常可以提供比传统实体店更低的价格，因为省去了租金、员工薪酬等开销。消费者可以通过比较不同平台的价格和促销活动，找到最优惠的购物选项。消费者的低价型动机在网络购物中得到了很好的满足。网络购物平台提供了丰富的价格选择、优惠活动和促销手段，使得消费者可以以更低的价格购买到所需的商品。这种价格优势不仅满足了消费者的低价需求，也促进了网络购物的发展。

（三）表现型动机

表现型动机主要是指消费者购买商品或服务以满足自我展示、表达个性和社会认同的需求。这种动机通常与消费者对自我形象、社会地位以及他人认可的追求有关。他们可能会选择购买某些特定的商品或服务来展示自己的品位、社会地位或个性。网络购物平台提供了丰富的商品选择，使得消费者可以更容易地找到符合自己形象需求的商品。综上所述，消费者的表现型动机涉及自我展示、个性表达、社会认同和他人认可等多个方面。企业可以通过提供个性化商品、定制化服务以及打造独特的品牌形象来满足消费者的表现型动机，从而吸引更多消费者购买。然而，需要注意的是，过度追求表现型动机可能导致消费者过度消费或购买不适合自己的商品，因此企业在营销过程中需要引导消费者理性消费，避免浪费和过度负债。

（四）好奇型动机

好奇型动机是指消费者对于新奇、有趣、未知或不同寻常的商品、服务或体验产生的兴趣和购买欲望。好奇心是人类与生俱来的天性，它可以驱使人们去探索、尝试和了解新事物。在消费领域，好奇型动机常常表现为对新产品、新技术或新体验的兴趣和购买欲望。这种动机源于消费者的好奇心和探索欲。网络购物平台上的商品种类繁多，消费者可能会因为对某个新颖或独特的商品感兴趣而购买。此外，一些购物平台还会推出各种有趣的促销活动，也会激发消费者的好奇心和购买欲望。企业还可以利用社交媒体和口碑营销等手段来激发消费者的好奇心，通过分享新奇、有趣的商品和服务信息，吸引消费者的关注和兴趣，从而引导他们产生购买欲望。同时，企业也可以通过提供试用、体验或优惠活动等方式，让消费者亲身感受产品的独特性和优势，进一步满足他们的好奇心。

（五）心理平衡型动机

心理平衡型动机是指消费者由于个人在某些方面存在不足，希望通过购买商品来弥补这些不足，以达到心理平衡的消费动机。这种动机在消费行为中表现为多种形式，如追求流行、时尚，模仿他人，以及攀比式的消费等。这种动机源于消费者追求心理平衡和满足感。在网络购物中，消费者可以通过浏览和购买商品来获得心理上的满足和平衡。此外，网络购物平台通常会提供用户评价、分享等功能，这使得消费者可以通过与其他购物者的交流和互动来获得更多的心理满足感。心理平衡型动机在消费行为中起着重要的作用，为企业创造了一个重要的机遇点。企业可以通过了解消费者的心理需求，提供符合他们心理平衡动机的商品和服务，从而吸引更多消费者并提升销售额。同时，企业也需要注意引导消费者理性消费，避免消费者过度追求心理平衡而导致的过度消费或浪费。

三、影响网络消费者心理的因素

相关链接

为什么人们喜欢在社交平台购物？

影响网络消费者心理的因素多种多样，这些因素不仅影响消费者的购买决策，还影响他们的购物体验和满意度。这些心理因素主要表现在以下几个方面：

（一）传统购物观念受到束缚

长期以来，消费者形成的“眼看、耳听、手摸”的传统购物习惯在网上受到束缚。消费者对接触不到的实际产品往往心存顾虑，网上消费往往不能满足消费者的某些特定心理需要。网上购物可替代部分人际互动关系，但不能满足消费者在这方面的个人社交动机。虚拟商品也无法使消费者因购物而受到注意和尊重。

（二）价格预期心理得不到满足

价格是影响消费者心理的重要因素。消费者往往会对价格进行比较和权衡，以确定是否值得购买。合理的定价策略和促销活动可以吸引消费者的注意力，提高购买意愿。然而，价格并非唯一决定因素，消费者还会综合考虑商品质量、品牌声誉等因素。一般而言，消费者对网上商品的价格预期是比商场的价格便宜20%～30%，但统计显示，目前的网上商品仅比商场的价格便宜4%～10%，再加上网购环节中的物流、配送费用，消费者在网购过程中实际享受到的价格优惠是十分有限的。价格达不到心理预期，会使部分消费者宁可多花时间和精力采用传统购物模式，也不愿选择网络购物模式。

（三）网络安全性与隐私保护受到威胁

网络交易的安全性和个人隐私的保护是消费者非常关心的问题。对网络安全的不信任和对个人隐私泄露的担忧，可能阻碍消费者参与网络购物的意愿。随着电子商务的发展，企业不仅要抢夺已有的客户，还要挖掘潜在的客户，而现有技术不能保障网上购物的安全性、保密性，消费者的隐私权不能得到保障，一些个人信息有可能泄露，从而使消费者产生后顾之忧而不愿意上网购物。

（四）法律法规对消费者权益的保护力度不够

网络的开放性和自由性的特征使得网络营销快速发展，但是与之相关的法律法规却并没有跟上。当消费者通过网络购物购买到某种商品或服务时，若在使用的过程中出现了问题或者商品的性能与宣传的不相符，那么消费者维权的过程相对于实体店铺而言要麻烦很多。法律与政策因素，如消费者权益保护法、网络交易规范等也会对消费者的网络购物行为产生影响。虽然新的消费者权益保护法已经出台，其中对网络销售商品的质量问题及售后做了相关的规定，但是网络购物的地域性问题是消费者在维权时面对的最棘手的因素之一，这也是影响其消费心理的重要因素。

（五）购物的便捷性不足

消费者的个性、自我观念和生活方式也会影响其网络购物行为。方便快捷的购物方式是消费者购物时优先考虑的因素之一。消费者网上购物的便捷性主要体现在以下两个方面：一是时间上的便捷性。网上虚拟市场一年 365 天、一天 24 小时全天候提供销售服务，可以随时接待消费者。二是商品挑选范围的便捷性。消费者足不出户就可以在很大范围内选择商品，可以货比多家、精心挑选，这是传统的购物方式难以做到的。

但是，我国还缺乏高效成熟的社会配送体系，商品配送周期长、费用高，准确率、服务效果有待提高。这也是影响消费者心理的重要因素。

四、网络营销的利弊分析

（一）网络营销的优势

1. 网络营销能满足消费者个性化消费的心理需求

网络营销的最大特点在于以消费者为主导。在网络营销中，消费者拥有比过去更大的选择自由。消费者可以根据自己的个性特点和需求在全球范围内寻找商品，不受地域限制。通过进入感兴趣的企业网址或虚拟商店，消费者可以获取更多的有用信息，使购物更显个性化。这种个性消费的发展将促使企业重新考虑其营销策略，以消费者的个性需求作为产品服务提供的出发点。为满足个性消费心理的需求，企业可以较低成本提供多种小批量产品，也可根据消费者反馈的信息和要求，通过自动服务系统提供更有针对性的服务。

2. 网络营销能满足消费者对购物方便性的需求

网络提供 24 小时服务，不存在节假日和营业时间限制，消费者可随时查询所需资料或购物。查询和购物过程需时极短，程序简单快捷。这些特点尤其受到那些需要大量信息进行决策的分析型消费者或以缩短购物时间为目的的消费者的青睐。

3. 网络营销能满足消费者对价格优惠的需求

网络营销跳出了传统的“制造商→批发商→中间商→零售商→消费者”的物流模式，直接将商品送到消费者手里。制造商直接面对消费者，抛开经销商，能节省巨额的促销和流通费用，使产品成本和价格降低成为可能。而消费者可以在全球范围内寻找价格最优惠的商品，甚至可以绕过经销商直接向制造商订货。因此，网络营销与传统营销相比，消费者不必负担高额的广告费或营销人员的多层营销提成，而能以更低的价格实现购买。相较于传统营销方式，网络营销的成本通常更低，因为它省去了许多中间环节，如实体店面、库存管理等，同时也降低了人力成本。

4. 网络营销能满足生产者及经营者实现全程营销的需求

传统营销模式在实际操作中难以做到全程营销，原因在于消费者与企业之间缺乏合适的沟通渠道或沟通成本过高。消费者一般只能针对现有产品提出建议或者批评，对尚处于概念阶段的产品则难以涉足。此外，大多数的中小企业也缺乏足够的资源用于了解消费者的各种潜在需求，它们只能从自身能力和市场领导者的策略出发进行产品开发。为克服这一困难，网络营销在消费者与生产者及经营者之间建立了便利、快捷的沟通渠道，使得中小企业可以通过企业官方小程序或电子邮件等方式，以较低的成本收集消费者所提出的从产品设计到定价和服务等一系列问题的意见，能够使营销策略有的放矢，提高消费者的参与性、积极性和满意度。

课堂互动： 你每天都上网吗？上网花费多少时间？上网都做些什么？你认为网络消费给你的生活带来了哪些变化？

互动要求： 学生结合所学知识进行独立思考，陈述自己的观点；也可跟同学沟通后回答。

同步案例

上海大众的网络视频营销

上海大众作为汽车生产商，网络营销对其自然重要。如何让自己的宣传在网络传播过程中不被众多信息淹没，达到预期营销效果，成为上海大众思考的问题。

上海大众除了将传统的电视广告转移到视频网站外，还将部分产品线曝光，利用网络让更多网民亲眼看见上海大众的高科技生产流程，提高网民对企业的关注度。

此外，上海大众与中国建设银行合作推出的国内首张汽车联名信用卡“上海大众龙卡”除具备普通信用卡的功能外，还可凭卡参与超值积分回馈、汽车消费抵扣、车主俱乐部服务等丰富的活动，十分实用。而针对该卡用途，上海大众采用了网络视频营销，推出了视频故事《大话西游》。在视频故事中，“西游小分队”申请了“上海大众龙卡”后，便踏上了西行路，但西行路上趣事层出不穷，情节扣人心弦，悬念横生，故事人物每次过关都会用到“上海大众龙卡”。这样悬疑又幽默的视频内容让网友欲罢不能，潜移默化中加深了网友对“上海大众龙卡”的认知度，而上海大众也凭借视频营销为自己带来了数百万的观众，但成本却比在电视上投放广告低得多。

问题： 视频故事和广告宣传的效果有哪些不同？

提示：视频网站、视频故事等低成本的网络信息传播方式引起了广大网友对上海大众的关注。而对于市场营销来说，传统电视广告只是“单向”传递信息，而这些基于网络的视频分享和对创意性参与的鼓励更多的是“双向”沟通。

因此，从这一点看，《大话西游》这一营销视频不但节省了成本，还获得了消费者对品牌创建的认可。这一传播方式不再只强调消费者是否看到了这个广告，更多的是强调消费者的参与性，让消费者对品牌的关注由被动转变为主动。

（二）网络营销的劣势

作为一种新兴的营销方式，网络营销有着强大的生命力，有希望发展成为一种重要的营销方式，但就其本身特点和发展现状而言，它也有劣势。

1. 竞争激烈

随着互联网的普及和发展，越来越多的企业开始意识到网络营销的重要性，并投入到这个领域中来。这导致网络营销领域的竞争变得异常激烈。为了在竞争激烈的市场中脱颖而出，企业需要不断创新和尝试各种营销方式，如社交媒体营销、内容营销、搜索引擎优化（SEO）、搜索引擎营销（SEM）等多种方式。然而，随着技术的发展和市场的变化，这些方式的有效性也在不断变化，需要企业不断调整和优化。由于网络营销的普及，消费者可能会接触到大量的营销信息和广告。这可能导致消费者产生疲劳感和排斥感，从而降低营销效果。企业需要通过创新和有吸引力的方式来吸引消费者的注意，避免被忽视或屏蔽。

2. 依赖技术

网络营销高度依赖互联网技术，如数据分析工具、社交媒体平台、搜索引擎优化等。互联网技术的更新换代速度非常快，网络营销的策略和工具也会随之快速变化。这就要求企业不断地学习新的技术知识，适应新的营销手段。然而，对于许多企业来说，这可能是一项艰巨的任务。任何技术都存在出现故障的可能性。一旦网络营销所依赖的技术出现故障，如服务器崩溃、网络中断等，企业的营销活动就可能受到严重影响，甚至导致营销活动的完全失败。因此，企业需要投入大量资源来维护和更新技术设施。

3. 法律风险高

网络营销涉及的法律问题众多，如隐私权保护、知识产权侵权等。一旦处理不当，企业可能面临巨大的法律风险。

同步案例

真假难辨

王先生是一名下岗工人，常听人说网上的东西比较便宜，就准备在网上进点货来卖。租房、装修……忙了好几天后，王先生的店铺准备就绪了。他在网上转了一圈，发现一家网店的“背背佳”比较便宜，供货价190元，而市场统一零售价要290元，他觉得很划算，就先进了50件，开个专柜卖“背背佳”产品。

没想到才卖了十几天，就有顾客到店里要求退货，而且投诉他卖假货。市场监督管理人员到店里一查，50件“背背佳”果真是假货。此时王先生想找进货商理论，却发现对方的网站打不开了，留下的客服电话也是空号。王先生不仅没有赚到钱，还血本无归，他特别后悔，对网络产品产生了深深的怀疑。

问题：我们在进行网络购物时应该注意哪些问题呢？

提示：消费者在网上购物时，首先，要选择正规的电子商务平台，在货到时一定要当面验货，如果感觉商品严重不符或者不满意，可以当即跟店家联系，并拒绝签收，这要比事后再进行退换容易得多。其次，网上店铺的信誉度、顾客评价等信息也能作假，如果回帖数量足够多且不重复，就还是有一定的参考价值。最后，可以在下订单前通过聊天软件跟店家充分沟通，询问商品信息，如是否有自己想要商品的规格、颜色，能否提供发票等信息，以把风险降到最低。网上购物确实存在风险，并且事后维权难度很大，因此在购买之前要有充分的心理准备。

4. 受众反应不一

网络营销的效果受到受众反应的影响较大，如果受众对营销内容不感兴趣或产生负面反应，可能会对企业的形象和声誉造成损害。

5. 内容易被忽视

在海量的网络信息中，企业的营销内容很容易被淹没或忽视，因此企业需要采用更具创意和吸引力的方式来吸引受众的注意。

网络营销既有其独特的优势，也存在一定的劣势。企业在选择网络营销策略时，要充分考虑自身条件和市场需求，制定合适的策略，以最大化地发挥网络营销的优势并规避其劣势。

模块小结

传统消费要经过渠道终端，消费者在终端观看实物，实施购买；网络消费是指消费者以互联网为工具来满足消费需求。在当今网络消费日益普及的时代，传统消费依然无可替代，对传统消费者的充分了解有助于企业对网络消费者的了解和分析。

思考与练习

一、单选题

1. 在以下各个选项中，不属于网络消费需求特征的是（　　）。

A. 个性消费的回归　　　　B. 消费主动性增强

C. 价格不再是重要的影响因素　　D. 价格是重要的影响因素

2. 在以下各个选项中，不属于网络营销与传统营销主要区别的是（　　）。

A. 以现代信息技术作为支撑　　B. 营销活动产生的时空界限发生变化

C. 传统线下渠道将被线上渠道取代　　D. 以上都不是

3. 网络营销起源于（　　）。

A. 德国　　B. 英国　　C. 法国　　D. 美国

4. 最新的《中华人民共和国消费者权益保护法》规定网络消费者可以享有（　　）天无条件退换货的权利。

A. 10　　B. 9　　C. 8　　D. 7

5. 网络消费规模最大的人群为（　　）。

A. 中年人　　B. 青年人　　C. 少年　　D. 学生

二、多选题

1. 网络消费的优点有（　　）。

A. 覆盖范围广　　B. 互动性强

C. 成本较低　　D. 营销效果可追踪

2. 网络营销的劣势有（　　）。

A. 竞争激烈　　B. 依赖技术

C. 法律风险高　　D. 内容易被忽视

3. 网络消费的类型有（　　）。

A. 个性化消费　　B. 团购消费　　C. 跨境消费　　D. 直播购物

4. 以下哪些心理因素会影响网络消费者的购物决策？（　　）

A. 购物动机　　B. 情感因素　　C. 认知因素　　D. 社会因素

5. 以下哪些因素会影响网络消费者的信任度？（　　）

A. 商家信誉　　B. 商品质量　　C. 交易安全性　　D. 售后服务

三、判断题

1. 感情动机是指人们的情绪和情感所引起的购买动机。（　　）

2. 网络提供全天候服务，不存在节假日和营业时间限制，消费者可随时查询所需资料或购物。（　　）

3. 网络营销高度依赖互联网技术，一旦网络出现故障或安全问题，营销活动就可能受到严重影响。（　　）

4. 合理的定价策略和促销活动可以吸引消费者的注意力，提高购买意愿。（　　）

5. 传统营销模式在实际操作中难以做到全程营销，原因在于消费者与企业之间缺乏合适的沟通渠道或沟通成本过高。（　　）

四、简答题

1. 影响网络消费心理的主要因素有哪些？

2. 网络消费有什么特点?

能力培养与训练

一、营销思维训练

“直播+短视频”营销策略，洋码头点燃中国消费者海淘热情

营销的基础就是要以用户体验为出发点。在高速发展的互联网经济时代，消费者的需求越来越个性化、多元化。成立于2010年的洋码头，持续坚持海淘直播，通过“直播+短视频”的方式，为平台打造了互动式、场景化的消费体验，不仅推动了线上、线下的客户转化，也为其自身带来了新一轮的营销裂变。

洋码头在成立之初就开启了直播带货。作为直播领域的“老司机”，洋码头最初是以图文直播形式将碎片化的交易、内容和商品向消费者进行展示。洋码头的这一举动让国内消费者对海淘产生了浓厚的兴趣和极大的热情。

“黑色星期五”是洋码头一年一度力度最大的购物节。2014年，洋码头将海外“黑色星期五”的概念第一次引入中国，让消费者通过洋码头平台感受到海外购物节的乐趣，并享受到当地的折扣价格。2017年，洋码头克服了海淘直播的重重技术难关，将海淘直播体系打造得更为强大，为消费者提升品质生活助力。

2019年，洋码头再次迎来“黑色星期五”。在这场“海淘盛宴”中，洋码头在各大短视频平台上，通过300多名头部和腰部网红达人发布与洋码头“黑色星期五”相关的主题短视频。通过短视频引流，洋码头在“黑色星期五”第一天就收获了流量历史新高，创造了116秒交易额突破1亿元、一小时交易额突破12亿元的好成绩；直播单场交易额突破500万元，客单价高达1 860元。洋码头还一度冲上App Store购物榜榜首，超过淘宝、拼多多等多家网购平台。

创新的营销方式让洋码头始终走在行业前端，洋码头用优异的成绩单向全球展示了我国的海淘消费实力。在消费升级大背景下，洋码头凭借多元化、个性化的海外优质商品、良好的服务、独具特色的营销模式，为消费者和行业树立了创新和品质的标杆，也因此获得了全球营销商业媒体平台Marketing主办的灵眸大会颁发的“2019年十大综合实力电商平台”的奖项。

[问题思考]

关于洋码头，请搜集资料，谈谈你对它未来发展的看法。

二、实战演练

[演练内容]

选择一家网购平台进行调查，如抖音、快手、京东、淘宝等，依据消费者行为、心理特征和平台特点，填写表9-1，并进行课堂展示汇报。

思考：针对不同购物平台，应如何有针对性地选择营销策略？

表 9-1 网络购物平台消费特点调查

网购平台	
平台特点	
消费者行为特点	
消费者心理特点	
调查数据对你的启示	

［考核评价］

详见表 9-2。

表 9-2 考核评价

项目	评价标准	分数
内容完成	能按要求完成调查表，调查表语言规范、无错别字，观点正确	20
语言表达	口齿清晰、用词得当、意思表达准确、内容富有条理和逻辑性	20
现场感染	有较强的现场感染力，引起评委的共鸣	20
解决问题能力	具备分析问题、解决问题能力	20
启示有价值	启示有一定的借鉴价值	20
合计		100

参考文献

1. 孙德营，柳欣．消费心理学［M］．6版．大连：大连理工大学出版社，2021.
2. 华春芳．网络市场调研与消费者行为分析［M］．2版．北京：机械工业出版社，2023.
3. 苗桂兰，杨海莹．消费心理学［M］．6版．北京：高等教育出版社，2023.
4. 郭怀亮，郭莉娜．市场营销学［M］．北京：中国财政经济出版社，2022.
5. 李晓霞，刘剑，赵仕红．消费心理学［M］．3版．北京：清华大学出版社，2018.
6. 肖涧松．消费者心理与行为分析［M］．5版．北京：高等教育出版社，2024.
7. 张治星．消费者性格心理学［M］．北京：台海出版社，2019.
8. 汇智书源．一本书轻松读懂消费者行为心理学［M］．北京：中国铁道出版社，2018.
9. 孙金霞．市场营销基础［M］．3版．大连：东北财经大学出版社，2023.
10. 白玉苓．消费心理学［M］．北京：人民邮电出版社，2018.
11. 吴柏林．消费者行为学［M］．北京：机械工业出版社，2015.
12. 曹旭平，张丽媛．消费者行为学［M］．3版．北京：清华大学出版社，2020.
13. 费明胜，杨伊侬．消费者行为学［M］．3版．北京：人民邮电出版社，2021.
14. 何艳平，龚卫星．消费心理［M］．3版．大连：东北财经大学出版社，2024.
15. 旷健玲．消费心理与行为学［M］．北京：电子工业出版社，2020.
16. 陈峰．消费者行为心理学［M］．北京：中国纺织出版社，2019.
17. 李昊轩．一本书读懂销售心理学［M］．北京：中国商业出版社，2014.
18. 荣晓华．消费者行为学［M］．7版．大连：东北财经大学出版社，2024.
19. ［美］恩里科·特雷维桑．非理性消费［M］．甘亚平，甘兰，译．北京：人民邮电出版社，2017.
20. ［美］迈克尔·R. 所罗门，［美］南希·J. 拉博尔特．消费心理学：无所不在的时尚［M］．王广新，王艳芝，张娥，等译．北京：中国人民大学出版社，2014.